Katja Heijnen
mit Beate Sander

BEATE SANDER

Katja Heijnen
mit Beate Sander

Wie man reich
und weise wird

BEATE SANDER

Die Biografie der erfolgreichsten
Börsenexpertin Deutschlands

FBV

Bibliografische Information der Deutschen Nationalbibliothek
Die Deutsche Nationalbibliothek verzeichnet diese Publikation in der Deutschen Nationalbibliografie. Detaillierte bibliografische Daten sind im Internet über http://dnb.d-nb.de abrufbar.

Für Fragen und Anregungen
info@finanzbuchverlag.de

Originalausgabe, 2. Auflage 2021

Türkenstraße 89
80799 München
Tel.: 089 651285-0
Fax: 089 652096

Redaktion: Silke Panten
Korrektorat: Anja Hilgarth
Umschlaggestaltung: Sonja Vallant, München
Umschlagabbildung: © Nina Wellenstein
Satz: Helmut Schaffer, Hofheim a. Ts.
Druck: GGP Media GmbH, Pößneck
Printed in Germany

ISBN Print 978-3-95972-429-6
ISBN E-Book (PDF) 978-3-96092-805-8
ISBN E-Book (EPUB, Mobi) 978-3-96092-806-5

Weitere Informationen zum Verlag finden Sie unter
www.finanzbuchverlag.de
Beachten Sie auch unsere weiteren Verlage unter www.m-vg.de

Inhalt

Vorwort von Beate Sander

Ulm, 18. September 2020

Wenn Sie dieses Buch in den Händen halten, werde ich nicht mehr leben. Dennoch ist mir diese Biografie wichtig. Nach dem Interview, das die SWR1-Moderatorin **Katja Heijnen** für ihre Sendung *Leute* führte und das auf **YouTube** zu sehen ist, bekam ich ungemein viel Zuspruch: Unzählige Menschen schrieben mir E-Mails, riefen mich an, posteten Kommentare in den sozialen Medien. Viele Fans dankten mir nicht nur für Börsentipps und mein Bemühen, sie weg vom Sparbuch und hin zur Börse zu führen. Es beeindruckte die Hörer und Leser, dass ich mit meiner Lebensgeschichte und dem Umgang mit der Krebserkrankung dazu ermutigte, sich auch von schweren Schicksalsschlägen nicht unterkriegen zu lassen.

Meine Lebensgeschichte zeigt, dass man Hürden überspringen und an Hindernissen wachsen kann. Es bestätigte sich, dass sich Disziplin, Anstrengung und Kampfgeist lohnen. Krisen sind auch als Chancen zu sehen. Und statt nur zögerlich abzuwarten, gilt es, gute Gelegenheiten zielstrebig zu nutzen, statt sie zu verpassen. Ebenso wichtig ist es, sich erreichbare Ziele zu setzen, an seinen Aufgaben zu wachsen und sich einen möglichst hohen Kompetenzkreis mit Alleinstellungsmerkmalen aufzubauen.

Viele Menschen sind erstaunt darüber und finden es ungewöhnlich, wie gelassen ich mit meinem baldigen Lebensende umgehe. Natürlich frage auch ich mich, warum es gerade jetzt, hier und heute so passiert. Alles in allem aber bin ich dankbar und demütig. Der wachsende Ruhm, die erfreuliche Resonanz, die meine Bücher bei den Lesern erfahren, aber auch das positive Echo in Fernsehen, Rundfunk, Tages- und Fachpresse sowie in den neuen Medien waren Antrieb, alles so gut wie nur möglich zu machen. So durfte ich in den letzten Jahren erstaunliche Dinge erleben. Ich bin auch froh und dankbar, dass meine beiden Kinder und meine fünf Enkel wohlgeraten sind und zupackend ihr Leben meistern.

Ich freue mich, dass die Biografie von dem Verlag herausgegeben wird, den ich liebe und in dem alle meine Bücher seit geraumer Zeit erschienen sind. Der FinanzBuch Verlag mit **Christian Jund** und **Georg Hodolitsch** ließ mir alle Freiheiten bei meinen Büchern. Nie wurde ich gegängelt. Nie musste ich mich verbiegen. Ganz im Gegenteil. Ich durfte mich in meinen Werken frei entfalten, meine Kreativität einbringen und neue Ideen umsetzen. Dafür ein herzliches Dankeschön. Immer ging es mir darum, alle Lesergruppen leicht verständlich, spannend und anschaulich anzusprechen. Einerlei, ob viel oder wenig Geld zum Anlegen, ob jung oder alt, ob kenntnisreich oder unwissend.

Bis zum letzten Atemzug ist und war es mir ein Hauptanliegen, authentisch und ehrlich zu sein, in Vorträgen, Interviews, Webinaren und Seminaren für Spannung zu sorgen und Langeweile in meinem Leben und bei den Menschen, die ich damit erreichte, gar nicht erst aufkommen zu lassen. So gab es auch mal das ein oder andere deftige Wort oder ein vergleichendes anschauliches Beispiel, das zum Schmunzeln aufforderte. Noch kurz vor meinem Ableben arbeitete ich leidenschaftlich als Lehrerin und Dozentin, für die selbstbestimmtes Lernen ein Grundprinzip war. Mein Leben bestand nicht nur aus der Aktienwelt. Meine Kindheit und Jugendzeit waren kein Rosenbeet. Mit dieser Rückbesinnung und dem Blick auf meine Lebensbilanz fällt mir der Abtritt auch deshalb nicht allzu schwer: Ich habe stets alles aufgearbeitet, statt etwas zu verdrängen. So bedanke ich mich bei allen Menschen, die mir dabei halfen zu werden, was ich wurde.

In diesem Sinne, Ihre oder Eure »Börsenoma« Beate Sander

»Ein Seemann, der nicht weiß, welches Ufer er ansteuern soll, für den passt kein Wind.«

Beate Sander

Prolog

Es ist der 30. Oktober, ein typischer Herbsttag. Obwohl es nicht wirklich kalt ist, fröstelt es mich in meinem schwarzen Hosenanzug. Als die Sonne kurz hinter den Wolken hervorkommt, leuchten die Blätter des Kastanienbaums vor mir rot und werfen tanzende Schatten auf die Erde. Das hätte ihr gefallen, denke ich, sie mochte den Herbst. Mein Blick fällt nach vorne auf das Loch in der Erde, in dem vor wenigen Minuten die Urne versenkt wurde, ein unscheinbares Metallgefäß, und streift dann die Menschen, die sich auf dem Friedhof versammelt haben, um Abschied zu nehmen. Einer nach dem anderen geht nach vorne, bleibt kurz stehen, verbeugt sich oder legt eine Blume nieder. Die meisten davon sind mir völlig unbekannt. Um es genau zu sagen: Bis vor zwei Monaten kannte ich noch nicht einmal die Frau, deren Asche jetzt in der Urne liegt – zumindest nicht persönlich, nur einige ihrer Bücher. Und doch würde ich gleich mit den vielen mir unbekannten Menschen in ein italienisches Restaurant gehen, das sie sehr mochte, um dort an einer Abschiedsfeier teilzunehmen, die sie selbst geplant hatte. Wir alle würden den Klaviertönen der berühmten Préludes Nr. 2 von Rachmaninow lauschen, bevor wir dann gemeinsam essen und trinken würden – kein schnelles Essen, sondern ein richtiges Menü in »bester Qualität« – darauf hatte Beate Sander Wert gelegt. Zwischendurch würden die Trauerreden gehalten, und dann würde auch ich aufstehen und eine Rede halten – eine Rede auf eine Frau, die mir in dieser kurzen Zeit ungemein vertraut wurde und doch immer ein Stück weit fremd blieb, weil sie so ganz anders war als alle anderen Frauen, die ich kenne. Eine Frau, die mich mit ihrer sprühenden Intelligenz immer wieder aufs Neue überrascht und herausgefordert hat. Sie war eine der stärksten, klügsten und auch originellsten Frauen, die ich bislang kennengelernt habe. Beate Sander ganz zu durchdringen, war jedoch unmöglich.

Teil I

Über das Leben

Life is what happens to you

Das erste Mal, dass ich mit Beate Sander persönlich in Berührung kam, war im März 2020. Inmitten der ersten Welle der Coronakrise hatte der DAX innerhalb von 28 Tagen mit einem Tiefststand von 8255 Punkten den schnellsten Absturz seiner Geschichte erlebt. Die Kurse vieler Aktien waren eingebrochen. Ich selbst hatte bislang nie in Aktien investiert. Das Geld, das ich gespart hatte, schlummerte auf einem Tagesgeldkonto mit Minimalverzinsung vor sich hin. In erster Linie, wie ich zugeben muss, aus Trägheit – immer waren mir irgendwelche anderen Dinge wichtiger gewesen. In zweiter Linie aus der diffusen Angst heraus, bei einem Absturz der Kurse mein Geld »verlieren« zu können. Außerdem graute mir vor der spröden Materie »Finanzen« – schon die alljährliche Steuererklärung zögere ich stets so lange hinaus wie möglich. Als die Börse dann jedoch abgestürzt war, beschloss ich, jetzt endlich den Schritt zu wagen und das Geld in Aktien zu investieren. Ich war mir sicher, die Coronakrise würde irgendwann vorbei sein und spätestens dann würden auch die Kurse wieder steigen. Allerdings hatte ich keinerlei Idee, welche Aktien und ETFs, also börsengehandelte Indexfonds, ich kaufen sollte. Ich googelte also unter Stichworten wie »Aktienkauf für Einsteiger« oder »Börse für Dummies« und stieß auf Beate Sanders Einführungsbuch *Der Aktien- und Börsenführerschein*. Dieses Buch wurde für mich zum Augenöffner in eine Welt, die mir bislang verschlossen geblieben war. In klarer, verständlicher Sprache und guter Gliederung erklärte die »Börsenoma« alles über Aktien, Fonds, ETFs und Zertifikate. Ich lernte Begriffe wie »Volatilität«, den Unterschied zwischen KGV (Kurs-Gewinn-Verhältnis) und KBV (Kurs-Buchwert-Verhältnis), warum ein MDAX-ETF, der die Wertentwicklung der 60 größten Unternehmen, die auf den DAX folgen, wiedergibt, im Zweifel mehr Rendite verspricht als ein DAX-ETF. Ich erfuhr, was eine Value-Strategie ist und was die Unterschiede zwischen Stammaktien und Vorzugsaktien sind. Ich lernte ihre »Hoch/Tief-Multstrategie« kennen und orientierte mich beim Kauf einiger Aktien und ETFs an den Musterdepots, die sie für verschiedene Anlegertypen in ihrem Buch zusammengestellt hatte. Was mir 49 Jahre lang undenkbar erschienen war, wurde plötzlich Realität: Der Wirtschaftsteil der Zeitung, den ich sonst meist ausgelassen hatte, wurde mit einem Mal zu einer spannenden Lektüre, die einiges über die Welt verriet. Es machte mir Spaß, an der Börse zu handeln, und ich begeisterte und motivierte damit einige Freundinnen und meinen Mann, es mir gleichzutun.

Von da an verfolgte ich die Auftritte von Beate Sander im Internet und fand sie – auch als Person – höchst geistreich und amüsant. Als ich hörte, dass sie im September einen Vortrag bei der Wohlstandsgenossenschaft in Mainz halten sollte, um Frauen für die Börse zu begeistern, regte ich an, sie als Gast in unsere *Leute*-Sendung einzuladen, die ich seit über 20 Jahren als Redakteurin verantworte und moderiere. Ich war mir sicher, dass die witzige und intelligente »Börsenoma« ein Garant für ein unterhaltsames und spannendes Gespräch sein würde und dass auch unsere Hörer davon profitieren würden. SWR1-*Leute* ist ein Radiotalk, in dem immer entweder ein Promi zu Gast ist oder einfach jemand, der etwas Spannendes erlebt und geleistet hat.

Beate Sander war kein »A-Promi«, wie wir Medienleute so schön sagen, also nicht mit dem Bekanntheitsgrad anderer Gäste wie Peter Maffay, Moritz Bleibtreu oder Boris Becker zu vergleichen. Dafür war sie aber »Deutschlands bekannteste Aktionärin« und durch ihre Börsenbestseller innerhalb der Börsenwelt schon länger berühmt. In den letzten Jahren hatte sie aber auch außerhalb der Finanzwelt als »Börsenoma« einen gewissen Promistatus erreicht. Ich freute mich darauf, sie zu interviewen. Sie für die Sendung zu gewinnen, war nicht schwer. Beate Sander war sogleich begeistert. Sie kannte die Sendung, liebte ohnehin Medienauftritte und sagte kurz, nachdem ich ihr eine Mail geschrieben hatte, zu.

Wenn man einen Gast in eine Sendung einlädt, hat man natürlich immer bereits eine grobe Vorstellung davon, wie die Sendung später aussehen soll: Im Falle von Beate Sander plante ich eine unterhaltsam-informative Sendung mit der »Börsenoma«, die ruhig ein wenig schrullig rüberkommen durfte. Mich interessierte, wie jemand, der vorher Realschullehrerin war, auf die Idee kommt, mit 59 seine erste Aktie zu kaufen, und es dann schafft, zur Börsenmillionärin zu werden und dabei noch etliche Bücher über Aktien und Anlagestrategien zu schreiben, die zum Teil Bestseller wurden. Ich hoffte auf ein paar gute Finanztipps für unsere Hörer und freute mich auf ein paar lustig-skurrile Anekdoten aus dem Leben der 82-Jährigen, die dafür bekannt war, kein Blatt vor den Mund zu nehmen. Doch wie sagte schon der amerikanische Schriftsteller und Maler Henry Miller: «Leben ist das, was uns zustößt, wenn wir uns gerade etwas ganz anderes vorgenommen haben.« Oder John Lennon in seinem berühmten Song *Beautiful Boy*: »Life is what happens to you while you're busy making other plans.« Und so war es auch mit Beate Sander.

Eine Woche vor der geplanten Sendungsaufzeichnung bekam ich folgende Mail von ihr:

> *Liebe Frau Heijnen,*
> *Sie haben mich freundlicherweise zur SWR-Sendung eingeladen. Aufgrund unerwartet stark wuchernder Krebstumore möchte ich noch am 4. September möglichst einen weiteren Bestrahlungstermin bekommen, muss also flott nach dem Frühstück am Freitag nach Ulm zurückreisen. Würden Sie mich bitte vom Hyatt am Mittwoch zu der von Ihnen gewünschten Zeit vom Hotel abholen bzw. unbedingt wieder dorthin zurückfahren? Ich habe seit einigen Tagen starke Probleme beim Gehen, kann aber im Sitzen alle Fragen bestens beantworten. Deshalb möchte ich Ihre Einladung so gern annehmen.*
> *Viele Grüße*
> *Beate Sander*

Die Mail hatte mich kalt erwischt. Ich hatte nicht gewusst, dass Beate Sander so krank war, als ich sie angefragt hatte. Sie hatte drei Jahre zuvor Darmkrebs diagnostiziert bekommen und sich einer Operation unterzogen. Was jetzt entdeckt worden war, waren schlimme Metastasen in der Hüfte und in einigen Organen.

Das war mir aber zum damaligen Zeitpunkt nicht bekannt, und wenn ich sie in kurz zuvor aufgenommenen Onlinevideos gesehen hatte, wirkte sie immer extrem energiegeladen. Rasch schrieb ich eine Antwortmail:

> *Liebe Frau Sander,*
> *das tut mir sehr leid und ich wünsche Ihnen von ganzem Herzen gute Besserung! Selbstverständlich hole ich Sie gerne im Hotel ab und bringe Sie auch wieder zurück. Ich bin um 10 Uhr an der Rezeption und freue mich sehr, Sie kennenzulernen!*
> *Alles Gute bis dahin!*
> *Mit freundlichen Grüßen*
> *Katja Heijnen*

Nur wenige Minuten später ging abermals eine Mail von Beate Sander ein:

> *Liebe Frau Heijnen,*
> *ich durfte so viel Schönes, Spannendes, Interessantes mit den unterschiedlichsten Medien erleben. Da nehme ich dies jetzt alles klaglos und demütig hin. Umso mehr freue ich mich auf Ihren Studiobesuch, so eine Art Abschiedsgeschenk. Ich bin um 10 Uhr am 3. September an der Rezeption.*
> *Beste Grüße*
> *Beate Sander*

Ich musste schlucken, als ich diese Mail las. »Abschiedsgeschenk«? Ich fragte mich unwillkürlich, wie es gesundheitlich tatsächlich um sie stand. Aber vor allem: Wenn es so ernst um sie stand, dass das Wort »Abschiedsgeschenk« angebracht war – welche Kraft hatte diese Frau, dann noch zu schreiben, dass sie das alles jetzt klaglos und demütig hinnehmen würde? Einfach weil sie bereits so viele schöne Dinge erlebt hatte? Ich antwortete erst mal nicht, weil ich nicht wusste, was ich auf ihre Mail schreiben sollte und mir zudem alles Wesentliche gesagt zu sein schien. Drei Tage später, am 28. August, erreichte mich dann folgende Mail, verbunden mit der Frage, ob man die Aufzeichnung nicht per Skype oder Zoom – ich in Mainz, Beate Sander zu Hause in Ulm – machen könnte.

Liebe Frau Heijnen,
die schnell wachsenden Tumoren fressen meine Knochen an und zerstören sie, erkennbar an Anbrüchen und Druck auf die Nervenbahnen. Das ist unerträglich. Andererseits schütte ich absolut verlässlich bei jedem Auftritt, egal welcher Art und Länge, so viel Adrenalin aus, dass bislang immer, auch gestern noch, alles auf hohem Niveau möglich ist. Am morgigen Samstag und am Sonntag dreht BILD einen Film über mich bei mir zu Hause. Ab dann sollten Sie möglichst bald morgens oder nachmittags eine Aufzeichnung einplanen. Ich wäre so glücklich, wenn dies mit dem hochangesehenen SWR möglich ist. Im Hotel käme ich allein nicht mehr zurecht, weil ich nur winzige Trippelschritte gehen kann. Bitte machen Sie mir rasch einen Vorschlag (notfalls mit Alternativen) bezüglich Datum und Zeit. Ich habe mit zahlreichen internationalen Medien schon Webinare vereinbart. Ihr SWR hat da noch Priorität. Und Sie sparen sich Kosten.
Beste Grüße
B. Sander

Das war der Moment, in dem ich beschloss, zum Hörer zu greifen und Beate Sander anzurufen. Ich wollte ihr klarmachen, dass eine Skype oder Zoom-Aufzeichnung von der technischen Qualität her für ein Webinar völlig ausreicht, nicht aber für eine Hörfunksendung wie die unsere geeignet ist, bei der es oft auch um persönliche Themen geht. Unsere Hörer sind es gewohnt – und da spielt neben dem Inhalt eben auch die Tonqualität eine entscheidende Rolle –, das Gespräch zu Hause im Wohnzimmer so verfolgen zu können, als säßen sie am Tisch mit dabei. Außerdem hatte ich das Bedürfnis, ihr etwas von dem Druck zu nehmen, den sie sich selbst zu machen schien. Ich wollte auf keinen Fall, dass sie dachte, die Sendung unbedingt machen zu müssen, nur weil sie einmal zugesagt hatte. Ich wollte nicht, dass sie mit unserer Sendung die Grenzen ihrer eigenen Belastbarkeit überschreiten würde.

Ich gebe zu, es kostete mich Überwindung, die Nummer von Beate Sander zu wählen. Was sagt man jemandem, der so schwer an Krebs erkrankt ist, dass er den Weg nach Mainz nicht mehr schafft, dessen Knochen durch Tumoren zerstört werden und der von »Abschiedsgeschenk« spricht? Erschwerend kam hinzu, dass ich Beate Sander zum damaligen Zeitpunkt noch nicht mal persönlich kannte, sondern nur über ihre Bücher und Interviews, die sie gegeben hatte. Das Gespräch, das dann folgte, war das unglaublichste Telefongespräch, das ich in meinem Leben je geführt habe. Längere Grübeleien, ob ich die richtigen Worte finden würde, um das auszudrücken, was ich ausdrücken wollte, blieben mir erspart. Beate Sander nahm nach wenigen Sekunden den Hörer ab. Ich meldete mich freundlich, bedankte mich für ihre Mails und sagte ihr, dass es mir leidtue, dass sie so schwer erkrankt sei und solche Schmerzen habe.

Sie unterbrach mich: »… das muss Ihnen nicht leidtun. Sie können ja nichts dafür. Ich habe geschätzt noch acht bis vierzehn Tage zu leben – das ist aber okay für mich. Ich hatte eine wirklich gute Zeit in den letzten Jahren.«

Ich war sprachlos. Acht bis vierzehn Tage? Jeder von uns hat sich vermutlich schon mal überlegt, wie er reagieren würde, wenn man ihm sagen würde, er sei schwer erkrankt und habe nur noch eine kurze Zeit zu leben. Würde man verzweifeln? Kopflos werden? In eine Art Schockstarre verfallen? Oder würde man es schaffen, in dieser kurzen Zeitspanne, die einem bliebe, noch so handlungsfähig zu sein, dass man zumindest einige wichtige Dinge regeln und von seinen liebsten Menschen Abschied nehmen könnte? Was mich betrifft – ich weiß es nicht.

»Hallo, sind Sie noch dran?«, hörte ich vom anderen Ende der Leitung.

Ich schluckte und beschloss, ehrlich zu sein. »Ich weiß nicht, was ich dazu sagen soll …«

»Das ist völlig in Ordnung. Besser, Sie sagen nichts, als dass Sie solche Plattitüden wie ›Es gibt bestimmt noch Hoffnung …‹ oder ›Vielleicht ist ja doch nicht alles so schlimm …‹ sagen. So was nervt mich nämlich wirklich, wenn Leute einfach nicht der Wahrheit ins Gesicht sehen können!«

Damals wusste ich noch nicht, dass dieses Beharren auf Ehrlichkeit, dieses unbedingte Aussprechen von scheinbar Unaussprechlichem auch in anderen Bereichen zu den Dingen gehörte, die Beate Sander extrem wichtig waren. Schönfärberei jeglicher Art lehnte sie ab und für aus Hilflosigkeit geborene Versuche, unschöne Dinge positiver zu umschreiben, hatte sie keinerlei Verständnis und reagierte darauf sogar grob und zuweilen aggressiv. Ich beschloss instinktiv, die Flucht nach vorne anzutreten und auf die Sachebene auszuweichen: »Das kann ich verstehen. Was für eine Art von Krebs haben Sie denn?«

Beate Sander erklärte mir ausführlich, dass sie vor drei Jahren Darmkrebs gehabt habe. Sie sei damals operiert worden und es sei ihr die letzten Jahre gut gegangen – so gut, dass sie noch vor einer Woche darüber nachgedacht habe, ihr Abonnement im Fitnessstudio um ein Jahr zu verlängern. Sie sei sich jedoch nicht sicher gewesen, ob sich das wirklich rentiere, weil sie so viele Buchprojekte geplant habe, dass sie fürchtete, nicht ausreichend Zeit dafür zu haben. Außerdem gäbe es da natürlich auch noch Corona … Und dann habe sie letzte Woche bei der Gartenarbeit plötzlich einen heftigen Schmerz in der Hüfte verspürt. Zwei ihrer Schüler – Beate Sander gab zum damaligen Zeitpunkt noch mehrere Börsenkurse an der Volkshochschule in Ulm – hätte ihr einen Termin bei einem Radiologen besorgt. »Da wartet man ja sonst als Normalmensch ewig!«, meinte Beate Sander dankbar. Der Radiologe hätte schließlich einen 10 Zentimeter großen Tumor im Beckenknochen gefunden – weitere Metastasen in der Leber. »Schlimmer geht nimmer«, stellte sie abschließend fest.

»Sind Sie sicher, dass sie schmerztherapeutisch gut betreut sind?«, fragte ich sie, als sie darüber klagte, ihr Körper würde weder auf Morphium noch auf andere Opiate ausreichend reagieren, die Schmerzen seien die Hölle. Ich war mir sicher, dass man durch Umstellen der Medikamente oder Verabreichen anderer Wirkstoffe gute Chancen hätte, ihre Schmerzen deutlich zu reduzieren, und empfahl ihr einen mir bekannten Schmerztherapeuten.

»Auf keinen Fall«, erwiderte sie in einer Entschiedenheit, die keinen Widerspruch zuließ. »Ich werde die wenige Zeit, die mir noch verbleibt, auf keinen Fall in den Wartezimmern von Ärzten verbringen!« Sie wisse durchaus, dass sie die Möglichkeit habe, mehr oder noch andere Schmerzmittel einzunehmen – das ginge aber auf Kosten ihrer geistigen Wachheit und die wolle sie auf keinen Fall einbüßen.

»Sind Sie sich wirklich sicher, dass Sie unter diesen Bedingungen noch die Sendung machen möchten?«, fragte ich sie vorsichtig. »Sie müssen sich da zu nichts verpflichtet sehen. Ich verstehe vollkommen, wenn Sie jetzt wichtigere Dinge zu tun haben …«

Sie erklärte in aller Deutlichkeit, die Sendung unbedingt machen zu wollen, einerseits, weil sie die Sendung sehr mögen würde – andererseits wäre das für sie durch die willkommene Ablenkung die beste Schmerztherapie. Also verabredeten wir, dass ich gemeinsam mit einem Kameramann zwei Tage früher als ursprünglich geplant bei ihr in Ulm vorbeikommen würde, um die Sendung bei ihr zu Hause in guter technischer Qualität fürs Radio und für YouTube aufzuzeichnen.

Wir sprachen noch ein wenig über die eigentlich mit ihr als Referentin geplante Veranstaltung der Wohlstandsgenossenschaft in Mainz, die sich dem Kampf gegen Altersarmut und der Aufklärung über typische Armutsfallen verschrieben hat – Fallen, in die gerade Frauen, die sich oft zu wenig um ihre Finanzen kümmern, immer wieder tappen. Diesbezüglich Aufklärungsarbeit zu leisten, war ein Herzensanliegen von ihr. Umso mehr beschäftigte es sie, dass sie diese Veranstaltung nun absagen musste. Als wir uns voneinander verabschiedet hatten und ich aufgelegt hatte, fiel mir siedend heiß ein, dass ich vergessen hatte, mit ihr eine konkrete Uhrzeit zu vereinbaren. Ich schrieb ihr also erneut eine Mail:

> *Liebe Frau Sander,*
> *welche Uhrzeit für die Aufzeichnung wäre Ihnen denn recht? Wir brauchen von Mainz nach Ulm etwa dreieinhalb Stunden. Halten Sie Mittagsschlaf? Wäre Ihnen 12 Uhr zu spät? Wenn ja, würden wir versuchen, hier eher loszukommen. Sagen Sie bitte einfach, was für Sie okay ist, wir richten es dann irgendwie ein …*
> *Herzliche Grüße*
> *Katja Heijnen*

Wenige Minuten später erfolgte die Antwort:

> *Liebe Frau Heijnen,*
> *ich habe noch nie Mittagsschlaf gehalten und werde es bis zum Schluss nicht tun. Mir ist um 12 Uhr nicht zu spät, aber auch keine Zeit zu früh. Fahren Sie bitte so los, wie es Ihnen angenehm ist. Ich freue mich so sehr auf diese Sendung.*
> *Ihre Beate Sander*

Ich musste schmunzeln, als ich das las. Es passte wunderbar in das Bild dieser agilen, kämpferischen Frau, das ich in unserem Telefonat gerade gewonnen hatte. Wie hatte ich nur unterstellen können, dass jemand wie Beate Sander Mittagsschlaf hält?! Zu diesem Zeitpunkt wusste ich noch nicht, dass sie ohnehin immer nur vier Stunden pro Nacht schlief. »Ich kann mich nicht daran erinnern, einmal in meinem Leben sechs Stunden am Stück geschlafen zu haben«, erzählte sie mir später.

Der nächste Tag war ein Samstag und ich schaute erst um 14 Uhr in meine Mails. Umso entsetzter war ich, folgende Mail von Beate Sander vorzufinden, die sie mir um 6.28 Uhr geschickt hatte:

> **Betreff:** *Es sieht so aus, dass ich durch die brüchigen Knochen durch den Tumor einen neuen Oberschenkelhalsbruch habe*
>
> *Wahrscheinlich ist dies schon das Ende. Falls nicht, melde ich mich wieder. Das alles tut mir so leid, liebe Frau Heijnen.*

Ich war fassungslos. Welche Kraft hat diese Frau, dass sie sich in dieser Situation noch an den Computer schleppt und daran denkt, unsere Verabredung abzusagen? Würde sie meine Antwort auf ihre Mail noch lesen? So wie die Mail klang, bezweifelte ich das zwar. Ich verspürte jedoch ein tiefes Bedürfnis, dieser Frau, der ich noch nie gegenübergesessen hatte und jetzt vermutlich auch nie mehr gegenübersitzen würde, mitzuteilen, wie sehr sie mich in unserem letzten Gespräch beeindruckt hatte – und das sowohl aufgrund ihres tapferen Umgangs mit der eigenen Erkrankung als auch aufgrund der Tatsache, dass sie, die aktuell wirklich genügend eigene Probleme hatte, noch die Kraft fand, sich Gedanken über Frauen zu machen, die in Altersarmut rutschen. Ich tippte folgende Zeilen:

> *Liebe Frau Sander,*
> *ich denke ganz fest an Sie! Sie sind eine großartige Frau und ein echtes Vorbild für mich und viele andere Frauen. Fühlen Sie sich herzlich umarmt von*
> *Ihrer Katja Heijnen*

Im Laufe des Nachmittags war ich mit meiner Familie in Frankfurt – der »Börsenstadt«, wie Beate Sander gesagt hätte. Das Gedränge in der Stadt erschien mir nach der langen Phase, in der wir wegen Corona viele Menschenkontakte vermieden hatten, merkwürdig fremd. Immer wieder ertappte ich mich dabei, heimlich aufs Handy zu schauen in der Hoffnung, vielleicht doch noch ein Lebenszeichen von Beate Sander zu erhalten. Ob sie im Krankenhaus war? Ob sie so starke Schmerzmittel erhalten hatte, dass sie jetzt sediert war und nichts mehr von ihrer Umgebung mitbekam – ganz anders, als sie es wollte? Seit dem

Gespräch am Vortag bekam ich diese Frau nicht mehr aus dem Kopf. Am Abend, als wir schließlich in einem netten griechischen Restaurant saßen und ich mich über die sonst üblichen Absprachen, kein Handy bei Tisch zu benutzen, hinweggesetzt hatte, sah ich das übliche Symbol auf meinem Display auftauchen, das den Eingang einer Mail ankündigte. Der Absender: Beate Sander. Sie schrieb mir, dass Sie heute mit *BILD* einen großen Abschiedsfilm gedreht und ihr das so viel Energie gegeben habe, dass sie trotz erneuter Knocheneinbrüche die »Leute«-Sendung noch machen wolle – allerdings zwei Tage früher als geplant. Die Mail endete mit zwei Fragen, die mich gleichermaßen bestürzten wie mit dem Gefühl erfüllten, dass mir da gerade eine große Ehre zuteilwurde: »Darf ich Sie zu meiner Trauerfeier einladen? Würden Sie eine kurze Rede halten?«

Nochmal mehr spürte ich, dass ich diese Frau unbedingt kennenlernen wollte. Ich wollte alles versuchen, um das Interview noch aufzeichnen zu können, und sagte beides zu.

Die erste Begegnung

Zwei Tage später saß ich dann im Zug nach Ulm, um dort zu übernachten und am nächsten Morgen pünktlich um 9 Uhr bei Beate Sander zu sein. Mein Kollege Tom wollte am Dienstagmorgen im Auto und mit der Kamera nachkommen. Ich hatte einige Blätter mit Fragen dabei, die ich Beate Sander unbedingt stellen wollte – und ein flaues Gefühl im Magen. Mir war die Vorbereitung auf die Sendung nicht leichtgefallen und ich hatte die Chance genutzt, mit einer Kollegin über einige Dinge, die mich besonders beschäftigten, zu diskutieren: Dass die ursprünglich geplante unterhaltsame Sendung mit der etwas skurrilen »Börsenoma« so nicht würde stattfinden können, stand außer Frage. Klar war auch, dass ich offen ihre Situation ansprechen musste. Andererseits wollte ich nicht, dass das ganze Interview allein um das Thema Sterben und Tod kreisen würde – Beate Sander hatte so viel mehr zu erzählen. Mit welchen Worten sollte ich mich in der Sendung von jemandem verabschieden, den ich mutmaßlich nie wiedersehen würde, weil klar war, dass er sterben würde? Floskeln wie »Viel Erfolg« oder »Alles Gute«, die bei anderen Gesprächspartnern durchaus angebracht waren, verboten sich von selbst. Hinzu kam, dass wir unseren Gästen am Ende der Sendung immer ein kleines persönliches Geschenk machen. Was aber schenkt man jemandem, der Schmerzen und nur noch wenig Zeit hat? Ich hatte zum Glück gelesen, dass Beate Sander eine Leidenschaft für gutes Essen hatte – und ganz besonders für hochwertige Pralinen aus dunkler Schokolade. Die hatte ihre Klavierlehrerin in Rostock immer dabeigehabt, als sie noch ein Kind war. Wenn die Stunde erfolgreich gelaufen und die kleine Beate gut geübt hatte, durfte sie sich immer eine davon nehmen – ein Geschmack, den sie bis an ihr Lebensende mit glücklichen Kindheitserinnerungen verbinden sollte. Ich hatte also eine große Schachtel der besten dunklen Pralinen im Gepäck, die ich in einer Konditorei in Mainz hatte finden können.

Eigentlich hätte ich nicht überrascht sein sollen, als ich am nächsten Morgen vor dem Reihenhaus von Beate Sander im Ulmer Stadtteil Bilfingen stand: Ich wusste aus Zeitungsartikeln, dass die »Börsenoma« trotz inzwischen fast 2,8 Millionen Euro im Depot keine Luxusvilla bewohnte – ebenso wenig wie Warren Buffett übrigens, der ebenfalls immer noch in dem schnörkellosen Haus wohnt, das er für seine Frau und seine drei Kinder 1958 in seinem Heimatort Omaha gekauft hatte – für eine Summe, die heute umgerechnet 400 000 Dollar entspricht. Sich zu vergrößern oder umzuziehen wäre ihm nie in den Sinn gekommen. Warum auch, entspricht doch das Haus allen seinen Bedürfnissen. Und so war es bei Beate Sander eben auch. Nichtsdestotrotz erschien mir das weiße Reihenhäuschen, in dem sie wohnte, für eine Börsenmillionärin dann doch sehr schlicht. Es stammte aus einem sozialen Wohnungsbauprojekt der 1960er-Jahre. Einziger Blickfang war die leuchtend blaue Haustür, die offen stand. Ein Pappschild wies den Weg: »Besuch für Frau Sander. Treppe hoch.« Im Erdgeschoss standen Schuhe im Treppenhaus. Es war vermietet. »Wäre doch Platzverschwendung sonst«, erklärte Beate Sander mir später. Sie selbst bewohnte zu diesem Zeitpunkt eine übersichtliche Dreizimmerwohnung im ersten Stock. Mein Kollege Tom stand schon mit seiner Kamera am Eingang und trat nervös von einem Bein aufs andere. Auch für ihn war es keine alltägliche Situation, ein Interview mit einer Frau zu filmen, die weiß und in aller Selbstverständlichkeit erzählt, demnächst sterben zu müssen.

Sterben ist etwas, was man verdrängt, über das man nicht spricht, das im Krankenhaus stattfindet. Nicht in einem 1960er-Jahre Reihenhaus, das man gerade betritt, um mit einer Frau zu sprechen, die trotz ihrer zierlichen Statur überhaupt nicht zerbrechlich, sondern so energiegeladen wirkt, als wolle sie gleich aus ihrem Rollstuhl aufspringen. Die nächsten Male, die ich Beate Sander sehen werde, wird sie nicht mehr darin sitzen. Sie wird sich erst mühsam gebeugt an Schränken und Regalen entlanghangeln, um zu ihrem Schreibtisch oder auf die Toilette zu kommen, um mir dann bei unserem letzten Treffen zwar unter Schwierigkeiten und Schmerzen mit kleinen Schritten, aber dennoch ohne jede Stütze entgegenzulaufen. Es wird sie dann ärgern, wenn die Tatsache, dass sie plötzlich wieder laufen kann, einige Besucher zu der begeisterten Schlussfolgerung veranlasst, es ginge ihr wohl wieder besser. »So ein Blödsinn«, wird sie dann sagen, »da gibt's überhaupt keine Kausalität. Ich hatte vorher einfach geglaubt, dass ich nur noch im Rollstuhl sitzen kann, weil mir die Ärzte das gesagt hatten, und hatte das überhaupt nicht hinterfragt. Ich hätte von Anfang an ohne Rollstuhl klarkommen können, wenn ich es nur versucht hätte.«

Doch das wusste ich zu diesem Zeitpunkt noch nicht, ebenso wenig, dass es zu weiteren Treffen kommen würde. »Waren Sie in einem guten Hotel untergebracht?«, fragte Beate Sander und schüttelte mir kräftig die Hand. Ich nannte ihr den Namen des Mittelklassehotels, in dem ich übernachtet hatte. Sie schnalzte abfällig mit der Zunge. »Da gibt's wirklich bessere …« So wenig Wert wie Beate Sander auf Luxus in ihrem Privatleben legte, so viel Wert legte sie darauf, in hochklassigen Hotels zu übernachten, wenn sie unterwegs war. Sie liebte das kurzzeitige Abtauchen in eine andere Welt, voller dicker Teppiche, luxuriöser Spa-Bereiche und riesiger Frühstücksbuffets, die sie ausgiebig genoss.

Ich ließ meinen Blick über ihren 1960er-Jahre Nussbaum-Wohnzimmerschrank schweifen, dessen Holz im Laufe der Jahrzehnte ausgebleicht war. Gegenüber stand eine Vitrine, vollgestopft mit Büchern, die sie selbst geschrieben hatte, vor allem mit allen zehn Exemplaren ihres Bestsellers *Der Aktien- und Börsenführerschein*, die dort fächerförmig aufgebaut waren, sodass man jedes einzelne Exemplar ausgiebig bewundern konnte. Rechts daneben standen jede Menge Pokale und Medaillen, die sie beim Sport gewonnen hatte: Beate Sander spielte schon in ihrer Jugend Hockey in der DDR und wurde mit ihrem Team DDR-Jugendmeister; später spielte sie in der ersten Bundesliga Tischtennis, schaffte es dort sogar mal, gegen eine Europameisterin zu gewinnen, um dann nach ihrem Wechsel zum Tennis mit dem Titel »Der größte deutsche Tennisfreak« ausgezeichnet zu werden: Beate Sander war offensichtlich eine Frau, die Pokale und Erfolge sammelte wie andere Briefmarken. Da ich auch Tennis spiele, hatten wir gleich ein gemeinsames Thema, fachsimpelten ein wenig über die aktuellen Leistungen von Novak Djokovic im Vergleich zu Rafael Nadal und sie erzählte mir von den Turnieren, in denen sie die Pokale gewonnen hatte. »Haben Sie den Hockey-Pokal bei Ihrer Flucht aus der DDR mitgenommen?«, fragte ich sie neugierig. »Ja, sonst wäre er nicht hier«, antwortete sie trocken.

Später saßen wir uns an ihrem Esstisch gegenüber, um die Sendung aufzuzeichnen. »Sie können mich alles fragen!«, sagte sie und ich spürte ihre wachen braunen Augen auf mir ruhen. Ich begann das Gespräch, indem ich die ungewöhnliche Situation erklärte, in der wir uns befanden, und stellte ihr die Frage, die man als Journalist als Einstiegsfrage tunlichst vermeiden sollte, weil sie normalerweise völlig belanglos ist, in diesem besonderen Fall aber wichtig: die Frage, wie es ihr aktuell gehe. Sie erklärte ohne jegliches Pathos, dass sie nur noch wenige Tage zu leben habe, damit aber »sehr locker umgehen« könne. Sie erzählte von ihren schlimmen Krebstumoren, die die Knochen zerfressen, auf die Nerven drücken und ihr zum Teil höllische Schmerzen bereiten würden, und davon, dass sie gemerkt habe, was die beste Arznei gegen diese Schmerzen sei: sich Herausforderungen wie diesem Interview zu stellen. Das würde bei ihr eine Adrenalinausschüttung bewirken, die sie für die Dauer des Gesprächs die Schmerzen vergessen ließe. In aller Deutlichkeit formulierte sie ihr Ziel, bis zum letzten Atemzug am Leben teilzunehmen. »Ich will aus jedem Tag noch etwas machen!« Beeindruckende Worte. Ich fragte sie, ob sie nachvollziehen könne, dass nicht alle so gelassen mit dem Thema Sterben und Tod umgehen könnten wie sie selbst. Ihre Antwort war klar und pointiert: Selbstverständlich könne sie das nachvollziehen! Sie selbst könne nur so entspannt aus dem Leben scheiden, weil sie 82 sei und für niemanden mehr verantwortlich. Wenn sie an jüngere Menschen denke, die ihre Kinder zu versorgen hätten, oder an Menschen, die noch ihre alten Eltern versorgten und diese dann zurücklassen müssten – das sei unvorstellbar grausam. In gewisser Weise verstand ich ihre Einstellung, dennoch fand ich ihren entspannten Umgang mit dem Thema Tod ungewöhnlich. Ich hakte nach und wollte wissen, woher sie die Kraft dazu hatte. Sie schien die Frage zu erstaunen: »Weil ich diese Kraft schon immer brauchte. Ich habe weiß Gott kein einfaches Leben gehabt. Und wenn ich den Mut oder diese Kraft nicht hätte, dann wäre ich nicht das geworden, was ich heute bin.« Als ich daraufhin erklärte, ich fände es darüber hinaus noch überraschender, dass sie sogar die Kraft habe, ihre eigene Trauerfeier zu planen, reagierte sie noch erstaunter: »Find ich jetzt gar nicht!« Das sei, erklärte sie, eher Ausdruck einer Wertschätzung gegenüber den anderen. Sie schilderte ihre Trauerfeier so, wie sie sie sich wünschte: ein Pianist, der »wilde Klassik« spielen sollte wie Rachmaninow oder Tschaikowski, ein gemütliches Beisammensein mit kurzen Rückblickreden und gemeinsamem Essen und Trinken. »Und dann wird auch nicht geheult und nicht gejammert.« Weil sie so ungeheuer vital bei der Beschreibung ihrer Trauerfeier wirkte, kam es mir in diesem Moment vollkommen absurd vor, davon auszugehen, dass dieses Ereignis tatsächlich unmittelbar bevorstehen könnte. Mir rutschte deshalb ein Satz heraus, für den ich mir bereits Sekunden später auf die Zunge hätte beißen können. »Das dauert aber hoffentlich noch ein bisschen, Frau Sander!«

»Nein, das dauert nicht noch ein bisschen«, widersprach die »Börsenoma« in aller Deutlichkeit, »das wird im September geschehen! Aber das macht mir jetzt nicht viel aus. Ich bin nur froh für jeden Tag, an dem ich noch etwas machen kann.«

Wir sprachen über ihre Kindheit im Krieg in Rostock, über ihr schwieriges Verhältnis zu ihrer Mutter, über ihre Flucht aus der DDR mit 14 Jahren, ihren harten Weg ohne Abitur zur Realschullehrerin, über ihre Idee, für ihre Schüler eine Börseneinführung zu schreiben, die ihr erster Bestseller wurde, bis hin zu ihrem Entschluss, mit 59 Jahren ihr komplettes Erspartes – damals 30 000 Euro – an der Börse zu investieren und daraus mithilfe einer eigenen Anlagestrategie, der von ihr entwickelten »Hoch/Tief-Mutstrategie«, 2,8 Millionen zu machen. Am Ende sprachen wir über das Thema, das ihr aktuell am wichtigsten war: das Thema Nachhaltigkeit. Angesichts des Klimawandels hatte sie das für sich als das Zukunftsthema schlechthin identifiziert. In der Woche darauf sollte ihr Buch über Aktienanlagen in nachhaltig arbeitende Unternehmen *Gutes Gewissen und dennoch erfolgreich* auf den Markt kommen. Als Tom und ich bei ihr waren, klingelte der Postbote und brachte ihr einige Vorabexemplare, die ihr ihr Verlag schon mal zugeschickt hatte, und so durften wir beide erleben, wie stolz sie war, dieses Buch in den Händen halten zu können.

Auch früher habe sie darauf geachtet, keine Aktien von Konzernen zu kaufen, die zum Beispiel für die Rüstungsindustrie tätig waren, erklärte Beate Sander. Inzwischen habe sie sich aber dazu entschlossen, darüber hinauszugehen, und habe in letzter Zeit nur noch Aktien von Unternehmen gekauft, die aktiv etwas tun, um den Klimawandel zu bekämpfen und den CO_2-Ausstoß zu reduzieren – sei es durch Herstellung entsprechender Produkte wie Solaranlagen oder geeigneter

Ersatzstoffe für Plastik – oder in Unternehmen, die zumindest in der Produktion darauf achten, nachhaltig zu sein, indem sie zum Beispiel keine Kohleenergie nutzen. Beate Sander war es extrem wichtig, dem Klischee des »bösen« Kapitalismus ihre Vision eines sozialverträglichen ökologischen »guten« Kapitalismus entgegenzusetzen: Nur wenn man dafür sorge, dass diese nachhaltig arbeitenden Firmen ausreichend Geld zur Verfügung hätten, betonte sie mehrfach, könnten sie ihre Produkte herstellen und hätten ausreichend Geld, um in die Entwicklung neuer Umwelttechnologien zu investieren. »Wenn wir es nicht tun, dann haben junge Leute wie Sie oder auch die Kinder und Enkel keine Zukunft mehr!«

Ich beendete das Interview mit dem Satz: »Es war mir eine Ehre, dieses Gespräch mit Ihnen führen zu dürfen!« Er kam von ganzem Herzen. Wir tranken noch eine Tasse Kaffee zusammen, serviert von Beate Sanders Sohn Uwe, der aufgrund der akuten Situation seiner Mutter aus Stuttgart gekommen war, um bei ihr zu sein. Die Stimmung war heiter, gelöst. Beate Sander erzählte von einem jungen Verehrer aus Holland, der sie täglich anrief und ihr Pralinen schickte. »Der ist echt nett, aber mir wird das alles zu viel!« Dann hieß es Abschied nehmen. Es ist ein merkwürdiges Gefühl, sich von jemandem zu verabschieden, von dem man denkt: Das war das letzte Mal, dass du diesen Menschen in deinem Leben sehen wirst, weil es ihn nämlich bald nicht mehr geben wird – vor allem wenn man gerade noch zusammen gelacht hat. Als ich dann vor ihr stand, geschah alles ganz automatisch. Ich beugte mich zum Rollstuhl runter, wir nahmen uns in den Arm. »Viel Kraft«, sagte ich. »Viel Erfolg für die Sendung und gute Fahrt«, sagte sie.

Schließlich saßen Tom und ich im Auto. Wir schwiegen erst eine Weile, dann sprachen wir lange über Beate Sander, darüber, wie sehr sie uns beeindruckt hatte, und darüber, wie großartig es ist, wenn jemand es sich zum Ziel gesetzt hat, bis zum Schluss am Leben teilzuhaben. Wir beide kannten in unserem Umfeld alte Menschen, bei denen das anders war: die sich immer mehr in ihre eigene Welt zurückzogen, sich nicht mehr dafür interessierten, was außerhalb ihrer eigenen vier Wände passierte, sich zum Teil auch abgehängt fühlten von einer technischen Entwicklung, die immer rasanter fortschritt. Diese Menschen haben es aufgegeben, sich mit neuen Technologien wie Handy und Internet zu beschäftigen, und haben damit den Anschluss an eine jüngere Generation und an das, was diese beschäftigt, vollkommen verloren. »Wenn man so gelassen wie Beate Sander aus dem Leben scheiden kann, dann hat man etwas richtig gemacht!«, waren wir uns einig.

Den nächsten Tag brachte ich damit zu, die Sendung mit Beate Sander zu schneiden. Auch am Tag darauf schweifte ich mit meinen Gedanken immer mal wieder zu ihr und einzelnen Aussagen von ihr ab. Wie immer ging es aber zu Hause mit Hund und zwei Teeniekindern sehr lebhaft zu, und es tat gut, von der Schwere der letzten Tage ein wenig wegzukommen. Der Alltag hatte mich wieder. Am Donnerstagabend hatte ich mich dann zum Saisonabschluss mit Mitgliedern meiner Damen-Tennisabteilung zum Essen verabredet. Die Stimmung war heiter. Irgendwann fragte mich jemand, welchen Gast ich als Nächstes in meiner Sendung hätte. Ich begann, von Beate Sander zu erzählen, die Geschichte, wie ich eigentlich ein zwar informatives, aber auch lustiges Gespräch mit der »Börsenoma« geplant hatte und dann alles ganz anders gekommen war. Ich erzählte von ihren Börsenerfolgen, welche Hürden sie in ihrem Leben überwinden musste, von ihrem ungewöhnlich unbefangenen Umgang mit dem eigenen Tod und ihrem Wunsch, bis zum Schluss am Leben teilzunehmen. Um mich herum war es still geworden. »Gibt's eine Biografie, in der man das alles nachlesen kann?«, fragte meine Freundin Steffi. »Nicht, dass ich wüsste«, sage ich, »da musst du schon meine Sendung hören!«

»Dann schreib doch du die Biografie«, sagte meine andere Freundin Inge. »Du hast doch gerade mit ihr gesprochen!«

»Dazu reicht eine Stunde Interview nicht«, antwortete ich, »da müsste man viel mehr in die Tiefe gehen.« Inge – auch sonst in unserem Team diejenige, die am kämpferischsten ist und nie aufgibt – ließ sich von ihrer Idee nicht abbringen. »Dann fahr doch noch mal hin!«

Warum dieser Satz bei mir auf so fruchtbaren Boden fiel, konnte ich mir zunächst nicht erklären. Ich hatte jede Menge prominente und weniger prominente Leute als Gäste in meiner Sendung gehabt, die mich beeindruckt oder zumindest auch nach dem Gespräch mit ihnen noch lange gedanklich beschäftigt haben: Helmut Kohl, der in seiner Leibesfülle wie ein historisches Monument vor mir saß, der dann aber tatsächlich feuchte Augen bekam, als er eine Collage mit Tönen aus Ost und West vom Tag des Mauerfalls hörte. Kardinal Lehmann, der ein fantastisches Gedächtnis besaß und jeden Menschen, mit dem er einmal ein längeres Gespräch geführt hatte, bei einem Wiedersehen mit Namen ansprechen konnte und der in seiner privaten Bibliothek über 120 000 Bücher besaß, die er hegte und pflegte, als wären das seine Kinder. Oder Wolfgang Welsch, der für seinen Versuch, aus der DDR zu fliehen, jahrelang im DDR-Gefängnis saß, schlimmste Misshandlungen bis hin zu einer Scheinhinrichtung erfuhr, sich aber nicht brechen ließ. Später arbeitete er als Fluchthelfer und überlebte drei Mordanschläge durch die Stasi.

Dennoch hatte ich nie den Versuch unternommen, einen dieser Gäste nach der Sendung noch mal aufzusuchen, um mit ihnen das Gespräch fortzusetzen, was – mit Ausnahme von Helmut Kohl – bei vielen sicherlich möglich gewesen wäre. Warum hatte sich ausgerechnet die »Börsenoma« so in meinem Kopf festgesetzt, dass ich ernsthaft überlegte, erneut zu ihr zu fahren? Die Antwort war letztlich einfach: Weil ich mir, wie viele von uns, wünsche, einmal so gelassen aus dem Leben ausscheiden zu können wie Beate Sander – etwas, was in meinen Augen nur funktioniert, wenn man sein Leben insgesamt als gelungen betrachtet. Weil ich verstehen wollte, was dieses gelingende Leben ausmacht – nicht in theoretischen Abhandlungen, sondern ganz praktisch im Gespräch mit einer Frau, deren Leben nicht immer einfach war, die aber sagt, dass sie insgesamt damit zufrieden war. Ich wollte noch viel mehr von ihr über ihr Leben und ihren Blick darauf erfahren, wollte weiter in die Tiefe gehen und nachbohren, als es im Rahmen einer einstündigen Hörfunksendung möglich ist.

Aber es gab auch einen entscheidenden Grund, der gegen ein solches Vorhaben sprach: Konnte ich tatsächlich noch mehr von Beate Sanders nur noch kurzer Lebenszeit in Anspruch nehmen? Dennoch ließ mich die Idee nicht los. Den Ausschlag gab letztlich eine höchstens 18-jährige Kassiererin mit auffallend hübschen asiatischen Gesichtszügen am nächsten Morgen. Ich hatte im Drogeriemarkt ein Foto von Beate Sander und mir ausgedruckt, das wir bei unserem gemeinsamen Interviewtermin gemacht hatten, um es ihr mit einigen netten Dankesworten zuzuschicken. Als ich das Bild aufs Kassenband gelegt hatte, um es zu zahlen, fragte mich die Kassiererin plötzlich: »Wo haben Sie die Börsenoma getroffen?« Ich war mehr als überrascht, dass die junge Frau Beate Sander kannte. »Ich war für ein Interview bei ihr«, erklärte ich. »Haben Sie es gut«, seufzte sie. »Ich hatte Karten für ihre Veranstaltung in Mainz, die jetzt ausfällt. Ich bin ein Riesenfan von ihr!«

»Woher kennen Sie Beate Sander?«, hakte ich nach.

»Ich habe sie durch YouTube-Videos kennengelernt«, antwortete sie. »Ich habe nicht viel Geld und will schauen, wie ich vernünftig sparen kann. Und dann habe ich mich mit Börse beschäftigt und bin auf sie gestoßen. Ich hab' mir dann auch ein Buch von ihr gekauft. Sie erklärt so, dass man es versteht. Ich finde sie echt cool!« Und sie fuhr fort: »Ich hätte sie so gerne getroffen! Sehen Sie sie nochmal wieder?«

»Ja«, hörte ich mich in diesem Moment zu meiner eigenen Überraschung sagen. »Ich denke schon. Und dann werde ich Ihre Grüße überbringen. Sie ist sehr krank. Das wird sie freuen.«

Als ich zu Hause war, beschloss ich meinem Bauchgefühl zu vertrauen, setzte mich an meinen Laptop und fragte Beate Sander ganz direkt, ob sie Lust hätte, dass wir unser Interview fortsetzen, wir über ihr Leben sprechen und ich ein Buch über sie mache. Ihre Antwort erfolgte prompt und war positiv.

Ich hatte Glück. Der Zufall hatte es gewollt, dass ich für die folgende Woche ohnehin ein paar Urlaubstage eingeplant hatte. Die würde ich jetzt für den Besuch bei Beate Sander nutzen. Wir machten aus, dass ich am nächsten Montag pünktlich um 8 Uhr bei ihr zu Hause in Ulm sein würde. Ich brannte darauf, mehr von ihr aus ihrem Leben erzählt zu bekommen, einiges über ihren besonderen Umgang mit einschlägigen Lebenssituationen, mit Krisen und Schicksalsschlägen zu erfahren und daraus vielleicht so etwas wie eine Formel für ein gelingendes Leben ableiten zu können. Denn dass sie weit mehr als nur Börsentipps zu bieten hatte, lag auf der Hand.

Viele Menschen schienen ähnlich zu empfinden: Bereits zwei Wochen, nachdem wir unsere Sendung im YouTube-Kanal des SWR veröffentlicht hatten, war sie bereits von über 100 000 Menschen angeschaut worden. Hunderte von Menschen schrieben ihre Botschaften über und an Beate Sander in die Kommentare darunter: »Sie ist nicht mehr nur eine ›Börsen Oma‹, sie ist und bleibt eine ›Börsen Legende‹«, »Einfach nur beeindruckend diese Frau. Mein allergrößter Respekt«, »Sie hat mehr für die Aktienkultur getan als die ganze Politikerhorde in Berlin«, »So was gehört in den Schulen gezeigt. Das sind wahre Vorbilder. Bescheiden, schlau, extrem erfolgreich und durchweg positiv«, »Liebe Frau Sander. Zuerst haben Sie mich mit Ihrem Börsenwissen beeindruckt, und jetzt noch einmal mit Ihrem Umgang mit Ihrer persönlichen Situation«, es kamen Grüße aus Shanghai und der Mongolei. Menschen schrieben ihr Mails und teilten ihr mit, wie sehr sie sie bewunderten.

Als wir uns wiedersahen, gab ich Beate Sander das Foto von unserem Interview und richtete ihr die Grüße der Drogeriemarktkassiererin aus. Sie freute sich riesig. »Ich denke, wir sollten uns duzen«, erklärte sie ohne Umschweife, »wenn du so tief in mein Leben eintauchst, passt das ›Sie‹ einfach nicht.«

Anschließend redeten wir insgesamt vier Tage miteinander. Ich habe viele Stunden Tonmaterial aufgenommen und mir während gemeinsamer Essens- und Kaffeepausen Notizen gemacht. Es waren spannende, tiefgehende, aufwühlende, nicht immer einfache Gespräche, unterbrochen nur durch den Pflegedienst, der morgens und abends kam, um nach ihr zu schauen, und den Besuch ihres Hausarztes. Ich wollte mehr Pausen machen, um sie nicht zu überanstrengen, doch sie war wie eine Getriebene: »Weiter jetzt!« Wir suchten den optimalen Sitzplatz für sie, an dem sie die Beine hochlegen konnte, bewegten uns mühsam vom Esszimmertisch zum Wohnzimmersessel und wieder zurück. Ihre Beine schwollen immer mehr an. Der Krebs verhinderte, dass die Gewebeflüssigkeit abtransportiert werden konnte, sodass sie sich in den Beinen staute. Beate Sander biss die Zähne zusammen, zwischendurch merkte man aber, dass sie höllische Schmerzen hatte. Als ehemalige Leistungssportlerin war es bitter für sie zu erleben, dass ihr Körper sie im Stich ließ, dass sie viele Dinge nicht mehr allein tun konnte. Wir sprachen über ihr Leben, über aktuelle Dinge, die sie beschäftigten, und zwischendurch auch immer wieder über den Tod. Das Thema Sterbehilfe trieb sie um, sodass sie immer wieder darauf zurückkam. Der praktische Umgang damit, so wie sie ihn in den Wochen vor ihrem Tod erlebte, machte sie wütend. »Bring das in deinem Buch!« Das versprach ich ihr.

Lehrertochter mit grünem Daumen

»Lass uns zuerst über deine Kindheit sprechen«, schlug ich vor. »Was ist die erste Erinnerung, die du hast, wenn du an deine Kindheit zurückdenkst?«

Sie überlegte. »Vermutlich unser in der Mitte gespaltenes Haus, als die Bomben drauffielen!«

»Das war 1944«, sagte ich, »da warst du sechs Jahre alt. Es muss frühere Kindheitserinnerungen geben.« Vermutlich hatte sich der Anblick des zerbombten Hauses so intensiv in ihr Gedächtnis eingebrannt, dass er ihr spontan bei meiner Frage als Erstes in den Sinn gekommen war.

»Dann war es vermutlich der Honigtopf …«

Den Honigtopf hatte ihr Vater nach ihren Schätzungen für sie in den Garten gestellt, als sie etwa drei Jahre alt war, damit sie ihn ausschlecken konnte. »Schau, das haben die Bienen für dich gebracht«, sagte er zu seiner Tochter, die ihm von allen sechs Kindern am meisten glich – nicht optisch, aber was seine Interessen betraf. Dr. Joachim Jaenicke, promovierter Volks- und Betriebswissenschaftler, war ein gebildeter Mann. Er war in Jena als Sohn eines früh verstorbenen Apothekers aufgewachsen, der reiche Großvater war Großgrundbesitzer. Später zog er nach Rostock, um dort eine Bildungseinrichtung aufzubauen – eine private Handelsschule sowie ein »Ferninstitut«, wie sie auch damals durchaus schon in Deutschland verbreitet waren. Zielgruppe waren zunächst vor allem Berufstätige, die sich am Abend und am Wochenende weiterbilden wollten, aber zum Beispiel auch Seeleute. Nicht umsonst war das Emblem des »Ferninstitut Dr. Jaenicke« ein stolzer Dreimaster. Joachim Jaenicke war ein leidenschaftlicher Lehrer – etwas, was er mit seiner Tochter gemein hatte. Ihr Talent, Dinge anschaulich zu erklären, muss er schon früh erkannt haben. »Später wirst du mein Institut mal übernehmen«, hat er öfter zu ihr gesagt, obwohl sie selbst damals noch gar nicht zur Schule ging. Ihr Vater bemühte sich, Lerninhalte in Fächer wie Bilanzbuchhaltung, Volks- und Betriebswirtschaftslehre oder Steuerrecht und Schriftdeutsch möglichst didaktisch und kreativ aufzuarbeiten, um sie seinen Schülern zugänglich zu machen. War er schon vor dem Krieg erfolgreich gewesen, steigerte sich der Umsatz des Ferninstituts in den ersten Kriegsjahren noch mal beträchtlich. Joachim Jaenicke verschickte zahlreiche Briefe mit Lerninhalten und Aufgaben per Post an die Front. Die Soldaten bearbeiteten sie und schickten sie zurück – in der Hoffnung, die dadurch erworbene zusätzliche Qualifikation würde es ihnen nach dem Krieg leichter machen, wieder in ihren Beruf einzusteigen. Der Familie ging es finanziell ausgezeichnet. Sie lebten in einem schönen Haus in der Rostocker Gartenstadt, an das Beate Sander kaum noch Erinnerungen hatte. Lebhafte Erinnerungen hatte sie dagegen an den parkähnlichen Garten mit den großen Schatten spendenden Bäumen, den wunderbar duftenden Blüten und den vielen verschiedenen Pflanzen, in dem sie gemeinsam mit dem Vater jede freie Minute verbrachte – Joachim Jaenickes große Leidenschaft. Auch die teilte er mit seiner Tochter. Am intensivsten erinnerte sich Beate Sander an die kleine Rodelbahn und die zwei Schwimmbäder, die ihr Vater in dem Garten angelegt hatte – ein flaches für die Kinder zum Planschen, ein tieferes für die Erwachsenen. In diesem kleinen Becken und auf der Rodelbahn verbrachte sie herrliche Stunden mit ihren Geschwistern.

Ansonsten legte Beate Sander allerdings schon früh keinen großen Wert auf Geselligkeit oder die üblichen Spiele mit anderen Kindern. Sie hielt sich am liebsten allein oder gemeinsam mit ihrem Vater im Garten auf. Dann war sie richtig glücklich. Das änderte sich auch nicht, nachdem das Haus 1944 zerbombt wurde. Auch das Haus, das sie dann bezogen und das nur wenige Straßenzüge von ihrem ersten Wohnhaus entfernt lag, hatte einen großen Garten. Wenn Beate im Garten ihren Forscherdrang ausleben konnte, war sie ganz in ihrem Element. Sie setzte mit großer Liebe und Hingabe Pflanzen und erprobte, wie unterschiedlich sie sich entwickelten, je nachdem, welchen Dünger man einsetzt. Sie experimentierte mit Pferdeäpfeln, die sie auf der Straße sammelte, mit dem Mist ihrer Hühner und mit normalem Kompost. Interessiert registrierte sie, dass ihre Rosen bei Zugabe von Kaffeesatz in die Erde vorzüglich wuchsen, während ihre Brombeeren offensichtlich litten, wenn man sie damit düngte. Später, als sie eine Gartenbaulehre begann, erfuhr Beate dann, dass das mit der Säureverträglichkeit der jeweiligen Pflanze zusammenhängt. Als Kind beobachtete sie nur und zog daraus ihre Schlüsse.

Da sie ihre Pflanzen pflegte und hegte, war sie wütend auf sich, dass sie aus Versehen mal eine Pflanze mit einer Hacke beschädigt hatte. Umso erstaunter war sie, als sie kurz danach beobachtete, dass die Pflanze wieder auszuschlagen begann, neue Triebe bildete und deutlich mehr Samen als ihre unverletzten Verwandten produzierte. Erst vor wenigen Jahren, erzählte sie mir begeistert, hätten US-Forscher herausgefunden, womit das zusammenhängt: dass nämlich Pflanzen, wenn sie verletzt werden, die Chromosomen in ihren Zellen vervielfältigen und dadurch vermutlich mehr von den dringend für Wachstum und Vermehrung benötigten Proteinen produzieren können. Beate lernte als Kind im Eigenexperiment, ihre Pflanzen so zu beschneiden, dass sie optimale Erträge brachten. Ihre Leidenschaft für Pflanzen und Gärtnern blieb ihr nicht nur bis ans Lebensende erhalten; sie nutzte auch später gerne Pflanzenanalogien, wenn es um Aktienhandel ging: »Ich bin wie eine gute Gärtnerin: Ich säe und ernte zur rechten Zeit!«

Starre Rollen

Mit ihrer reichhaltigen Ernte aus dem eigenen Garten konnte Beate ihre Mutter durchaus beeindrucken. Vor allem in den Hungerjahren nach dem Krieg war ihr gärtnerisches Geschick der Familie von großem Nutzen. Ansonsten gab Beate, im Gegensatz zu ihren beiden älteren Schwestern, der Mutter viele Rätsel auf. Sie war das dritte von sechs Kindern. Das Verhältnis zwischen Mutter und Tochter war schon früh sehr angespannt. Es war geprägt vom Gefühl, keinen wirklichen Zugang zueinander zu finden, sosehr sich beide Seiten auch anstrengen mochten und sosehr sich Beate gleichzeitig verzweifelt nach der Liebe der Mutter sehnte. »Wir waren wie Feuer und Wasser«, fasste Beate Sander die Beziehung zur Mutter zusammen. Beate war, wie sie selbst von sich sagte, ein »schwieriges Kind«. Schon früh war sie sehr ehrgeizig und bekam Tobsuchtsanfälle, wenn etwas nicht so klappte, wie sie es sich vorgestellt hatte. Martha Jaenicke hingegen hatte klare Erwartungen, wie sich Mädchen zu verhalten hätten, und da gehörten übertriebener Ehrgeiz und exzessive Wutanfälle sicherlich nicht dazu. Stattdessen vertrat sie ein für die damalige Zeit typisches traditionelles Rollenbild, nach dem Mädchen gerne schöne Kleider tragen und mit Puppen spielen sollten. Beate hingegen zeigte keinerlei Interesse an traditionellem Spielzeug, schon gar nicht an Puppen, die sie links liegen ließ oder sogar an die Wand warf – ein früher Konfliktherd mit ihrer Mutter. Diese durch den Zwang verstärkte Abneigung gegen Puppen führte später sogar dazu, dass Beate Sander, die ansonsten sehr analytisch rational an ihr Aktiengeschäft heranging, keine Aktien von Unternehmen kaufte, die Puppen in ihrem Sortiment hatten. Ihr Hang zu Systemen und Strategien zeigte sich dagegen schon früh. So entwickelte sie diverse Ordnungsprinzipien, die das Leben übersichtlicher machen sollten: Zum Beispiel ordnete sie Äpfel in der Speisekammer zu bestimmten geometrischen Figuren, sodass direkt auf den ersten Blick erkennbar war, wenn eines ihrer Geschwister einen Apfel heimlich geklaut hatte – ein Einfall, der ihr bei ihren Geschwistern keine Bonuspunkte eintrug.

Ihre einzige Chance, außerhalb des Gartens Anerkennung von der Mutter zu erhalten, sah Beate in ihrem bemerkenswerten Talent fürs Klavierspiel. Auch wenn die Mutter ansonsten Beates Ehrgeiz eher skeptisch sah, war sie doch begeistert, wenn die Tochter geradezu verbissen bis zu drei Stunden täglich übte, um eine Beethovensonate endlich flüssig spielen zu können. Kein Stück war ihr zu schwer, keine Herausforderung zu groß. Unermüdlich machte sie immer wieder Fingerübungen, ließ sich durch nichts entmutigen. Sie war nicht eher zufrieden, als bis ihre Finger mühelos über die Tasten glitten und der Raum von Musik erfüllt war. Auch ihre Klavierlehrerin, eine aus Russland stammende Baronin, war begeistert vom Ehrgeiz des Kindes und träumte von einer großen Pianistenkarriere für die kleine Beate. »Mein Talent hätte nicht ausgereicht, um Weltklasse zu sein«, meinte Beate Sander dazu nüchtern im Rückblick, »außerdem waren meine Finger nicht lang genug. In Deutschland hätte ich vielleicht mithalten können, international auf keinen Fall.«

»Magst du Hausarbeit?«, fragte Beate Sander mich daraufhin unvermittelt. »Nein«, antwortete ich. »Ich koche ganz gerne. Aber putzen, Wäsche waschen und aufräumen … Es muss halt sein. Spaß macht mir das aber keinen.«

»Ich würde lieber hundert Stunden am Computer arbeiten, als eine Stunde putzen«, erwiderte sie. »Dabei ist das heute im Vergleich zu früher alles viel einfacher.« Am schlimmsten fand sie das Wäschewaschen ohne Waschmaschine, wie es in ihrer Kindheit üblich war. Einmal im Monat wurde eine Lauge hergestellt und die Wäsche wurde in einem großen Waschbottich eingeweicht. Dann wurden die Kleidungsstücke unter großer Kraftanstrengung auf einem Waschbrett – einem einfachen Holzrahmen, in den ein gewelltes Blech eingesetzt wurde – gerieben, um den Schmutz zu lösen. Danach wurde die Wäsche zum Trocknen aufgehängt und mit einer Wäschepresse glatt gepresst. Das Ganze war ein äußerst mühseliges Unterfangen, zumal bei einer achtköpfigen Familie wie den Sanders viel Wäsche anfiel. »Ich habe die ganze Hausarbeit so gehasst, dass auch das ein wesentlicher Grund war, warum ich so viel Klavier geübt habe«, gestand sie mir. »Wenn ich geübt habe, musste ich nicht helfen. Aber ich habe das Klavier auch wirklich geliebt.«

Für die Mutter war nach Beates Einschätzung das Klavierspiel ihrer Tochter hingegen eher ein willkommenes schmückendes Element für ihre Kaffeekränzchen. Beate wurde in schicke Kleider gesteckt, die sie hasste, und spielte Stücke von Mozart, Beethovens schwierige F-Moll-Klaviersonate »Appassionata« oder Schostakowitsch vor. Die eingeladenen Freundinnen der Mutter applaudierten begeistert. Als sie sich einmal für das Finale eines öffentlichen Klavierkonzerts qualifiziert hatte, sei das Einzige, was die Mutter interessierte habe, das Kleid gewesen, das die Tochter bei dieser Gelegenheit tragen sollte. Noch später, als Beate erwachsen war, erlebte sie als einzige Reaktion der Mutter auf ihre begeisterte Ankündigung, sie dürfe im Beethovensaal in Bonn einen Vortrag halten, nicht etwa eine Begeisterungsbekundung oder die Frage, um was es in dem Vortrag gehe, sondern ausschließlich die Überlegung, welches Outfit für diese Gelegenheit wohl das passende sei. »Das hat mich tief gekränkt«, erinnerte sie sich.

Auch Beates Sohn Uwe geriet viele Jahre später mit der Großmutter in Konflikt, als er bei seiner Konfirmation kein Sakko trug. »Wie kannst du das zulassen, Beate?«, habe die Großmutter vorwurfsvoll gerufen. Wegen dieser extremen Fixierung der Mutter auf Äußerlichkeiten keimte in Beate schon als Kind der Entschluss, sich später dadurch nicht beeinflussen zu lassen und Menschen unabhängig von ihrem Äußeren zu sehen. »Natürlich ziehe ich etwas Ordentliches an, wenn ich einen Vortrag halte – das gebietet der Respekt«, erklärte sie mir, »aber Kleidung als solches ist mir bis heute völlig egal. Und wie andere aussehen, auch!« Ihr Sohn Uwe bestätigt das. Als er als Teenie mal eine Punkphase hatte, hätte sein Vater das nach kurzer Diskussion akzeptiert. »Aber meine Mutter, hatte ich den Eindruck, hat das noch nicht mal wahrgenommen.« Anders die Großmutter, die mal wieder Beate für das Outfit des Sohnes verantwortlich machte. Beate und Uwe wurden von ihr fortan als »Schmuddelkinder«, so Uwe Sander, über Jahre hinweg von Familienfeiern ausgeschlossen.

Doch woher kam diese extreme Fixierung von Beate Sanders Mutter auf Äußerlichkeiten? Vermutlich spielte ihre Herkunft dabei eine nicht unwesentliche Rolle. Im Gegensatz zu ihrem Mann Joachim stammte sie aus einer einfachen Bauernfamilie aus Lüchow, einer kleinen Gemeinde in Niedersachsen, und hatte nur den Volksschulabschluss, was heute mit einem Hauptschulabschluss vergleichbar wäre. Nichtsdestotrotz war Martha Jaenicke eine kluge und wissbegierige Frau. Das ungleiche Paar lernte sich auf einem der Vorträge kennen, die Joachim Jaenicke in der niedersächsischen Heimat von Martha hielt. Die Hochzeit mit dem promovierten Politologen und Volkswirt bedeutete für sie zweifelsohne einen großen sozialen Aufstieg. »Meine Mutter war eine wunderschöne Frau, für die sich auch andere Männer begeistert haben«, war sich die Tochter sicher. In der Tat wirkt Martha Jaenicke, wenn man sie auf Fotos zusammen mit ihren Kindern sieht, mit ihren ebenmäßigen Gesichtszügen und ihrem schlanken, grazilen Körper, äußerst attraktiv. Doch darüber hinaus muss sie auch über ein hohes Maß an Intelligenz verfügt haben: Sie kannte sich, erzählte Beate Sander, ausgezeichnet in Kunst, Musik und Literatur aus, hatte beste Manieren und

Umgangsformen. Da sie das alles weder von der Schule noch aus ihrem Elternhaus vermittelt bekommen hatte, muss sie sich das selbst angelesen und erarbeitet haben. »Wer sie als Gastgeberin in ihrem schönen Rostocker Haus erlebte, wie sie über die unterschiedlichen Schaffensphasen Picassos sprach, der wäre nie auf die Idee gekommen, diese Frau könne aus einer einfachen bäuerlichen Familie stammen und nur ein Minimum an Schulbildung haben«, erinnerte sich Beate Sander. Zu der Rolle der bildungsbürgerlichen Ehefrau gehörte für Martha Jaenicke geschmackvoll und passend ausgewählte Kleidung untrennbar dazu, ebenso wie erlesene Möbel und ein schön gedeckter Tisch. Unabhängig davon war sie einfach eine Frau mit einem ausgeprägten Sinn für Ästhetik.

Das »andere« Kind

Was war es, was das Zusammenleben von Beate und ihrer Mutter so schwierig machte? Das erste Problem für Beate Sander lag schlicht darin, dass sie ein Mädchen war. Die Jaenickes hatten bei ihrer Geburt nach zwei Mädchen auf den längst ersehnten Stammhalter gehofft, der nach dem Vater »Joachim« heißen sollte. Doch während der Vater die Geburt der dritten Tochter rasch mit Humor nahm und ein Schild mit der Aufschrift »Dreimädelhaus« am Haus anbrachte, empfand Martha Jaenicke es, so der Verdacht der Tochter, als Makel, wieder »nur« ein Mädchen geboren zu haben. Diese Haltung und der unbedingte Wunsch nach einem »Stammhalter« war damals gesellschaftlich durchaus verbreitet. »Meine Mutter mochte mich von Anfang an nicht!«, daran gab es für Beate Sander überhaupt keinen Zweifel. Erschwerend kam hinzu, dass Beate irgendwie »anders« war, und das betraf nicht nur ihr in den Augen der Mutter für ein Mädchen untypisches Verhalten, dass sie sich weigerte, mit Puppen zu spielen, und keinerlei Interesse an schönen Kleidern zeigte. Martha Jaenicke beschreibt in einer Art Tagebuch, das sie für jedes ihrer Kinder führte und Beate zu ihrer Hochzeit überreichte, die »Verhaltensanormalitäten« der dritten Tochter. Darin ist nachzulesen, dass sich Beate in den ersten Monaten normal entwickelte und mit elf Monaten einfache Wörter wie »Papa« und »Mama« sprach, dass sie dann aber einige Monate später in ihrer Entwicklung stagnierte. Auch in der körperlichen Entwicklung war sie hinter den Schwestern zurück, konnte mit 15 Monaten noch nicht laufen. Auf Martha Jaenicke wirkte die Tochter teilnahmslos, so als lebe sie in einer anderen Welt. »Kleines Dummes«, nannte sie sie. Das Kindermädchen Anna erhielt den Auftrag, sich intensiv um Beate zu kümmern, was diese auch tat und stundenlang mit ihr spielte. Mit 18 Monaten hatte Beate den vermeintlichen körperlichen »Entwicklungsrückstand« aufgeholt. Mit zwei Jahren fing sie dann nach den Aufzeichnungen der Mutter wieder an, mehr Wörter zu sprechen.

Was jedoch blieb, war ihre Neigung, beim Einschlafen und im Schlaf den Kopf ständig rhythmisch von einer Seite zur anderen zu drehen – eine Angewohnheit, unter der Beate Sander bis ins Erwachsenenalter hinein litt. Diese sogenannte Jaktation, die das Schaukeln oder Wippen des ganzen Körpers oder auch nur des Kopfes umfassen kann, gilt beispielsweise als eine der häufigen Begleitformen von Autismus, wurde jedoch auch oft bei vernachlässigten Säuglingen und Kleinkindern in Heimen beobachtet und als Kompensationsreaktion aufgrund fehlender Zuneigung gedeutet. Auch Beate Sander führte dieses Verhalten selbst später noch auf fehlende emotionale Zuneigung ihrer Mutter zurück. Um zu verhindern, dass sich die Tochter beim Herumwerfen des Kopfes im Bett verletzte, band Martha Jaenicke sie in ihrer Hilflosigkeit schließlich im Bett fest. Beate allerdings interpretierte das als Strafe dafür, dass sie sich wieder einmal nicht so verhielt, wie es von ihr erwartet wurde. Mutter und Tochter tickten so verschieden, dass keiner von beiden in der Lage war, die Beweggründe und Gefühle des jeweils anderen auch nur annähernd nachzuempfinden.

Hinzu kamen, wie bereits beschrieben, die Wutausbrüche und Trotzanfälle von Beate, wenn sie etwas partout nicht wollte oder irgendetwas nicht so hinbekam, wie sie es sich vorgenommen hatte. »Sie ist bestimmt das stärkste von deinen Kindern«, stellte ihr Onkel Pia aus Lüchow fest, als er die kleine Beate beobachtete, gab ihr aber laut Tagebucheintrag der Mutter den Rat, diesen Trotz zu brechen: »Haue ihr tüchtig den Hintern voll. Denn das kann sie bei ihrer Natur gut vertragen. Die Kleine merkt auch ohne Verstand ganz genau, was du von ihr willst.« Die Mutter fügte hinzu: »Recht hat er« und setzte den Rat unmittelbar um. Immer wieder schlug sie Beate laut deren Aussagen mit der Hand oder dem Kochlöffel. Im Januar 1941 – Beate war jetzt drei Jahre alt – hielt die Mutter im Tagebuch erleichtert fest, dass sie bei der Tochter jetzt keine merklichen Rückstände in ihrer Sprachentwicklung mehr erkennen könne. »Nun gibt es aber für deinen Eigensinn nicht mehr immer die Entschuldigung: ›Sie ist noch zu dumm!‹ Du nennst dich zwar selbst ›gute Ati‹, aber das bist du nicht.« Die Konflikte zwischen Martha Jaenicke und ihrer dritten Tochter nahmen weiter zu. Beate entsprach immer weniger dem Rollenbild der Mutter. Sie bewegte sich nicht so grazil wie die Schwestern, wirkte, so vermerkte die Mutter im Tagebuch, merkwürdig steif und schusselig – ein »Tollpatsch«.

Wenn sie schon nicht im Garten sein, ihren Pflanzenexperimenten nachgehen oder Klavier üben konnte, spielte Beate am liebsten mit Jungs. Mit ihnen kickte sie Fußball und raufte sich gerne. »Aber nur zum Spaß. Wir haben gegeneinander geboxt, aber wenn einer am Boden lag, hätte ich nie noch mal zugeschlagen, sondern immer gesagt: ›Das nächste Mal gewinnst du!‹«

Wenn Sie von ihrer Mutter bei solchen Raufereien oder beim Fußballspielen mit Jungs erwischt wurde, setzte es harte Strafen. Beate wurde verprügelt oder in die dunkle, fensterlose Abstellkammer gesperrt, in der sie stehen musste und sich nicht hinsetzen durfte. Für wie lange, konnte sie nicht einschätzen. »Ich hatte das Zeitgefühl verloren.« Vermutlich war Martha Jaenicke sogar davon überzeugt, dass diese rigiden Erziehungsmethoden genau das Richtige für die schwierige Tochter waren. Sie entsprachen jedenfalls durchaus den gängigen Erziehungsmethoden in der Zeit des Nationalsozialismus, wie sie die Nazi-Ärztin Johanna Haarer in ihrem 1934 erstmals veröffentlichten Erziehungsratgeber *Die deutsche Mutter und ihr erstes Kind* propagierte – ein Ratgeber, der nach dem Krieg unter Weglassen des Adjektivs »deutsch« bis in die 1970er-Jahre hinein als Lehrbuch in Berufs- und Fachschulen eingesetzt wurde. Haarer warnte die Mütter vor einer »Affenliebe«, einem Zuviel an Zärtlichkeit dem Kind gegenüber. Kindlicher Trotz und ungezogenes Verhalten sollten durch Schläge oder Einsperren in einer dunklen Kammer bestraft werden, damit sich das Kind später besser in die Gesellschaft einfügen könne.

»Wenn ich sage, das ist weiß, dann ist das weiß, selbst wenn es schwarz ist!«, war der Leitspruch von Martha Jaenicke. Wer wagte, zu widersprechen, wurde bestraft. Das galt auch für die Geschwister, die der Mutter jedoch weniger schwierig und aufmüpfig erschienen als ihre dritte Tochter und deshalb deutlich seltener geschlagen oder in die dunkle Abstellkammer geschickt wurden. Nur der zwei Jahre nach Beate geborene ersehnte Stammhalter Johann Joachim wurde, erklärte Beate Sander, von der Mutter gnadenlos verwöhnt und blieb verschont. Er nahm unter den sechs Geschwistern, was die Gunst der Mutter traf, immer eine Sonderstellung ein. Auch die älteste Schwester Luise kann sich an keine Übergriffe durch die Mutter erinnern. Beate hingegen erzählte, sie sei zusätzlich häufig verprügelt worden, weil sie als Sündenbock für die Missetaten ihres Bruders herhalten musste. Zwischen ihr und Johann Joachim entwickelte sich deshalb eine besondere gegenseitige Abneigung. »Er stellte irgendetwas an, log und schob das mir in die Schuhe! Ich war der Prügelknabe.« Eines Tages eskalierte die Situation: Johann Joachim hatte mal wieder heimlich etwas genascht und behauptet, Beate sei es gewesen. Während die Mutter auf dem Bett saß und die jüngste Tochter Hilde stillte, stellte sie Beate zur Rede. Martha Jaenicke verlangte von ihr, zuzugeben, dass sie diejenige gewesen sei, die heimlich genascht habe. Doch Beate stellte sich quer, beteuerte immer wieder, es nicht gewesen zu sein. Die Stimme der Mutter wurde immer schriller und wütender. Die kleine Hilde, aufgeschreckt durch die Lautstärke, zuckte zusammen und spuckte etwas Milch aus. Beate sah, wie sich das Gesicht der Mutter immer mehr vor Wut verfärbte. Die Worte, die dann aus dem Mund ihrer Mutter kamen, würde sie nie vergessen: »Du bist schuld, dass meine Milch nun sauer ist und Hilde spuckt. Ich verfluche dich für alle Zeiten!« Beate wurde wieder in die dunkle Kammer gesperrt. Sie wusste damals nicht genau, was ein Fluch war, es musste irgendetwas mit Hölle und Tod zu tun haben. In ihrer kindlichen Fantasie sah sie Teufel, die mit Mistgabeln nach ihr stachen. Die Angst, dass irgendetwas Schreckliches mit ihr passieren würde, sollte sie noch lange verfolgen.

»Hat denn dein Vater nie etwas unternommen, wenn dich deine Mutter geschlagen oder in die Dunkelkammer gesperrt hat?«, wollte ich wissen.

»Vielleicht hat er es nie mitbekommen, weil er so viel im Institut war«, nahm Beate den Vater in Schutz. »Er hat auf jeden Fall nie die Hand gegen mich erhoben.«

»Meinst du, du könntest deiner Mutter verzeihen, wenn du die Chance hättest, sie heute noch mal zu treffen?«, fragte ich weiter.

»Ich denke schon«, antwortete sie, »sie war ja nicht nur schlecht. Wenn du meine Geschwister fragen würdest, würden die dir erzählen, wie toll sie war. Nur mich mochte sie halt nicht.« Aber die Mutter sei auf jeden Fall extrem pflichtbewusst gewesen, auch ihr gegenüber. Als sie und die Geschwister später in der DDR unter Madenwürmern gelitten hätten, habe sie den Kindern einen Einlauf gemacht, um die Würmer zu bekämpfen. »Das war wirklich eklig für sie, das hat sie aber auch bei mir gemacht, obwohl sie mich nicht mochte! Wenn ich krank war, hat sie sich um mich gekümmert.«

Ich habe nach Beate Sanders Tod mit ihrem jüngeren Bruder Johann telefoniert. Er war weit davon entfernt, zu behaupten, die Mutter sei nur »toll« gewesen, sah sie aber differenzierter: Sie sei zwar dominant, manchmal ungerecht und später auch verhärtet und enttäuscht vom Leben gewesen, auf der anderen Seite aber auch eine »großartige Frau, die sich nie und zu keinem Zeitpunkt um irgendeine Verantwortung gedrückt habe, der nichts – am allerwenigsten sie selber – so wichtig war wie ihre Familie, für die sie alles getan habe. »Sie hat viele Fehler gehabt und gemacht, von denen viele – vor allem die pädagogischen – aber dem Zeitgeist und dem allgemeinen Verständnis geschuldet waren. Und wer kann behaupten, dass das bei ihm nicht so sei?« Ihr Verhalten Beate gegenüber habe sie, erklärte Johann, in späteren Jahren selbst durchaus kritisch gesehen und eingestanden, dass ihr da wohl viele Fehler unterlaufen seien: »Beate war so schwierig und hätte gerade deshalb viel mehr Liebe als alle anderen gebraucht und das habe ich ihr nicht geben können.« Auch die vier Jahre ältere Schwester Luise sah im Gespräch mit mir die Mutter deutlich positiver, als Beate das getan hatte. Beachtlich fand sie zum Beispiel, dass die Mutter den Kindern – im Gegensatz zu anderen Müttern in der damaligen Zeit – niemals versucht habe, ein Feindbild einzuimpfen. So sei sie beispielsweise abends an die Betten der Kinder gekommen und habe ihnen in einfachen Worten erklärt, dass die Russen zwar jetzt im Krieg offiziell »Feinde« seien, aber eben auch ganz normale Menschen mit Ehefrauen und Kindern – weder schlechter noch besser als die Deutschen.

Das gespaltene Haus

Martha Jaenicke legte äußersten Wert auf gute Tischmanieren. Wer nicht ordentlich aß oder sich nicht benahm, wanderte an den »Katzentisch« – einen Tisch in der Küche, an dem diejenigen sitzen mussten, die beim Essen nicht mit geradem Oberkörper am Tisch saßen oder das Besteck nicht ordentlich in den Händen hielten.

»Über was habt ihr gesprochen, wenn ihr zusammen am Tisch gesessen habt?«, wollte ich wissen. Beate Sander konnte sich nicht mehr erinnern. »Ich weiß überhaupt nicht mehr, über was gesprochen wurde. Nur, dass wir Kinder zu schweigen hatten und das, was auf unserem Teller lag, aufessen mussten.«

»Haben eure Eltern in eurer Gegenwart auch mal über Politik gesprochen?«, fragte ich nach.

»Nein«, meinte sie, »das wäre zu gefährlich gewesen.«

Joachim Jaenicke stand Hitler kritisch gegenüber und trat nicht in die NSDAP ein, auch wenn ihm das berufliche Vorteile gebracht hätte. »Er war aber kein Widerstandskämpfer oder jemand, der den Mund aufgemacht hat.« Die hübsche blonde Mutter, die dem Schönheitsideal des Führers entsprach, habe Hitler zumindest anfänglich verehrt und sich über die Verleihung des Mutterkreuzes gefreut. »Es geht um alles! Auch um eure Zukunft!«, lauten die letzten Worte der Mutter im Tagebuch neun Monate nach Beginn des Zweiten Weltkriegs. Danach sind mehrere Seiten herausgeschnitten. »Ich hätte zu gerne gewusst, was da stand«, sagte Beate Sander bedauernd. Nach dem zweiten Weltkrieg hätten beide Eltern beteuert, von dem, was in den Konzentrationslagern mit den Juden passiert sei, nichts gewusst zu haben – eine Haltung, die sie mit großen Teilen der Deutschen Bevölkerung teilten. Beate Sander hatte das nie geglaubt – weder den anderen noch den eigenen Eltern: »Alle haben doch mitgekriegt, wie jüdische Leute aus unserem Stadtviertel verschwanden.« Mit Grauen erinnerte sie sich an ein Brettspiel, das 1938 auf den Markt kam und das damals zwar nicht innerhalb der Familie Sander gespielt wurde, aber dennoch weit verbreitet war: »Juden raus!« – eine Mischung aus »Mensch ärgere dich nicht« und »Fang den Hut«. Es funktionierte wie folgt: Die Spieler waren Polizisten. Wenn ein Polizist vor dem Haus eines Juden landete, durfte er ihn »schnappen«, in ein Lager stecken und nach Palästina deportieren, es sei denn, ein anderer Polizist nahm ihm den Juden wieder ab. »Gelingt es Dir 6 Juden rauszujagen, so bist Du Sieger ohne zu fragen!«, stand auf dem Spielplan. »Wie kann man da behaupten, nichts gewusst zu haben?!«, fragte sich Beate Sander.

»Lass uns über den Tag sprechen, an dem euer Haus in Rostock zerstört wurde«, schlug ich vor. Es war der Tag, an dem sich das bis dahin zumindest finanziell sorgenfreie Leben der Familie Sander drastisch ändern sollte. Wieder einmal schrillte die Sirene: Fliegeralarm. Die damals sechsjährige Beate hatte das schrille Geräusch der Sirene durch ihre gesamte Kindheit begleitet. Insgesamt 21 Luftangriffe flogen Briten und Amerikaner zwischen Juni 1940 und August 1944 bei Tag und Nacht – und warfen dabei knapp 3000 Tonnen Spreng- und Brandbomben ab. Dass gerade Rostock so heftig bombardiert wurde, war kein Zufall: Die Hansestadt war damals ein Zentrum der deutschen Rüstungsindustrie. Hier wurde zum Beispiel der Standardbomber der deutschen Luftwaffe, die He 111 hergestellt, der im Zweiten Weltkrieg bei den grausamen Bombardierungen von Warschau, Rotterdam und London zum Einsatz kam. Während am Anfang noch ausschließlich Angriffe auf die Werksgelände der entsprechenden Rüstungsfirmen, der Flugzeugwerke Heinkel und Arado sowie auf die Neptun-Werft, geflogen wurden, änderte sich dann die Strategie der britischen Alliierten. Das Kriegskabinett beschloss, den »Widerstandswillen der Zivilbevölkerung des Feindes« zu schwächen, und warf Bomben auch über der Innenstadt ab. Es kam zum Flächenbombardement der Innenstadt mit Brandbomben, die eine verheerende Feuersbrunst auslösten. Ein Viertel der Wohnhäuser wurde komplett zerstört, mehr als die Hälfte beschädigt. Von den 130 000 Bewohnern Rostocks kamen zwischen 1940 und 1944 über 600 durch die Bombenangriffe ums Leben, zahlreiche Menschen wurden schwer verletzt.

Die Jaenickes überlebten im Luftschutzkeller, den der Vater für seine Familie unterhalb des Wintergartens eigenhändig erbaut hatte. Neben einem Tisch und Stühlen fanden sich in ihm Etagenbetten, in denen die Kinder manche Nacht verbracht hatten. Auch dieses Mal kletterte Beate in ihr Etagenbett. Kurz darauf war das ganze Gebäude erfüllt von einem brüllend lauten Geräusch, wie sie es zuvor noch nie gehört hatte. Das Fundament erbebte, die Wände wackelten, Steine lösten sich aus dem Putz. Als die Familie sich später traute, den Luftschutzkeller zu verlassen, bot sich ihr ein Anblick, der sich für alle Zeiten fest in Beates Hirn einbrennen sollte: Das Haus war genau in der Mitte gespalten. Wie in einer Puppenstube konnte man in die halbierten Zimmer mit den restlichen Möbeln sehen, die dort standen – die andere Hälfte des Hauses bestand nur noch aus einem Berg von Geröll, Schutt und Asche. Sie erspähte in den Trümmern das Schild »Dreimädelhaus«, das der Vater nach ihrer Geburt aufgehängt hatte. Außerdem den Geldbeutel der Mutter. Beate kletterte übers Geröll, um ihn zu holen, und drückte ihn der Mutter in die Hand. Ein paar Geldscheine waren gerettet, Martha Jaenicke registrierte das im Schock über den Anblick des zerstörten Hauses jedoch kaum und starrte apathisch auf die Trümmer, die mal ihr Zuhause gewesen waren. Außer dem gespaltenen Haus hatte sich noch ein anderer Anblick tief in Beates Gedächtnis eingebrannt: Werbezettel, die auf Rostocks Straßen herumflatterten. Darauf zu sehen war der weiße Dreimaster, das Logo von Joachim Jaenickes Handelsschule, bedeckt mit schmutzigen Schuhabdrücken von Menschen, die nach der Bombardierung achtlos daraufgetreten waren. Auch die Handelsschule und das Ferninstitut des Vaters waren dem Bombenhagel zum Opfer gefallen. Die Existenzgrundlage der Familie war vernichtet. Was zunächst noch blieb, war Geld auf Sparbüchern, das nach dem Krieg bei der Währungsreform allerdings den Wert verlor.

Ein weiteres Bild sollte Beate bis zum Ende ihres Lebens begleiten: das eines abbrennenden Vorratslagers neben einer Kaserne, in deren Nähe die Jaenickes inzwischen untergekommen waren. Sie sah, wie die Deutschen das Lager sprengten, kurz bevor die Russen am 1. Mai 1945 in Rostock einmarschierten – nichts sollte dem Feind in die Hände fallen. Soldaten mit Gewehren hinderten die Menschen daran, aus den Flammen zu retten, was sie so dringend brauchten, prügelten auf jeden ein, der versuchte, an eine der begehrten Waren heranzukommen: Getreide, Salz, aber auch Kleidung, wärmende Decken und Seife. Fassungslos verfolgte Beate, wie die hungernden Menschen mit ansehen mussten, wie all diese Dinge vor ihren Augen verbrannten. »In der Schule aßen wir in der Not damals Hundekuchen«, erinnerte sie sich. »Die Ideologie siegte über den gesunden Menschenverstand, den Anstand und das Mitgefühl.« Spätestens seit diesem Ereignis stand sie jeglicher Ideologie – egal aus welcher politischen oder religiösen Richtung sie kommen sollte – und jeglicher Utopie ausgesprochen skeptisch gegenüber.

Die Nachkriegszeit

»Hast du *Brave New World* mal gelesen?«, fragte mich Beate Sander, als wir zusammen in ihrer Küche Kaffee getrunken hatten und ich mir die sechs Bücher anschaute, die sie dort nebeneinander auf dem Regal aufgereiht hatte: *Misbehaving*, ein herausragendes Werk des Nobelpreisträgers Richard Thaler, das sich damit beschäftigt, warum wir immer wieder irrational handeln, auch wenn wir es eigentlich besser wissen müssten. In eine ähnliche Richtung geht der danebenstehende *Triumph der Unvernunft* des Journalisten Jens Bergmann über unsere Neigung, auf Populismus oder Verschwörungstheorien hereinzufallen, obwohl wir alle Möglichkeiten hätten, unseren Verstand einzusetzen und Fakten vernünftig zu recherchieren. Ganz anders dann *Das Spiel der Spiele*, der von Edwin Lefèvre geschriebene autobiografische Roman über das Leben der Börsenlegende Jesse Livermore, der Millionen verlor und es immer wieder an die Spitze schaffte. Dass sie die Streitschrift des bekannten Kapitalismus- und Globalisierungskritikers Jean Ziegler *Was ist so schlimm am Kapitalismus?* dort stehen hatte, fand ich zuerst erstaunlich. Letztlich wunderte es mich aber dann doch nicht, denn Beate Sander setzte sich gerne kritisch mit Leuten auseinander, die ganz andere Positionen vertraten als sie. Nebendran fand sich noch eine alte, vergilbte Ausgabe von Siegfried Lenz *Brot und Spiele* – einem in der Nachkriegszeit spielenden Roman über einen Leistungssportler, der sich durch seinen Drang nach ganz oben immer mehr an den Menschen in seiner Umgebung schuldig macht. Daneben – noch abgegriffener und vergilbter – Aldous Huxleys *Schöne neue Welt* in einer schlichten Taschenbuchausgabe, der Roman, auf den sie mich gerade angesprochen hatte. »Ja«, antwortete ich, »ist aber schon eine Weile her.«

»Wie oft?«, wollte sie wissen.

»Einmal.«

»Das ist viel zu wenig«, erklärte sie entschieden. »Ich habe das Buch ganz oft gelesen und immer wieder etwas Neues entdeckt. Für mich ist es das beste Buch, das ich je gelesen habe. Schade nur, dass ich jetzt vor meinem Tod keine Zeit mehr habe, es noch mal zu lesen. Ich hatte es mir extra hier hingelegt. Demnächst soll es eine neue Verfilmung geben. Die werde ich aber auch nicht mehr erleben. Das bedauere ich wirklich sehr!«

»Was genau hat dich an dem Buch so beeindruckt?«, fragte ich nach, während ich in meinem Gedächtnis kramte, um möglichst viele Erinnerungen an den in der Tat großartigen Roman wieder hervorzuholen.

»Alles!«, erklärte sie. »Die Fantasie, die dahintersteckt. Die Sprache! Die Art, wie Menschen manipuliert werden, ohne dass sie es merken. Und wie das auf jemanden wirkt, der von außen kommt und das dann durchschaut.«

Das wärst dann du, dachte ich. »Es gab doch diese Droge, mit der sich alle betäuben …«, sagte ich.

»Soma«, ergänzte sie.

»Genau. Das nehmen doch alle ständig ein, um durchgängig zufrieden zu sein, keinen Schmerz zu verspüren und nicht ins Grübeln zu kommen. Alle konsumieren ständig und haben Sex. Glaubst du, wir sind da heute in unserer Art zu leben oft schon nahe dran? Dass wir uns ständig Ersatzbefriedigungen suchen, um nicht über unsere wirklichen Probleme nachdenken zu müssen?«

»Manche tun das«, meinte Beate Sander. »Andere laufen verrückten Ideen hinterher wie diese Verschwörungstheoretiker. Aber es gibt auch viele Menschen, die selbstständig und kritisch denken, und sie haben hier die Freiheit, das bei uns zu tun. Anders als in Nazi-Deutschland oder in der DDR.«

»Ist das die Mehrheit?«, hakte ich nach.

»Ja«, antwortete sie, »davon bin ich überzeugt. Allerdings sind die anderen oft lauter.«

Die Jaenickes hatten Glück im Unglück: Nachdem ihr zerbombtes Haus nicht mehr bewohnbar war und die Kinder übergangsweise bei Bekannten oder Freunden untergebracht waren – Beate landete im Erzgebirge –, stellte ihnen Beates reiche Patentante eines ihrer Häuser zur Verfügung. Es lag ganz in der Nähe ihres ursprünglichen Zuhauses und hatte einen Garten, in dem Beate und ihr Vater Obst und Gemüse anbauen konnten und der zudem Platz für einen Stall für Ziegen, Hühner und Kaninchen bot. Zwar war das vorhandene Essen nicht üppig, aber im Gegensatz zu anderen Familien mussten sie nicht hungern. Eier und Milch waren durch die Tiere vorhanden. Aus zerriebenen Kastanien wurde Mehl hergestellt, Beate sammelte Bucheckern und Pilze im Wald und erntete Rüben im Garten.

Sie war es auch, die immer wieder von den russischen Soldaten Briketts stibitzte, was im eisig kalten Winter 1945/46 überlebensnotwendig war, um nicht zu erfrieren. »Für meine Mutter wäre die Gefahr zu groß gewesen, vergewaltigt zu werden«, erklärte sie. Beim Vormarsch der Roten Armee war es immer wieder zu Massenvergewaltigungen deutscher Frauen gekommen. Unter der Bevölkerung kursierte das Gerücht, der sowjetische Propagandist Ilja Ehrenburg habe die Soldaten gezielt zur Vergewaltigung deutscher Frauen aufgerufen, um ihren »Rassenhochmut« zu brechen. Fakt ist: Eigentlich hatte die Führung der Roten Armee die Vergewaltigung deutscher Frauen strikt untersagt. Viele Oberkommandanten hielten sich aber nicht an diesen Befehl oder schauten schlicht und einfach weg, wenn die eigenen Soldaten Frauen missbrauchten. Nach Schätzungen wurden damals zwischen einer halben Million bis zu zwei Millionen Frauen Opfer von Vergewaltigung, einige sogar mehrfach. Es war also vernünftig, dass sich Martha Jaenicke möglichst wenig in der Öffentlichkeit zeigte.

»Kindern machten die Russen nichts«, meinte Beate.

»Hattest du keine Angst, erwischt zu werden, wenn du Briketts stibitzt hast?«, fragte ich.

»Nein«, antwortete sie. »Die Gefahren für uns waren damals ganz andere.« Sie lauerten zum Beispiel in den Trümmern, über die die Kinder gerne kletterten. Immer wieder fanden sich dort Reste von Munition oder auch Waffen. Ein Junge, mit dem Beate unterwegs war, fand eine Handgranate und warf sie auf ein Gartenhäuschen, das daraufhin explodierte. »In dem Gartenhäuschen hätte auch ein Mensch sein können oder die Granate hätte in der Hand des Jungen explodieren können.«

Nachdem die russischen Besatzer in Rostock angelangt waren, dauerte es nicht lange, und das Haus, in dem die Familie wohnte, wurde annektiert. Doch die Offiziere verhielten sich entgegen aller Befürchtungen den Frauen gegenüber korrekt und erlaubten der kinderreichen Familie, im Haus zu bleiben. Während die Offiziere oben wohnten, hausten die Jaenickes dicht gedrängt in einem winzigen Kellerraum, geplagt von Läusen, Flöhen und Wanzen. Noch lange litt Beate unter Alpträumen von den hungrigen Ratten, die damals immer wieder an den Kellerwänden nagten, um in das Zimmer der Familie vorzudringen, in dem sie Nahrung witterten. Der Vater hatte Bretter an die Wände genagelt, um sie zu verstärken und die Ratten abzuhalten. Beate hatte mehr als einmal befürchtet, das könnte nicht ausreichen. Sie erinnerte sich an die Klänge von oben aus der Wohnung, die immer wieder zu ihr in den Kellerraum vordrangen: Die Offiziere grölten und hämmerten unrhythmisch auf ihrem Flügel herum. Die schiefen Töne taten ihr in der Seele weh. Zwischendurch hörte sie Schüsse, wenn ein Soldat mal wieder zu viel Wodka getrunken hatte und um sich schoss. Dennoch waren die Offiziere ausgesprochen nett zu ihr, wenn sie sie sahen; einer nahm sie gerne auf den Arm und schenkte ihr Zuckerwürfel.

Beate lernte rasch ein paar Worte Russisch und beschloss, sie einzusetzen, um etwas Geld oder Nahrungsmittel für ihre Familie zu verdienen. »Ich ging in die Kasernen und bot den Russen an, Dinge für sie zu besorgen, Zigaretten zum Beispiel, oder kleinere Erledigungen für sie zu machen«, erzählte sie. Die ließen sich darauf ein und gaben ihr Geld. »Ich wäre nie auf die Idee gekommen, ihr Vertrauen zu missbrauchen, das Geld zu nehmen und nicht wiederzukommen«, erklärte sie. Ihre Zuverlässigkeit sprach sich herum. Beate erledigte immer mehr kleine Aufträge für die russischen Besatzer und trug damit ein wenig zum Familienunterhalt bei.

Apropos geschäftstüchtig: In den vier Tagen, in denen ich mit Beate Sander über ihr Leben und über das, was ihr wichtig war, sprach, spielte sich immer wieder folgende Szene so oder in leichter Variation ab: Das Telefon klingelte. Beate Sander nahm ab. Sie telefonierte grundsätzlich mit Lautsprecher, sodass jeder in ihrer Umgebung das Gespräch mit anhören konnte. Am anderen Ende der Leitung waren dann oft Leute, die sie kannte und die sich von ihr verabschieden wollten, oder auch Menschen, die sie nicht kannte, die aber Fans von ihr waren und erfahren hatten, dass sie in Kürze sterben würde. Da ihre Telefonnummer im Telefonbuch und Internet stand, war es nicht schwer, zu ihr Kontakt aufzunehmen. Diese Menschen riefen also an, um ihr zu sagen, wie ungeheuer beeindruckt sie von ihr waren und dass sie ihr viel Kraft wünschten. Beate Sander hörte sich das durchaus erfreut und geduldig an – bis zu einem gewissen Moment. Wenn ein Anrufer in seinen Ausführungen in ihren Augen zu sehr ausschweifte, unterbrach sie gerne mit den Worten: »Können Sie das vielleicht jetzt kurz mal in zwei Sätzen sagen? Sie wissen, ich hab' nicht mehr so viel Zeit!« Hatte sich der Anrufer von dem Schrecken erholt und hatte in aller Kürze gesagt, wie toll er sie fand, folgte ihr großer Auftritt. »Wissen Sie eigentlich, dass diese Woche ein neues Buch von mir rauskommt? Über nachhaltige Aktien. Nein? Es ist ein wirklich tolles Buch. Zufällig habe ich schon einige Exemplare vor mir auf dem Tisch liegen. Wenn Sie wollen, können Sie eins kaufen und ich schicke Ihnen das dann signiert zu. Ich gebe Ihnen mal meine Kontonummer.« Ich habe kein Gespräch miterlebt, in dem der Anrufer das Buch nicht gekauft hätte. Jetzt muss man zu Beate Sanders Ehrenrettung sagen, dass sie ihr Honorar, was dieses Buch betraf, sogar gespendet hatte, selbst also gar nichts davon hatte. Sie verkaufte einfach gerne und schreckte dabei auch nicht davor zurück, ihr eigenes Produkt bis über den grünen Klee zu loben. Ich selbst ticke da ganz anders. Ich hoffe immer, dass die anderen es schon irgendwie mitkriegen, wenn ich etwas gut mache, und würde mir lieber die Zunge abbeißen, als mich selbst zu loben. Deshalb war die zweite Variante dieser Anrufe deutlich unangenehmer für mich: Beate Sander gab – natürlich erst, nachdem derjenige das Buch gekauft hatte – den Hörer an mich weiter mit den Worten: »Zufällig sitzt Frau Heijnen mir gegenüber, die die SWR1-Sendung Leute moderiert. Ich geb sie Ihnen – dann kann sie Ihnen noch etwas über ihre großartige Sendung erzählen.« Und dann hatte ich irgendwelche Menschen am Telefon, die auch nicht wussten, wie ihnen geschah und denen ich erzählen sollte, wie toll meine Sendung im Radio ist. Nachdem das dreimal vorgekommen war, bat ich Beate, das sein zu lassen. Sie war erstaunt. »Warum?«

»Weil mir das unangenehm ist, meine Sendung so anpreisen zu müssen!«

Sie schaute mich interessiert an, wie man ein seltenes Tier bestaunt. »Aber findest du deine Sendung nicht gut?«

»Doch, natürlich. Aber ich will das nicht ständig explizit sagen müssen. Das ist mir peinlich ...«

Sie schüttelte den Kopf. »Du hattest mich doch kürzlich gefragt, was wir Frauen von Männern lernen können?«

»Ja!«

»Da hast du die Antwort!«

Die Außenseiterperspektive

Auch in der Schule nutzte Beate ihr unternehmerisches Talent. Die Maikäfer, die im Garten ihrer Eltern eine regelrechte Plage waren und die sie an die Hühner verfütterte, waren unter den Schülern begehrte Tauschware, um Lehrer damit zu ärgern. Die trockenen Brötchen, die sie dafür bekam, lieferte sie – obwohl sie selbst ständig hungrig war – in der Hoffnung auf ein Lob bei der Mutter ab. Ein Klassenkamerad hatte sich eine etwas skurrile Verdienstquelle erschlossen: Er kaufte Beate die Maikäfer für ein paar Münzen ab und verlangte dann wiederum von seinen Mitschülern Geld dafür, dass sie dabei zusehen durften, wie er sie verspeiste. Sie zahlten. Beate hatte in diesem Moment begriffen, dass es Menschen gibt, die bereit sind, alles für Geld zu tun, und andere, die voyeuristisch genug sind, um dafür zu zahlen. »Das war eine Frühform von *Dschungel-Camp*«, schmunzelte sie. Sie wusste aber auch, dass das nicht ihre Welt war. »Ich war die klassische Außenseiterin.« Wann immer es ging, stahl sie sich bei politischen Großveranstaltungen oder Aufmärschen in der DDR, an denen die Schüler verpflichtend teilnehmen sollten, davon: »Ich hasste schon immer große Menschenaufläufe!« Da sie wusste, dass diese Nichtteilnahme harte Konsequenzen nach sich gezogen hätte, war sie klug genug, dem begleitenden Lehrer auf dem Weg dahin immer eine Frage zu stellen, bevor sie sich abseilte, sodass dieser im Zweifel im Nachhinein bezeugt hätte, seine Schülerin dort gesehen zu haben.

Dass Beate in der Schule nie richtig dazugehörte, lag vielleicht auch daran, dass sie nicht wie ihre Klassenkameraden die erste Klasse besucht hatte, sodass sich die anderen bereits kannten, als Beate schließlich dazustieß. Ihre Mutter hielt sie nach wie vor für wenig intelligent und nicht für schulreif; zudem hatte sie Probleme, Wörter, die mit S- oder Z-Lauten begannen, richtig auszusprechen, und ihre Erzählungen klangen nicht so flüssig wie die von Gleichaltrigen. Statt eingeschult zu werden, erhielt Beate also Privatunterricht bei einer Nachbarin, einer pensionierten Lehrerin. Diese lobte sie viel und stärkte damit ihr Selbstvertrauen, erkannte aber auch die Intelligenz des Kindes. Beate machte einen Leistungstest und wurde direkt in die zweite Klasse eingeschult. Letztlich half ihr vor allem ihr langer, etwa einstündiger Schulweg dabei, dass sie lernte, flüssiger zu reden. Da sie diesen Weg mit einer Klassenkameradin zurücklegen musste und Beate auch damals schon weder Interesse noch Fähigkeiten zu Smalltalk hatte, einigten sich die beiden auf ein Spiel: Jede durfte sich ein Thema aussuchen und darüber einen kleinen Vortrag halten, um dann im Anschluss die Fragen der jeweils anderen zu beantworten. »Für mich war das die beste Rhetorikschule.«

Eine Freundin fand Beate jedoch nicht. Aufgrund ihres Ehrgeizes und ihrer Intelligenz gehörte sie rasch zu den Klassenbesten und wurde als »Streberin« gehänselt. Für die Idole ihrer Mitschüler wie Sänger oder Filmsternchen konnte sie sich nicht begeistern. Doch immerhin beließen es die Mitschüler bei Sticheleien und verprügelten sie nicht. Einmal verteilten sie allerdings kleingehackten Knoblauch in ihrem Schulranzen: »Die Hefte, die Bücher, alles stank!« Da machte Beate ihren Mitschülern deutlich: »Wenn ihr das noch mal macht, lasse ich keinen mehr bei mir abschreiben!« Ihr war schon früh klar gewesen, dass das der Preis dafür war, dass man sie zwar nicht in die Klassengemeinschaft integrierte, aber zumindest in Ruhe ließ: Großzügig stellte sie ihre Hausaufgaben den anderen zur Verfügung und ließ auch bei Klassenarbeiten bereitwillig abschreiben. Auch bei Klassenstreichen tat sie sich immer mit kreativen Ideen hervor, um dazuzugehören. So entführte sie einmal mit ihren Mitschülern eine Ziege aus einem Wanderzirkus und nahm sie heimlich mit in die Schule. Kurz vor Unterrichtsbeginn riss Beate die Tür zum Lehrerzimmer auf und die Ziege stürmte in den Raum und richtete Chaos an. Gefragt, wer für diesen Streich verantwortlich sei, meldete sie sich direkt und ließ sich eine Strafe aufbrummen.

»Hat kein Lehrer gefragt, warum du das getan hast?«, fragte ich sie.

»Doch«, erklärte sie. »Ich habe gesagt: ›Ich habe nichts Persönliches gegen Sie oder einen anderen Lehrer. Aber wenn ich mir solche Streiche ausdenke, mögen mich die anderen lieber und lassen mich in Ruhe.‹«

Dass sie nie wirklich Teil der Klassengemeinschaft sein würde, egal was sie tat, hatte sie inzwischen akzeptiert. Mehr als in Ruhe gelassen zu werden, erwartete sie nicht. Ein großes Geschenk war für sie hingegen eine Freundschaft, die sich mit einem Jungen aus einer mit den Eltern befreundeten Familie ergeben hatte. In Peter Wunderwald, den sie bis zu ihrem Lebensende als die große Liebe ihres Lebens bezeichnete, hatte sie eine Art Seelenverwandten gefunden. Genauso wie sie liebte er es, Stunden in der Natur verbringen, mit ihr gemeinsam im Wald Pilze zu sammeln und Pflanzen zu bestimmen. Immer wieder träumten die beiden von einer gemeinsamen Zukunft – er als Förster, sie als Pianistin oder Medizinprofessorin. Als sie einmal bei ihm zu Hause war, zog er sich unbefangen vor ihr um – es war das erste Mal in ihrem Leben, dass sie einen Jungen mit Ausnahme der Brüder nackt sah. »Ich fand ihn wunderschön.« Peter Wunderwald wurde für Beate in ihrem weiteren Leben zu einer Art Traumbild, das in ihrer Vorstellung immer dann auftauchte, wenn es ihr schlecht ging: ein idealer Partner, der wusste, was in ihr vorging, und sie ohne Worte verstand. Später, als sie längst erwachsen war, sollte dieses besondere Verhältnis zu Peter Wunderwald dazu führen, dass das Band zwischen Beate und ihrer Mutter endgültig zerriss. Als Jugendliche hatten Peter und Beate, nachdem beide Familien in den Westen geflohen waren, den Kontakt zueinander verloren. Was die Mutter Beate die ganze Zeit über verschwieg – obwohl die Tochter immer wieder nachfragte –, war, dass sie noch einen losen Kontakt zu Peters Mutter hatte und wusste, wo die Familie lebte. Erst viele Jahre später, als Beate längst erwachsen war, ließ sie in einem Nebensatz fallen, dass ihr alter Jugendfreund Peter Wunderwald an Krebs gestorben wäre. »Warum sie verschwiegen hatte, dass sie noch Kontakt zur Familie hatte, weiß ich nicht.« Beate sah nach diesem Erlebnis auch andere Dinge klarer: dass zum Beispiel alle Geschenke, die sie der Mutter machte, von dieser weiterverschenkt wurden. »Ich hatte mühsam Geld zusammengespart, um ihr einen Entsafter zu schenken; ich hatte viel Zeit investiert, um einen schönen Obstkorb zu flechten – und sie gab immer alles weiter.« Beate selbst hatte dagegen von klein auf eine Postkarte, auf der verschiedene Pflanzen abgebildet waren und die ihr ihre Mutter einmal geschenkt hatte, wie einen Schatz gehütet. Per Zufall sah sie später als Erwachsene dieselbe Postkarte in einem Schreibwarenladen. »Ich habe dann meiner Mutter beide Postkarten zugeschickt und dazu geschrieben, dass ich ihre Karte die ganzen Jahre aufgehoben und bei mir getragen habe.« Die Antwort der Mutter ließ erkennen, wie gleichgültig ihr das war. »Da war mir endgültig klar: Ich würde nie ihre Liebe gewinnen können: Mit gar nichts, was ich tat!«

Fairer Wettkampf

Neben Peter Wunderwald und ihrer Leidenschaft fürs Gärtnern und Klavierspielen hatte Beate Sander für sich noch ein weiteres Hobby entdeckt, das ihr große Freude machte: Hockey. Aus den Anfängen einer Rostocker Straßenmannschaft, die nur entstand, weil eine Hockeytrainerin zufällig in der Nähe wohnte und die Kinder auf der Straße trainierte, wurde ein echtes Team, dem auch Beates Schwester Greta angehörte. Obwohl die Mutter Hockey entsetzlich fand und es gerne verhindert hätte, dass ihre Töchter auf dem Spielfeld mit Schlägern bewaffnet dem Hockeyball hinterherrannten, fanden sie dieses Mal Unterstützung bei dem ebenfalls hockeybegeisterten Vater. Die Schwestern wurden mit ihrem Hockeyteam bei »Einheit Rostock« mecklenburgische Jugendmeister und qualifizierten sich für die Ostblock-Weltfestspiele in Berlin. Für Beate brachte das Hockeyspiel zwei neue Erfahrungen: Die gemeinsame Begeisterung für den Sport ließ die Schwestern näher zusammenrücken. Es war das erste Mal, dass Beate eine engere Bindung zu einer ihrer Schwestern entwickelte. Außerdem machte Beate eine für sie erstaunliche Erfahrung: Bislang war sie immer davon ausgegangen, völlig unsportlich zu sein. Während sie in den anderen Fächern immer Bestleistung erbrachte, hatte sie im Sportunterricht in der Schule eine Drei. Die Mutter bezeichnete sie regelmäßig als »Steifbock«. Doch jetzt merkte sie, dass es Sportarten gab, die ihr Spaß machten und auch lagen. »Ich war nicht die beste Hockeyspielerin aus unserem Team, aber ich hatte eine deutlich bessere Kondition als die anderen.« Da die damaligen Regeln ein Auswechseln der Spieler nicht zuließen, machte sich Beates konditionelle Stärke bemerkbar, sobald es in die Verlängerung ging – Beate genoss die Anerkennung von Trainerin und Mannschaft.

Dabei war ihr immer bewusst, dass das Hockeyspiel ein rasches Ende finden könnte. Nach einer der in der DDR üblichen Schuluntersuchungen hatte sie einen grauen Briefumschlag mitbekommen, den sie an ihre Eltern aushändigen sollte. »Irgendwie hatte ich das Gefühl, da könnte was Unangenehmes drinstehen.« Sie öffnete heimlich den Umschlag und musste lesen, dass sie wegen eines schweren Herzfehlers sportuntauglich sei. Ihre Eltern mögen sich um eine geeignete medizinische Versorgung kümmern und darauf achten, dass sie jegliche körperliche Anstrengung vermeide. Beate zerriss den Brief und alle weiteren Briefe, die nach Schuluntersuchungen im jährlichen Rhythmus an die Eltern rausgingen. »Ich wollte mich nicht einschränken lassen. Außerdem haben damals in der DDR viele unter Kinderlähmung gelitten. Ich hab' mir gesagt: ›Die sind schlimmer dran!‹«

Beate litt im Laufe der Jahre immer wieder unter Herzschmerzen, biss aber die Zähne zusammen und sagte niemandem etwas. Als sie mit 72 einen Schlaganfall erlitt, diagnostizierten die Ärzte in Ulm ein Loch im Herzen. Hier hatte sich vermutlich ein Blutgerinnsel gebildet, das ins Hirn gewandert war und den Schlaganfall verursacht hatte. Sie mahnten sie, sich künftig zu schonen.

»Ich hab' mir gesagt: 72 Jahre ist nichts passiert, dann muss es auch in den nächsten Jahren nicht unbedingt wieder passieren«, erklärte Beate Sander und lebte weiterhin das Leben, das sie leben wollte. »Mein Motto war: Entweder ganz oder gar nicht!«

»Das hätte aber auch ganz schön schiefgehen können«, meinte ich.

»Hätte«, sagte sie: »Ist es aber nicht.«

Hockey war lediglich der erste Sport, den Beate für sich entdeckt hatte und den sie mit großem Ehrgeiz verfolgte. Im Laufe ihres Lebens sollten weitere Sportarten hinzukommen. Nie machte sie nur »einfach so« Sport; immer genoss sie es, sich mit anderen zu messen. Im Tischtennis schaffte sie es später, als sie in Ulm lebte, sogar in die 1. Bundesliga. Zu der Sportart kam sie per Zufall: Als ihr Mann mit ihr kurz nach der Hochzeit auf einem Campingplatz Tischtennis spielte, verlor sie haushoch. Die beiden schlossen eine Wette ab: Wer genau ein Jahr später noch mal ein Spiel mit drei Sätzen verlieren sollte, müsste für das zukünftige gemeinsame Haus eine teure Tischtennisplatte spendieren. Solche Wetten waren als willkommene Herausforderung ganz nach dem Geschmack von Beate Sander. Sie zögerte nicht lange, sondern handelte: Sie trat in den Tischtennisverein Gerolzhofen ein, wo sie damals lebte, erzählte von der Wette und bot an, die teure Tischtennisplatte dem Verein leihweise zur Verfügung zu stellen, sollte sie gewinnen. Anschließend trainierte sie so intensiv, dass sie ein Jahr später deutlich gegen ihren Mann gewann. Später spielte sie in der 1. Bundesliga gegen damalige Spitzenspieler wie Agnes Simon oder Heidi Dauphin. »Ich konnte nur angreifen – das aber ganz gut«, sagte sie über ihre Taktik. Dabei lernte sie viel über sich, was sie später an der Börse gut brauchen konnte: ruhig bleiben, die Nerven bewahren, sich nicht zu leichtfertigen Handlungen drängen lassen.

Gegen die Tischtennisnationalspielerin und dreifache deutsche Meisterin im Doppel, Heide Dauphin, gewann Beate als völlige Außenseiterin. »Ich konnte gegen die besten Spielerinnen gewinnen und gegen die größten Luschen verlieren«, meinte sie.

»Woran lag das?«, fragte ich. »Warst du unterfordert, wenn die Spieler schlechter waren als du, und hast dich dann nicht konzentrieren können?«

»Nein«, antwortete sie. »Wenn ich gemerkt habe, dass jemand deutlich schwächer ist als ich, und mir ist trotzdem ein Fehler unterlaufen, habe ich mich über meine eigenen Fehler so geärgert, dass ich nichts mehr zustande bekommen habe.«

Später wechselte sie vom Tischtennis zum Tennis. Da sie am Anfang noch beide Sportarten parallel machte, pochte der Tischtennisverein auf eine Klausel im Spielervertrag. Darin waren mehrere Sportarten ausgeschlossen, weil sie als unvereinbar mit Tischtennis betrachtet wurden – zum Beispiel Tennis. Die Trainer hatten Angst, die Spieler könnten sich an der Schlaghand verletzen oder sich durch den anderen Sport eine falsche Technik angewöhnen. Beate fand einen Ausweg und bot dem Vorstand an, mit der linken Hand Tennis zu spielen, um ihren rechten »Tischtennisarm« nicht zu gefährden. Auch hier trainierte sie mit großem Ehrgeiz und schaffte es – obwohl ihre Schlagtechnik mit dem linken Arm auf die anderen skurril wirkte – zu etlichen Turniererfolgen. Als sie bei den Senioren Ulmer Stadtmeisterin wurde, schlug ein junger Tenniskollege sie für einen national ausgeschriebenen Preis einer großen Tenniszeitschrift vor: Gesucht war der »Größte deutsche Tennisfreak«. Neben spielerischen Qualitäten musste man sein Allgemeinwissen, seine Schlagfertigkeit und seine Kreativität unter Beweis stellen. Beate Sander konnte als einzige Spielerin damit punkten, dass sie problemlos mit der rechten und der linken Hand spielen konnte, und spielte deshalb mit zwei Schlägern gleichzeitig. So wurde sie als »Größter deutscher Tennisfreak« ausgezeichnet und durfte mit ihrem Mann und dem Tenniskollegen, der sie vorgeschlagen hatte, für 14 Tage in die USA reisen, eine Teilnahme an einem internationalen Tennisturnier inklusive. Es war das einzige Mal in ihrem Leben, dass sie eine weite Reise unternehmen sollte.

Als Trainingspartner suchte sich Beate Sander übrigens bevorzugt Spieler aus, die ihr überlegen waren, so etwa den deutlich jüngeren Felix Hugen. »An denen kann man wachsen.« Felix war damals 16, sie 52, und sie holte ihn jeden Samstag im Winter um 6.30 Uhr zu Hause ab, um mit ihm eine Stunde Tennis in der Halle zu spielen.

»Was hat Sie dazu gebracht, das als Sechzehnjähriger zu machen – so früh aufzustehen und dann Tennis mit einer Frau zu spielen, die über 30 Jahre älter war als Sie?«, fragte ich Felix Hugen neugierig, als ich mit ihm telefonierte.

»Das hat mir nichts ausgemacht«, meinte er. »Sie war irgendwie besonders, eine Art ›Paradiesvogel‹ auf dem Tennisplatz. Sie konnte einen ungeheuer motivieren. Außerdem hat sie mir jedes Mal eine Cola mitgebracht, weil sie wusste, dass ich die so gerne trank. Und ich hatte das Gefühl, ich konnte einiges von ihr lernen.«

»Tennisspielen?«, fragte ich.

»Nein«, lachte er, »da war ich eindeutig besser als sie. Aber fair verlieren. Sie hat kein einziges Mal gegen mich gewonnen, war aber nie wütend auf mich. Höchstens auf sich selbst, wenn sie Fehler gemacht hatte.« Und er fügte hinzu: »Das Besondere an ihr war, dass sie immer ganz bei sich war – egal, was sie machte.«

Vor allem die gemeinsamen Fahrten zur Tennishalle in ihrem kleinen Renault hätten sich, erzählte er, unauslöschlich in sein Gedächtnis eingebrannt. Beate habe eine sehr spezielle Art gehabt, Auto zu fahren: Sie gab Gas und ließ das Gaspedal dann sofort wieder los, sodass es ständig ruckelte. Sobald nur eine kleine Menge Schnee lag, fuhr sie konsequent mit Tempo 30 zur Tennishalle. »Hinter uns bildete sich dann oft ein langer Stau und viele waren sauer und hupten. Wenn ich in den Innenspiegel schaute, hatte ich das Gefühl, halb Ulm hängt dicht an unserer Stoßstange. Mich hat das total nervös gemacht, aber ihr war das einfach egal. Es spielte für sie keine Rolle. Sie ließ sich durch nichts aus der Ruhe bringen.«

Flucht aus der DDR

»Hast du mal drüber nachgedacht, wie du dich verhalten hättest, wenn du in einer Diktatur gelebt hättest?«, fragte mich Beate Sander, nachdem wir zusammen Mittag gegessen hatten. Sie liebte gutes Essen und es war faszinierend zu sehen, wie sehr sie sich für frisches Gemüse oder eine leckere Soße begeistern konnte.

»Ja … das hat sich vermutlich jeder schon mal gefragt«, antwortete ich. »Wenn ich sehe, was die Nazis im Dritten Reich für Grausamkeiten verübt haben, kann ich mir nicht vorstellen, dass ich da mitgemacht hätte. Aber ob ich den Mut gehabt hätte, mein Leben zu riskieren, oder ob ich einfach geschwiegen hätte wie die meisten – das weiß ich nicht. Das kann vermutlich keiner, der wirklich ehrlich ist und damals nicht gelebt hat, von sich mit absoluter Gewissheit sagen.«

»Die Gnade der späten Geburt«, zitierte sie den Ausspruch von Bundeskanzler Helmut Kohl. »Im Dritten Reich war ich noch ein Kind, aber in der DDR wäre ich dann erwachsen gewesen. Ich habe mich oft gefragt: Wie weit wäre ich gegangen bei meinem Ehrgeiz? Welche Zugeständnisse hätte ich gemacht, um zum Beispiel studieren zu dürfen? Ich denke von mir, bei den großen Abscheulichkeiten hätte ich nicht mitgemacht. Aber wo ist die Grenze? Wo hört die kleine Sauerei auf und wo fängt die große an?«

Joachim Jaenicke hatte seine Tochter, schon als sie die Schule in der SBZ, der sowjetisch besetzten Zone, und später in der DDR besuchte, eindringlich beschworen, nicht den Mund aufzumachen, wenn ihr Unstimmigkeiten in Schulbüchern oder bei dem, was die Lehrer in der Schule erzählten, auffielen. Die »Erziehung sozialistischer Persönlichkeiten« war oberstes Ziel aller Bildungseinrichtungen. Das 1946 in Kraft getretene Gesetz zur Demokratisierung der Deutschen Schule etablierte die achtjährige Einheitsschule für alle. Wichtiger Bestandteil der Lehrpläne war neben der Erziehung zum Sozialismus die Auseinandersetzung mit dem Nationalsozialismus – allerdings lag die Betonung dabei nicht auf dem Massenmord an rund sechs Millionen Juden, sondern auf dem, was Deutschland der Sowjetunion angetan hatte. Schulbücher waren deutlich von der Propaganda gegen den »imperialistischen Klassenfeind« im Westen geprägt. Dies nahm ab den 1970er-Jahren zum Teil groteske Züge an: So wurde der Mauerbau in einem Heimatkundebuch für die vierte Klasse wie folgt begründet: Die BRD habe alles getan, um den »Aufbau eines neuen Lebens in unserem Lande« zu verhindern –

unter anderem über 5000 Kühe vergiftet und einen Agenten eingesetzt, um die neu erbauten Rundfunksäle in Brand zu setzen. Walter Ulbricht habe dann weitere Pläne der »Imperialisten«, die DDR zu stürzen, verhindert, indem er die Mauer errichtet habe. »Alles Geschrei nutzte den Feinden unseres Vaterlandes nichts. Sie hatten eine Schlacht verloren. Ihr Marsch in die DDR fand nicht statt.« Aber auch in den Schulbüchern und Lernblättern der sowjetisch besetzten Zone und in der frühen DDR war bereits politische Indoktrination zu spüren. Beate Sander erinnerte sich zum Beispiel daran, dass selbst bei Textaufgaben in Mathebüchern behauptet wurde, westdeutsche Agenten hätten die in der Nachkriegszeit reichlich vorhandenen Wanzen, Flöhe und Läuse in die DDR eingeschleppt. Sie dachte sich ihren Teil – und hielt den Mund. Ihr Vater machte ihr mehr als deutlich, dass sie sonst als Akademikerkind jegliche Chance auf eine höhere Bildung verwirken würde.

In den 1950er- und 1960er-Jahren erfolgte der Zugang zum Studium und zur Erweiterten Oberschule vor allem nach sozialer Herkunft. Unabhängig von den Schulnoten hatten Jugendliche aus Bildungsbürger- oder Pastorenfamilien kaum eine Chance – Kinder aus Arbeiter- und Bauernfamilien erhielten bevorzugt Zugang zu höheren Bildungseinrichtungen. Joachim Jaenicke sah in aller Deutlichkeit, wie schlecht die Voraussetzungen für seine Kinder in der DDR waren. Auch für ihn selbst gab es als promovierter Volks- und Betriebswirt, der bis 1944 selbstständiger Unternehmer war, kaum Beschäftigungsmöglichkeiten. Da er nicht Mitglied der NSDAP gewesen war, war er zunächst von den sowjetischen Besatzern als Stellvertretender Landrat eingesetzt worden. Plötzlich jedoch galt er aufgrund seiner »Lehrbriefe«, die er an die Front geschickt hatte, als Kollaborateur und wurde deshalb einer »Entnazifizierung« unterzogen, in deren Zuge er zeitweise als Erntehelfer arbeiten musste. Zwar wurde die »Entnazifizierung« in der SBZ konsequenter als im Westen durchgeführt, sie wurde aber auch zur Abstrafung von Personen genutzt, die dem Sozialismus kritisch gegenüberstanden. Das allein reichte aus, um Joachim Jaenicke klarzumachen, dass die Situation für ihn vermutlich immer schwieriger werden würde. Hinzu kam, dass er, sowenig er im Dritten Reich bereit gewesen war, in die NSDAP einzutreten, auch jetzt nicht bereit war, in die SED einzutreten, was ihm – das war ihm durchaus bewusst – weitere Karrieremöglichkeiten verbauen würde. Als er dann noch eines Tages in die Stasi-Zentrale einbestellt wurde, wo ihm eine Tätigkeit als Informeller Mitarbeiter angeboten wurde, beschloss er, 1951 mit seiner ältesten Tochter die DDR zu verlassen. Zehn Jahre vor dem Mauerbau war das noch problemlos möglich. Er ging damit den Weg, den zahlreiche Akademiker schon vor ihm gegangen waren. So hatten die Universitäten Leipzig, Jena, Rostock, Greifswald, Berlin und Halle bis 1948 schon 83 Prozent ihrer Professoren und Dozenten verloren; die meisten davon waren in den Westen geflohen. In Westberlin wollte sich Joachim Jaenicke eine neue Existenz aufbauen und eine Wohnung suchen – dann sollte der Rest der Familie nachkommen.

Das geschah dann auch etwa ein halbes Jahr später. Martha Jaenicke hatte eigentlich einen offiziellen Umzugsantrag gestellt, der es ihr auch ermöglicht hätte, Geschirr und andere Wertgegenstände mitzunehmen, doch der wurde nicht bewilligt. Was hatte sich zwischen 1951 und 1952 verändert? Ab Ende 1951 hatten DDR-Passbehörden und die Volkspolizei angefangen, sich für die massenweise Auswanderung aus der DDR zu interessieren. Während man vorher die Westflucht von »Staatsfeinden«, vor allem von vielen Akademikern, sogar als »konfliktfreie Lösung des Klassenkampfes« begrüßt hatte, erkannte die Staatsspitze das Verschwinden großer Bevölkerungsgruppen zunehmend als Problem. Die Regierung konnte nicht mehr die Augen davor verschließen, dass mit der massenhaften Abwanderung Fachwissen verloren ging, das die DDR dringend brauchte. Unabhängig davon hatte die Stasi nach wie vor Interesse an Joachim Jaenicke. Martha Jaenicke wurde zu ihrem großen Entsetzen eines Tages von der Stasi vorgeladen. Man zeigte ihr Fotos ihrer Kinder, die von Stasi-Mitarbeitern heimlich fotografiert worden waren, um den Eindruck zu erwecken: »Wir sind überall!« Man wollte sie einschüchtern. Die Stasi-Mitarbeiter appellierten an ihre Verantwortung als Mutter und legten ihr nahe, ihren Mann dazu zu bringen, in Westberlin für die Stasi zu spionieren. Sie selbst solle mit den Kindern erst mal bis auf Weiteres in der DDR bleiben. Martha Jaenicke beschloss daraufhin, keine weitere Zeit zu verlieren, sondern die DDR unverzüglich und möglichst unauffällig zu verlassen. Den Kindern gab sie strikte Anweisungen, wie sie sich zu verhalten hatten. Damit ihre Fluchtabsicht nicht vorzeitig entdeckt würde, verließen sie und die Kinder das Haus voneinander getrennt. Beates ältere Schwester Greta hatte die Aufgabe übertragen bekommen, sich bei der Flucht um den jüngeren Bruder zu kümmern. Nach Westberlin zu kommen, war kein Problem: Die Sektorengrenze zwischen Ost- und Westberlin war nach wie vor offen.

Zurück blieb die damals 14-jährige Beate. Sie hatte von der Mutter die Aufgabe übertragen bekommen, dafür zu sorgen, dass das Haus bewohnt aussah, damit der Nachbar, der im Verdacht stand, ein linientreuer Stasi-Spitzel zu sein, nichts von der Flucht der Familie bemerken würde. Sobald sie alle Tiere – Hühner, Kaninchen und Ziegen – in gute Hände abgegeben hätte, sollte sie dann selbst nachkommen: mit dem Zug von Rostock nach Ostberlin und dann weiter in den Westen. Da noch eine Tante in der Nähe wohnte, hatte Beate für alle Fälle eine Ansprechpartnerin. Was aber wäre mit ihr geschehen, wenn die Flucht entdeckt worden wäre? Ob die Tante ihr da hätte helfen können, erscheint fraglich. Für Fälle wie diese hatte das Innenministerium eine klare Richtlinie herausgegeben: »In Fällen, wo geflüchtete Personen Angehörige in der DDR zurücklassen, sind diese aus ihrem Heimatort auszusiedeln und in anderen Orten unterzubringen.« Im Falle der 14-jährigen und damit minderjährigen Beate wäre dieser »andere Ort« vermutlich ein DDR-Jugendwohnheim gewesen – kein Ort, den man sich für sein Kind wünscht. Das sind Dinge, die Beate damals aber nicht ahnen konnte. »Ich habe mich schon gefragt, warum ausgerechnet ich und nicht meine 14 Monate ältere Schwester zurückbleiben musste«, erinnerte sie sich. »Aber im Nachhinein war mir klar: In meinem Fall wäre ein Verlust für meine Mutter vermutlich leichter zu verschmerzen gewesen.« Solche Sätze sagte sie mit merkwürdig gleichgültiger Stimme, ohne jede Bitterkeit. Irgendwie, erzählte sie, habe sie das damals auch ein klein wenig als Auszeichnung empfunden, dass die Mutter ihr das zugetraut hatte: »Auch wenn sie mich nicht mochte: Sie wusste, dass sie sich auf mich hundertprozentig verlassen konnte und dass ich sicherlich am ehesten in der Lage wäre, das alles zu stemmen.« Und das tat Beate: Sie schaltete das Licht ein und aus, spielte Klavier, damit der Nachbar Geräusche aus dem Haus hörte, und warf Bälle in seinen Garten, was ihn wie immer zur Weißglut brachte. Parallel dazu brachte sie die Tiere bei Freunden und Verwandten unter. »Bei den Hühnern und Kaninchen war das einfach, bei den Ziegen schon sehr viel schwerer.« Gefährlich wurde es nur einmal, als ihr ein paar Hühner beim Transport ausgerissen waren und direkt einigen Volkspolizisten vor die Füße liefen. »Ich hatte in dem Moment keine Idee, was ich ihnen hätte sagen sollen, wenn sie gefragt hätten, was ich da mit den Hühnern mache.« Wie lange sie gebraucht hatte, um die Tiere unterzubringen und den Haushalt aufzulösen, wusste sie nicht mehr – »geschätzte acht Tage«. Danach nahm sie die vereinbarte Fluchtroute. Angst, im Zug in eine Kontrolle zu geraten, hatte sie nicht: »Kinder waren für die damals uninteressant.«

Unterforderung an westdeutschen Schulen

»Ich muss, wenn du heute Abend weg bist, noch ein paar Börsenkolumnen für die *BILD* schreiben. Außerdem habe ich gerade eine Zoom-Schalte für morgen früh verabredet – Interview mit der Börse Mailand.« Beate Sander rieb sich vergnügt die Hände. Jede neue Herausforderung ließ sie die Schmerzen der Tumoren, die sich durch die Knochen bohrten, zumindest für eine gewisse Zeit vergessen.

»Hast du das eigentlich schon vor Corona so intensiv betrieben?«, wollte ich wissen. »Interviews per Zoom, Skype und Webinare?«

»Nicht so intensiv, Webinare hatte ich vorher gar nicht gemacht. Ich habe mir aber mit meinem Sohn meinen Arbeitsplatz voll digitalisiert. Der Computer ist neu, der Drucker, der Bildschirm, ich habe ein gutes Mikrofon und eine tolle Kamera. Da habe ich nochmal richtig viel Geld reingesteckt.« Sie grinste. »Aber auch Geld gewonnen. Mir war schon direkt am Anfang der Krise klar, dass die Zoom-Aktie durch die Decke gehen würde.«

»Du bist mit Tech-Aktien nicht so zurückhaltend wie Warren Buffett«, stellte ich fest.

»Der ist bei Amazon und Apple auch investiert«, fiel sie mir ins Wort. »Aber eine Sache sehe ich anders als Warren Buffett. Der sagt ja: ›Ich kaufe nur, was ich mag, kenne und verstehe.‹ Klar: Was ich mag und kenne, kaufe ich auch. Aber die anderen Sachen, die kann ich kennenlernen! Ich hab' ja schließlich ein Gehirn. Wieso soll ich denn nicht lernen, was Künstliche Intelligenz ist, was Medizintechnik ist, wie Biotechnologie funktioniert? Oder wieso soll ich mir kein Wissen über Halbleiter und Chips draufschaffen?«

In Berlin war Beate zutiefst unglücklich. Die Familie wohnte in einer großen Mietwohnung in Charlottenburg. Wenn sie aus dem Fenster schaute, blickte sie auf Trümmer und Ruinen – die Spuren des Krieges waren noch immer allgegenwärtig. Kein Grün weit und breit, es gab keinen Garten, ein Wald war ebenfalls nicht in erreichbarer Entfernung. Wenn Beate aus dem Fenster auf die Trümmer schaute, spielte ihr ihre Fantasie oftmals einen Streich: Sie bildete sich ein, darunter Beine oder Arme von Verschütteten zu sehen, suchte dann immer wieder die Trümmer ab, um sich sicher zu sein, dass sie sich das nur eingebildet hatte. Beate vermisste ihr altes Leben in Rostock, die Zeit in der Natur mit Peter Wunderwald, ihre alte Klavierlehrerin. Trost spendete nur, dass der Vater bei der Mutter durchgesetzt hatte, dass sie wieder Hockey spielen durfte. Außerdem hatte er etwas geschafft, was bei seiner damaligen finanziellen Situation nahezu unmöglich war: Er hatte einen Flügel besorgt. Dieser stand wie ein Fremdkörper mitten in der karg möblierten Wohnung. Für Beate war er ein Stück Heimat. Wann immer es ihre Zeit zuließ, übte sie stundenlang auf ihm. Für Klavierunterricht fehlte der Familie allerdings das Geld. Der Vater versuchte mit aller Kraft, sein Ferninstitut wieder aufzubauen – ohne großen wirtschaftlichen Erfolg.

Was dann passierte, konnte sich Beate Sander nie erklären: Statt mit ihren ausgezeichneten Noten aus der DDR aufs Gymnasium zu kommen, wurde sie in eine Oberschule eingeschult – »Praktischer Zweig«, was einer besseren Hauptschule entsprach. Ob das Geld der Jaenickes zu dieser Zeit zu knapp war – das Gymnasium kostete bis 1958/59 in Westdeutschland Schulgeld – oder aber das Gymnasium selbst sie abgelehnt hatte: Sie hat es nie erfahren. Rätselhafterweise kämpfte ihr Vater, so wichtig ihm Bildung prinzipiell war, jetzt nicht dafür, dass sie oder die anderen Kinder aufs Gymnasium gehen und ihr Abitur machen konnten. Seine wirtschaftlichen Probleme und der verzweifelte Versuch, sein Ferninstitut wieder zum Laufen zu bringen, nahmen ihn in Beschlag. Dazu kam der tägliche Kampf, eine Familie mit sechs Kindern satt zu kriegen. Das alles hätte Beate verstanden, wäre da nicht eine andere Sache gewesen, für die der Vater immer wieder Geld ausgab: Einmal im Monat gönnte er sich einen Luxus der besonderen Art – den Besuch bei einer bekannten Prostituierten, was er in der Familie auch offen kommunizierte. Nebenbei hatte er alle möglichen Affären – das war auch schon in der DDR so gewesen.

Beate fühlte sich komplett unterfordert und musste in der Schule erleben, wie willkürlich die Benotung mancher Lehrer war. In Musik sollte das hochmusikalische Mädchen eine Vier bekommen – der Musiklehrer behauptete, sie würde im Chor immer falsch singen. Als der Direktor sie bat, bei der Abschlussfeier ein Stück auf dem Klavier zu spielen, weigerte sie sich: »Ich denke nicht, dass ich das kann, wenn ich in Musik so schlecht bin, dass ich eine Vier verdient habe!« Das Ergebnis: Sie spielte und im Zeugnis stand eine Eins.

Die Zeit in Berlin neigte sich kurz nach ihrem Schulabschluss dem Ende zu. Beates Vater hatte 1952 eine Stelle als Wirtschafts- und Buchführungslehrer an einer Privaten Handelsschule in Würzburg gefunden. Parallel dazu versuchte er auch dort, sein Ferninstitut wieder aufzubauen, womit er allerdings abermals kein Glück hatte. Während der Vater schon nach Würzburg zog, um alles für die Familie vorzubereiten, war der Rest der Familie quer über Deutschland verteilt. Die Kinder hatten bei verschiedenen Verwandten Unterschlupf gefunden. Beate wurde für ein Jahr in die »Landfrauenschule Großsachsenheim« in der Nähe von Stuttgart geschickt. Sie sollte dort als »Gartenanlernling« arbeiten, bevor sie dann eine Gartenbauausbildung beginnen sollte. Wider Erwarten fühlte sich Beate in der Landfrauenschule wohler als an der Oberschule in Berlin. Das Arbeiten mit Pflanzen machte ihr wie schon in ihrer Kindheit und Jugend große Freude. Eine diplomierte Gartenbaulehrerin entdeckte rasch ihr Talent und Interesse. In ihr fand sie eine Art »Ersatzmutter«, die sie nicht nur in Bezug auf Gartenbau förderte, sondern sie auch auf ihrem Klavier spielen ließ und hin und wieder zu einem Konzert mitnahm.

Erst als sie nach dem Jahr in der Landfrauenschule Ende 1953 eine richtige Gartenbaulehre in Würzburg begann, spitzte sich die Situation zu. In der Berufsschule fand sie sich in einer Klasse wieder, in der etliche Schüler weder vernünftig lesen noch schreiben konnten und in der sie sich völlig deplatziert fühlte. Ihr Meister erkannte das und schickte sie, nur acht Wochen nachdem die Lehre begonnen hatte, zu einem Gesellenwettbewerb, in dem theoretisches Wissen über Gartenbau geprüft wurde. Er dachte dabei nicht ernsthaft daran, dass sie erfolgreich abschneiden würde, sondern hoffte, sie würde, wenn sie die Fragen sah, erkennen, was für Herausforderungen im Laufe der Lehre noch auf sie zukämen. Das Ergebnis war eindeutig: Ohne sich auf den Wettbewerb vorbereitet zu haben, gewann Beate mit weitem Abstand vor allen Gesellen. Was den Meister zunächst freute, empfand sie als Katastrophe: »Für mich war das tödlich. Ich habe gedacht: Wenn du nach acht Wochen schon besser bist als die Gesellen nach dreijähriger Ausbildung, dann wirst du verrückt vor Unterforderung. Was hätte ich denn bitte noch lernen sollen?« Für Beate stand danach fest: Sie würde die Gartenbaulehre unter keinen Umständen fortsetzen. Es kostete sie großen Mut, das ihren Eltern mitzuteilen. Es tat ihr weh, die Enttäuschung im Gesicht des Vaters zu sehen. Ihr war klar, dass er vorher gehofft hatte, zumindest Beate »gut unter« zu haben. Nichtsdestotrotz hatte Joachim Jaenicke ein gewisses Verständnis für die Entscheidung seiner Tochter. Mit ihrer Mutter kam es hingegen wegen des Abbruchs der Lehre zum Eklat: Sie überschüttete Beate mit Vorwürfen, die Lehre nicht durchgehalten zu haben, und unterstellte ihr eine fundamentale Charakterschwäche. Das Verhältnis zwischen Beate und Martha Jaenicke wurde immer angespannter.

Joachim Jaenicke tat, was er tun konnte: Er ließ seine Beziehungen spielen und brachte seine Tochter Beate in der Privaten Handelsschule unter, in der er als Lehrer unterrichtete. Dort gab es einen Halbjahreskurs für Absolventen der Höheren Handelsschule und Abiturienten; Voraussetzung waren außerdem kaufmännische Kenntnisse, Kenntnisse im Maschinenschreiben und Stenographieren – allesamt Abschlüsse und Kenntnisse, die Beate nicht besaß. Nur die Fächer Buchführung und Steuerrecht fingen von vorne an. »Jetzt wirst du feststellen, was Überforderung heißt«, sagte der Vater zu ihr. Und tatsächlich: Am Anfang fühlte sich Beate grenzenlos überfordert und war die Schlechteste der Klasse. »Das hat mich merkwürdigerweise nie gestört, weil ich wusste: Du kannst an der Überforderung wachsen!« In solchen Situationen entwickelte Beate Sander eine Besessenheit, die in der Außenwelt oft auf Befremden stieß. Sie setzte alles daran, das Versäumte nachzuholen, lernte in Eigenregie Tag und Nacht und gönnte sich keine freie Minute.

Die Versuchung

»Ehrlichkeit – das wollte ich meinen Kindern unbedingt vermitteln«, antwortete Beate Sander auf meine Frage, was ihr bei der Erziehung ihrer Kinder wichtig war. »Ich mogele nicht, ich betrüge nicht – und wenn ich ein Problem habe oder Mist gebaut habe, dann sage ich das. Außerdem verspreche ich nur das, was ich auch halten kann!«

»Menschen lügen bis zu 200-mal am Tag«, erwiderte ich. »Was ist denn mit Notlügen? Hast du dafür Verständnis?«

»Ab wann ist etwas eine Notlüge?«, fragte sie. »Meist geht es ja nicht um Leben und Tod. Mein Mann hat früher immer gerne mittags geschlafen und dann zu Elke und Uwe gesagt: ›Wenn ein Anruf kommt, dann sagt ihr: Papa ist nicht da!‹ Ich habe dann gesagt: ›Das werden die beiden auf gar keinen Fall machen! Sie werden nicht lügen, weil du Mittagsschlaf machen willst! Sie sollen sagen: ›Papa schläft gerade. Wenn es wichtig ist, wecke ich ihn.‹ Und wenn es nicht wichtig ist, kommen die Leute dann schon selbst auf die Idee und sagen: ›Ich ruf später an!‹«

»Was ist, wenn Leute aus Unsicherheit lügen? Oder aus Höflichkeit, weil sie den anderen nicht verletzen wollen?«

»Das passiert mir gerade ständig«, sagte sie. »Leute, die mich besuchen kommen und sagen: ›Du siehst richtig gut aus!‹ Oder der Pflegedienst kommt morgens und die beiden

Mitarbeiter fragen: ›Wie haben Sie geschlafen?‹ Ich sehe ihnen an, dass sie als Antwort hören wollen: ›Danke, gut!‹ Oder zumindest: ›Den Umständen entsprechend gut!‹ Aber wieso soll ich das sagen? Ich habe eine Stunde Höllenqualen gelitten, dann bin ich eingeschlafen. Nach zwei Stunden war der Schlaf vorbei. Ich hatte wieder Schmerzen und habe mich an den Computer gesetzt, um mich abzulenken. Ich habe schrecklich geschlafen! Wieso soll man das nicht genau so sagen dürfen?«

Die Wohnung, die die Familie bezogen hatte, war die Lehrerwohnung in der Handelsschule. In dem Raum, in dem Beate damals schlief, stand auch so etwas wie ein Vorläufer unserer modernen Kopiergeräte: eine Maschine für Wachsmatrizendruck. Neben ihrem Vater nutzte sie auch der Direktor der Handelsschule, um Aufgaben zu vervielfältigen. Per Zufall fiel ihr Blick einen Tag vor der Abschlussprüfung auf ein paar Zettel mit Fehldrucken, die der Direktor dort vergessen hatte, und sie erkannte zu ihrem großen Schreck, dass es die Examensaufgaben für ihre Klasse waren. Was sollte sie tun? Sie lesen? Sie in den Ofen werfen? In ihrer Hilflosigkeit schaltete sie erst mal das Licht aus und legte sich ins Bett. Dort rang sie mit sich selbst – wie lange, konnte sie nicht einschätzen. Eine gefühlte Ewigkeit. Klar war: Wenn sie die Prüfungsaufgaben lesen würde, wäre sie klar im Vorteil und würde mit Bestnote abschneiden. Das würde ihr zukünftig sicherlich vieles erleichtern. Hatte sie nicht ohnehin mit dem verwehrten Gymnasialbesuch genügend Nachteile erlitten, die ihr einen Einstieg in einen akademischen Beruf erschwerten oder gar unmöglich machten? Warum nicht diese Chance nutzen, diesen Wink des Schicksals? Sie schadete ja niemandem damit. Die anderen würden nicht schlechter abschneiden, nur weil sie die Aufgaben gewusst hatte und damit vermutlich besser abschnitt, als sie sonst abschneiden würde. »Du schadest dir selbst damit«, sagte eine andere Stimme in ihr. »Wie sollst du dich jemals über die gute Note freuen können, wenn du weißt, dass du sie nicht ehrlich verdient hast?« Schließlich siegte die zweite Stimme. Um nicht in Versuchung geführt zu werden, schaltete sie das Licht nicht mehr an, sondern suchte in dem Raum, der durch das flackernde Ofenfeuer nur leicht erhellt war, alle Fehldrucke zusammen und warf sie in den Ofen. An Schlaf war danach nicht mehr zu denken. Am nächsten Morgen schrieb sie übermüdet die Prüfung und war seit langer Zeit mal wieder glücklich. Am Ende bestand sie als einzige und als jüngste Absolventin die Prüfung mit Auszeichnung, was sie nicht nur wegen der Note mit Stolz erfüllte, sondern auch aufgrund der Tatsache, dass sie standhaft geblieben war.

Doch das Glück sollte nicht lange andauern. Beate machte bei einer anderen Gelegenheit auf dem Schreibtisch ihres zeichenbegabten Vaters eine Entdeckung, die ihr Verhältnis zu ihm nachhaltig trüben würde. Sie fand pornografische Artikel mit entsprechenden Zeichnungen, die er für eine Wochenzeitung anfertigte, um sein Einkommen aufzubessern. Es ist das eine, zu wissen, dass der Vater Affären hat und ab und zu zu einer Prostituierten geht. Etwas anderes ist es, die sexuellen Fantasien des eigenen Vaters schwarz auf weiß vor sich zu sehen. Die Zeichnungen und Texte lösten einen Schock bei ihr aus. Das Idealbild des Vaters stürzte vom Sockel – gerade weil er so weit oben gestanden hatte, war die Fallhöhe besonders hoch. Zurück blieb erst mal nichts als Leere. Die Zeit, in der sie sich ihrem Vater innig verbunden fühlte, war vorbei. Beate sprach noch mit ihm, allerdings waren die Gespräche zwischen den beiden auf lange Zeit auf Alltagsdinge und Oberflächlichkeiten beschränkt.

Wie sehr Beate Sander dem Idealbild ihres Vaters letztlich immer noch nachhing, zeigte sich für mich in folgender Situation: Obwohl sie überhaupt keine Probleme hatte, über ihre eigene Sexualität zu sprechen, tat sie sich mir gegenüber schwer, von den »Verfehlungen« des Vaters zu berichten, die ihr Verhältnis nachhaltig zerstört hatten. Sie sprach von »gewissen sexuellen Neigungen«, die der Vater gehabt habe, die sie entdeckt hätte und die dazu geführt hatten, dass sie innerlich zum Vater auf Abstand ging. Mehr wollte sie dazu zunächst nicht sagen.

Auf der Überholspur

»Ich wollte immer, dass beide bestmöglich zum Ziel kommen – der Porsche und der Trabi«, erklärte Beate Sander, als ich sie fragte, was ihr als Lehrerin beim Unterrichten wichtig war. »Der Porsche soll die Autobahn nehmen, der Trabi die Landstraße; und ich sorge dafür, dass die Straßen gut in Schuss sind. Es bringt aber gar nichts, den Porsche auf der Landstraße fahren zu lassen. Da bleibt er weit unter seinen Möglichkeiten und kann seine Leistungsfähigkeit nicht zeigen. Und es bringt auch nichts, den Trabi auf die Autobahn zu zwingen. Da wird er nur von anderen überholt. Das ist frustrierend.«

Nach dem erfolgreichen Abschluss des Halbjahreskurses in der Handelsschule beschloss Beate, Lehrerin zu werden. Die Begeisterung des Vaters für den Lehrberuf hatte schon früh auf sie abgefärbt. Sie merkte außerdem, dass es ihr Spaß machte, anderen Dinge zu erklären, und dass sie ein natürliches Talent dafür besaß, anderen etwas beizubringen. Da sie kein Abitur besaß, war das nicht so einfach, damals aber durchaus möglich: Sie absolvierte eine Begabtenprüfung und zwei Fachlehrerprüfungen, und zwar beide mit einer glatten Eins. Von zu Hause bekam sie keine Unterstützung, ganz im Gegenteil: Als sich Beate für die Prüfungen vorbereitete, verlangte ihre Mutter, dass sie fürs Wohnen zu Hause, für jede Mahlzeit, die sie einnahm, und fürs Wäschewaschen Geld zahlen musste. Beate war zu stolz, um darüber eine Diskussion vom Zaun zu brechen oder um einen Nachlass zu bitten. Sie lernte – und wenn sie nicht lernte, arbeitete sie. Entweder erledigte sie Sekretariatsarbeiten in der Handelsschule oder sie tippte die Speisekarten mit wöchentlich wechselndem Menü für ein Restaurant um die Ecke. Als klar war, dass sie nach den erfolgreich absolvierten Prüfungen ein Jahr lang das Pädagogikseminar in Regensburg besuchen konnte, gaben die Eltern ihr für das gesamte Jahr 100 D-Mark mit. »Es war klar, das würde nicht lange reichen.«

Dass Beate von dem Geld keine Miete würde zahlen können, war ihr bewusst. Sie machte sich auf die Suche nach einem Zimmer, in dem sie umsonst wohnen konnte – gegen Nachhilfe für die Kinder und Mithilfe bei der Hausarbeit. Und sie wurde fündig. Auch was das Essen betraf, fand sich bald eine Lösung: Beate lernte einen Mann kennen, der bei der Deutschen Post arbeitete und sie in die dortige Kantine mit einschleuste. Das Essen kostete eine Mark und man konnte so viel essen, wie man wollte. »Ich habe mir dann den Magen richtig vollgehauen, damit ich satt war, und mir dann noch ein Brötchen geschmiert und mitgenommen. Damit war das Problem, was ich abends essen sollte, auch gelöst.« Blieben nur die Wochenenden, wenn die Postkantine zu hatte, aber auch dafür fand Beate eine Lösung: Sie bot einigen Kommilitonen an, für sie zu kochen. Einzige Voraussetzung: Diese mussten die Zutaten mitbringen und sie durfte dafür umsonst mitessen. Für einige »besonders faule« Kommilitonen schrieb sie außerdem gegen Geld deren Facharbeiten und Referate, für die Professoren tippte sie die Vorlesungen und erhielt dafür eine Bezahlung oder Sachwerte wie Papier, Stifte und Farbbänder für die Schreibmaschine. »Ich habe beim Abtippen dieser Vorlesungen eine Menge gelernt«, meinte sie. Als das Jahr am Pädagogikseminar vorbei war, hatte sie nicht nur ihr Examen mit Bestnote in der Tasche, sondern auch noch die 100 D-Mark, die sie die ganze Zeit nicht gebraucht hatte.

Mit ihrer Note konnte sich Beate die Schule, an der sie unterrichten wollte, praktisch aussuchen. Da sie nach dem Examen erst 19 war – nach damaliger Rechtsauffassung also noch nicht volljährig –, entschloss sie sich, an einer Schule im eher ländlichen Raum zu starten, und landete an einer Realschule in Gerolzhofen bei Schweinfurt. Mit den Schülern, die zum Teil nur zwei Jahre jünger waren als sie, kam sie rasch gut klar. Mit dem Schulrektor, der in ihren Augen extrem altertümliche Vorstellungen davon hatte, wie sich eine Lehrerin zu verhalten habe, tat sie sich allerdings weitaus schwerer. Erster Streitpunkt mit ihm war die Tatsache, dass man sie im Schwimmbad gesichtet habe – »im Badeanzug!«. Kein Schüler könne eine Lehrerin respektieren, die er schon mal im Badeanzug gesehen habe, empörte sich der Rektor. »Was soll ich denn sonst im Schwimmbad anziehen?«, fragte Beate unschuldig. »Keinen Badeanzug zu tragen, ist auch keine gute Alternative.« Auch dass sie mit den Schülern gerne Handball oder Fußball spielte, erregte des Rektors Missfallen. Bei solchen ungehobelten Spielen könne man doch kein Vorbild sein, meinte er. Er würde nur dann seine Zustimmung dazu geben, wenn sie ihm versprechen würde, beim Spiel ein ausgewähltes Vokabular zu benutzen. »Wärst du bitte so freundlich, mir den Ball zu passen?«, sollte sie sagen – und das mitten im Spiel. Beate Sander musste schmunzeln, als sie sich daran erinnerte.

Zu einem schlimmen Zusammenstoß, der sie fast die Verbeamtung gekostet hätte, sollte es aber nicht mit dem Rektor, sondern mit dem Kultusministerium kommen. Beate fand die Prüfungsordnung ungerecht und nicht nachvollziehbar und beschloss deshalb spontan, sie für ihre Klasse so zu verändern, dass sie gerechter wurde: Bei der Übertragung von Kurzschrift in einen niedergeschriebenen Text sollte es laut vorgegebener Prüfungsordnung egal sein, ob es sich um einen inhaltlichen Fehler, der den Sinn des Textes entstellen würde, handelte oder um einen bloßen Übertragungsfehler. Beide sollten mit gleicher Fehlerzahl bewertet werden. Das sah Beate nicht ein. »Wenn jemand Kurzschrift falsch übertrug und statt ›Präsentation‹ ›Präsenzpflicht‹ schrieb, ist das ein schlimmer Fehler – das verfälscht den ganzen Inhalt. Wenn jemand aber statt ›Präsentation‹ den Plural ›Präsentationen‹ benutzt, ist das zwar auch falsch, aber nicht so schlimm – der Text ist ja trotzdem verständlich«, argumentierte sie und bewertete letzteren Fehler dann nur als halben Fehler; für den anderen gab es hingegen einen ganzen Punkt

Abzug. Das Ganze flog auf: Beate wurde zum Kultusministerium zitiert – ein Disziplinarverfahren drohte. »Das wäre das Ende meiner Lehrerlaufbahn gewesen«, erklärte sie. »Ich weiß auch nicht, was mich damals geritten hatte.« Kleinlaut kam sie der Vorladung ins Ministerium nach und hatte Glück im Unglück: Der zuständige Beamte las ihr zwar die Leviten, konnte aber inhaltlich nachvollziehen, was sie an der bestehenden Prüfungsordnung gestört hatte. »Ich habe mich entschuldigt und versprochen, mich ab sofort immer direkt beim Ministerium zu melden, wenn ich einen Verbesserungsvorschlag hätte.« »Dann machen wir das jetzt genau so«, hatte ihr der Beamte im Kultusministerium geantwortet und von einem Disziplinarverfahren abgesehen. Wenn er damals hätte ahnen können, wie viele Verbesserungsvorschläge in den kommenden Jahren auf seinem Schreibtisch landen würden, hätte er vermutlich weniger gelassen reagiert.

Beate Sander liebte Verbesserungsvorschläge. Es gab kaum ein Alltagsproblem, bei dem ihr nicht etwas einfiel, was verbessert werden könnte. Immer wieder schrieb sie Firmen an, um sie auf Schwachstellen ihrer Produkte hinzuweisen: dass es Unsinn sei, Klarsichthüllen herzustellen, in die nur drei Blätter passen würden statt zwanzig, zum Beispiel. Oder dass ein Müllcontainer oben bei Regen mit Wasser volllaufen konnte, es aber unten keine Löcher gab, durch die das Wasser wieder abfließen konnte, oder die Löcher an der falschen Stelle wären. Manchmal bekam sie keine Antwort, worauf sie gerne ein zweites Mal schrieb und den beobachteten Produktmangel nochmal ausführlicher darlegte. Oft genug aber bedankten sich die Firmen bei ihr; manchmal zahlten sie ihr auch Geld für den Verbesserungsvorschlag oder boten ihr sogar einen Job an. BMW etwa bot ihr nach einem Rationalisierungsvorschlag einen Managerposten an. »Was genau ich da vorgeschlagen habe, weiß ich nicht mehr. Mir sind ständig neue Dinge eingefallen.« Die Erfindung des Kassettenrekorders durch den niederländischen Ingenieur und Erfinder Lou Ottens für den Elektrokonzern Philips im Jahr 1963 setzte bei ihr eine Flut von Ideen frei: Ihr war klar, dass sich das neue Medium wunderbar sowohl für den Kurzschriftunterricht auf unterschiedlichen Niveaus als auch für differenzierten Sprachunterricht bei Schülern würde nutzen lassen – jeder könnte in einem ›Sprachlabor‹ in seinem ganz eigenen Lerntempo mit Kassetten lernen, die von Muttersprachlern in der Fremdsprache besprochen würden. Beate entwickelte das didaktische Konzept dazu. Die Firma Fechner&Schulte, die Schulen technisch ausstattete, bot ihr damals umgerechnet 2500 Euro für ihr Konzept und lud sie eine Woche nach

Sankt Augustin bei Bonn ein. Unglücklicherweise meldete sich die Firma Philips kurz darauf ebenfalls bei ihr und bot ein Vielfaches der Summe, doch da hatte sie bereits Fechner&Schulte zugesagt und die Woche in Sankt Augustin in vollen Zügen genossen.

Stärken stärken

»Ich habe es nie als meine Aufgabe gesehen, Schüler zu erziehen«, erklärte Beate Sander. »Wohl aber ganz genau zu schauen, was die Stärken jedes Kindes sind, und die auszubauen.« Sie erzählte dazu gerne eine Geschichte: »Bei einer Tierolympiade sprang der Frosch ganz hoch, der Hase rannte blitzschnell, das Eichhörnchen kletterte behände den Baum hoch und der Fisch schwamm, so schnell er konnte. Alle Tiere gewannen Silbermedaillen. Da kam ein Trainer und sagte: ›Das ist ja schon ein tolles Ergebnis, aber bis zur nächsten Olympiade müssen wir schauen, dass wir an euren Schwächen arbeiten: Der Frosch muss auch noch rennen lernen, das Eichhörnchen schwimmen, der Fisch muss unbedingt lernen, aus dem Wasser hochzuspringen, und dass der Hase überhaupt nicht klettern kann, ist wirklich eine Schande!‹ Fortan arbeiteten die Tiere alle verzweifelt an ihren Schwächen. Als nach vier Jahren wieder eine Olympiade anstand, stand der Trainer erwartungsvoll am Rand und musste mit ansehen, wie keiner seiner Schützlinge überhaupt nur eine einzige Medaille bekam. Sie hatten es vier Jahre versäumt, an ihren Stärken zu arbeiten.«

Nach einigen Jahren in Gerolzhofen bewarb sich Beate – inzwischen verheiratet – an einer Realschule in Neu-Ulm. Als der dortige Direktor sie fragte, ob sie auch Buchführung unterrichten konnte, zögerte sie nicht und sagte »Ja« – obwohl sie in diesem Fach selbst nur Grundkenntnisse hatte und keinerlei Idee, was sie da genau unterrichten sollte. Aber sie hatte ja die Ferien, um sich einzuarbeiten. Es klappte besser als erwartet. Im Jahr 1970 hatte der Konrektor der Schule den Auftrag bekommen, als Rektor eine neue Schule in Pfuhl zu übernehmen, drei Kilometer nordöstlich von Neu-Ulm. Als er Beate bat mitzukommen, folgte sie ihm ohne zu zögern – für sie ein Glücksfall. Denn dort durfte sie nicht nur fachfremd alle möglichen Fächer unterrichten, sie besaß auch sein uneingeschränktes Vertrauen und er ließ ihr alle Freiheiten.

In erster Linie ging es Beate darum, die Stärken der Schüler auszubauen. »Wenn man Kinder genau beobachtet, sieht man genau, was die Einzelnen gut können. Ich war immer der Meinung, man soll nicht zu viel Augenmerk darauf richten, irgendwelche Schwächen zu erkennen und auszumerzen. Das gelingt meistens eh nicht oder es kommt irgendwann von selbst. Auf jeden Fall kostet es unverhältnismäßig viel Zeit.« Lange Zeit grübelte sie zum Beispiel, wie sie einen Jungen, der so schüchtern war, dass er im Unterricht verstummte, sobald ein Lehrer eine Frage an ihn stellte, zum Sprechen bringen sollte. Dann beschloss sie, dass Sprechen überbewertet wird, und schlug ihm vor, die Antworten aufzuschreiben, wenn sie eine Frage an ihn stellte. Das tat er – und sie wertete seine Antworten als mündliche Mitarbeit. Später wurde der Schüler Bilanzbuchhalter. »Das ging auch ohne viel Sprechen«, meinte sie. Dem Spruch ihrer Mutter, den sie in ihrer Kindheit immer wieder hatte hören müssen, »Wenn ich schwarz sage, ist es schwarz, auch wenn es weiß ist«, setzte sie einen anderen Satz entgegen: »Wenn ich euch etwas verbiete und euch kommt das unlogisch vor – dann fragt nach. Wenn mir dann keine stichhaltige Begründung dafür einfällt, ist das Verbot hinfällig.« Das hieß jedoch nicht, dass sie eine Befürworterin einer antiautoritären Erziehung war – im Gegenteil: Vielen Schülern galt sie als ausgesprochen streng. »Ich finde schon, dass Regeln wichtig sind und man sich daran halten sollte – aber sie müssen Sinn machen.«

Auch aus anderen Erlebnissen ihrer Kindheit leitete sie Maßstäbe für ihr eigenes pädagogisches Handeln ab. Strikt achtete sie darauf, dass auch die Mädchen – »die waren sowieso meist besser« – zum Zuge kamen und nicht ständig von vorlauten Jungs in der Klasse überstimmt wurden. Ihre Leistungstests und Klassenarbeiten konzipierte sie stets so, dass jeder Erfolgserlebnisse haben konnte. »Die einen haben die leichteren Aufgaben gelöst und konnten, wenn sie gut gelernt hatten, auch eine gute Note kriegen. Aber sie konnten auch eine schlechte bekommen, wenn sie faul waren und nicht gelernt haben.« Die Stärkeren ließ sie gezielt schwerere Aufgaben und Transferaufgaben lösen und gestand ihnen auch mal zu, dass sie die leichten Aufgaben einfach wegließen. »Die hätten sich ja nur gelangweilt – was soll das bringen?« Heute würde man ein solches Vorgehen vermutlich unter dem Begriff »Differenzierung« fassen, und auch damals wurde Differenzierung schon von vielen engagierten Lehrern praktiziert. Vielen gingen Beates Praktiken aber zu weit, zumal sie noch andere unübliche Methoden im Unterricht praktizierte. Sie konnte sich nämlich noch gut daran erinnern, wie oft sie als Kind andere hatte abschreiben lassen, um dazuzugehören. Kindern, die abschreiben ließen, zur Abschreckung eine Sechs zu geben, wie es damals durchaus üblich war, erschien ihr deshalb völlig unverhältnismäßig. Auch demjenigen, der abgeschrieben hatte, gab sie nicht, wie ihre Kollegen das taten, eine Sechs, sondern bewertete nur die Aufgaben, die er bis zum Zeitpunkt, bei dem er erwischt worden war, im Heft stehen hatte, mit null Punkten. Von diesem Zeitpunkt an hatte der Schüler alle Chancen, die noch ausstehenden Aufgaben allein zu lösen, und, wenn er das gut machte, in der Gesamtbewertung vielleicht sogar noch eine Drei zu kriegen oder zumindest eine Vier. Derjenige, der hatte abschreiben lassen, bekam keine schlechtere Note, dafür aber eine Strafarbeit aufgebrummt. Diese Strafarbeiten waren allerdings außerordentlich beliebt – und das aus einem einfachen Grund: Beate Sander, selbst leidenschaftliche Tischtennis- und Tennisspielerin, ließ sich von ihren Schülern gerne herausfordern. Für Strafarbeiten galt: Sie konnten auch auf dem Tennisplatz, auf der Tischtennisplatte oder beim Schachspiel ›abgearbeitet‹ werden. Sollte der Schüler gegen seine Lehrerin siegen, war die Strafarbeit hinfällig. Gewann Beate Sander, musste der Schüler die doppelte Menge an Aufgaben lösen. Ohnehin trat sie gerne in Wettbewerb mit ihren Schülern, aber so, dass das Spiel weder für sie zu langweilig noch für die Schüler zu überfordernd war. Beim Tischtennis gewährte sie ihnen Punktvorsprünge und musste sich dann bemühen, diese einzuholen. Wenn die Schüler besser wurden, wurden die gewährten Punktvorsprünge immer geringer, bis sie beide bei 0:0 starten konnten. Beim Schach machte sie es genauso: Sie selbst startete mit weniger Figuren, verzichtete bei Anfängern auf die Dame, bei etwas besseren Spielern auf den Turm, schließlich auf Läufer und Springer, bis sie auch hier mit gleich vielen Figuren starten konnten. »Das Gegen-mich-Spielen hat die Schüler mächtig motiviert und mir einen riesigen Spaß gemacht!« Spaß hatte sie auch daran, immer wieder Eltern dazu aufzufordern, im Maschinen- und später Computerschreiben gegen sie anzutreten, und sie fand immer gute Sekretärinnen, die sich auf die Wette einließen. Doch keiner kam an ihre Tippgeschwindigkeit heran.

Beate Sander war nicht nur als Lehrerin extrem engagiert. Sie war außerdem noch in der Lehrerfortbildung aktiv und schrieb fleißig Schulbücher in Sozialwissenschaft, Wirtschaft und Recht. Natürlich schrieb sie auch hier nicht »einfach nur so« irgendwelche Schulbücher, sondern schrieb sie so gut, dass sie für den Deutschen Schulbuchpreis nominiert wurde. Wann sie das alles gemacht hat, zumal sie noch Familie und mittlerweile zwei Kinder hatte? »Ich hatte einfach mehr Zeit als andere. Ich habe nie mehr als vier Stunden bis höchstens fünf Stunden Schlaf gebraucht«, erklärte sie, »und war trotzdem fit.« Falls Sie hoffen, Sie können irgendwie von der »Börsenoma« lernen, wie man das hinkriegen kann – vergessen Sie's! Es liegt allein an einer bestimmten Genmutation, dem ADRB1-Gen, das dafür verantwortlich ist, dass Menschen wie Beate Sander deutlich weniger Schlaf brauchen als andere, und zwar ohne unter Gedächtnisdefiziten zu leiden, die normalerweise bei Schlafmangel auftreten. Für Beate Sander war es zum Beispiel schwierig, wenn sie im Hotel oder bei Bekannten zu Hause übernachten wollte. Denn einen Gast zu beherbergen, der morgens um 4 Uhr topfit ist und außerdem um diese Uhrzeit einen ausgesprochenen Frühstückshunger entwickelt, ist nicht jedermanns Sache.

Auch im Kollegium war Beate Sander nicht wirklich beliebt. Das war ihr durchaus bewusst, aber auch egal. Franz Pfaller, ihr ehemaliger Schulrektor, der sie damals auf die Idee gebracht hatte, sich mit Börse näher zu beschäftigen, sprach mir gegenüber von einem »unerträglichen Vorbild« für viele. Denn mit ihrem Tempo, ihrem Engagement und ihrem Output konnte sich kaum einer messen. »Sie war ein pädagogisches Ausnahmetalent. Didaktisch und methodisch brillant.« Hinzu kam die Direktheit, mit der sie Dinge ansprach, die in ihren Augen schiefliefen. Auch damit konnte nicht jeder umgehen. Franz Pfaller sah das anders: »Es war immer das Beste für den Schüler. Ob mir das immer so gepasst hat, was sie sagte und machte, ist zweitrangig. Ihre Klassen waren immer unter den besten Bayerns vom Notendurchschnitt her.« Und das hieß im Klartext: Beate Sander hat es geschafft, dass alle optimale Leistung erbrachten, sowohl die Starken als auch die Schwachen. »Sie konnte auch den schwächsten Schüler noch motivieren. Kein Schüler fiel bei ihr durchs Raster.« Am meisten hat Franz Pfaller aber beeindruckt, wie viele Schul- und Lehrerhandbücher Beate Sander parallel zu ihrer Lehrertätigkeit noch geschrieben hatte. »An die 150 – alle glänzend formuliert und natürlich bestens rezensiert.«

»Er übertreibt«, meinte Beate Sander, als ich ihr von dem Telefonat mit ihrem ehemaligen Schulrektor erzählte. »Es waren vielleicht 60 – aber nicht viel mehr. Vieles waren ja dann auch Überarbeitungen.«

Einige Bücher waren allerdings nicht unter ihrem eigenen Namen erschienen, sondern unter dem Namen Max Baier, dessen Serie *Schule der Geläufigkeit* sie auf Wunsch des Verlags fortsetzte. Ihr erstes Buch schrieb sie übrigens bereits mit 19 Jahren, während sie selbst auf dem Pädagogikseminar war – ein wissenschaftliches Buch über die Entwicklung der Kurzschrift, weil sie gemerkt hatte, dass es da kein gutes Buch gab. Besonders stolz war sie auf ihr 1997 zusammen mit ihrem Sohn Uwe geschriebenes Buch *Schwierige Schüler – schwierige Lehrer? Neue Wege des Konfliktmanagements im Schulalltag*. Hier zeigte sie gemeinsam mit ihrem Sohn Wege auf, wie man unnötige Zusammenstöße vermeiden oder entschärfen kann und im Falle unvermeidlicher Auseinandersetzung einvernehmliche Lösungswege findet, bei denen sich keiner als Sieger oder Verlierer fühlt. Sogar das heute vielbeschriebene Burn-out-Syndrom war damals schon Thema.

Auch nach ihrer Pensionierung sollte Beate Sander eine begeisterte Lehrerin bleiben und gab ihr Börsenwissen an der Volkshochschule weiter. Anfang September 2020 – weniger als vier Wochen vor ihrem Tod – gab sie noch Unterricht. Coronabedingt war die Gruppe aufgrund ihrer Größe zweigeteilt, damit der Mindestabstand eingehalten werden konnte, und sie unterrichtete vier Stunden am Stück. Ihr Unterricht hatte im Fortgeschrittenenkurs, wie in der Schule auch, eine klare Struktur: Erst einen Theorieteil, in dem sie sich mit politischen und ökonomischen Hintergründen auseinandersetzte, dann ein praktischer Teil, in dem die Teilnehmer ihres Volkshochschulkurses Fragen zu einzelnen Wertpapieren stellen konnten, die dann diskutiert wurden. War jemand unaufmerksam oder beteiligte sich nicht, konnte Beate Sander richtig ungehalten werden. Oft genug fühlten sich die Teilnehmer des Kurses, alles gestandene Leute, die anspruchsvolle Berufe hatten, an ihre eigene Schulzeit erinnert: »Sie war streng und erwartete Mitarbeit«, erzählte Elmar Denz, einer der langjährigen Kursteilnehmer. »Sie erwartete, dass man Fachliteratur las und sich auf die Stunden vorbereitete. Dass wir alle berufstätig sind und das nur als Hobby betreiben, interessierte sie nicht. Zu mir hat sie mal gesagt: ›Entweder du machst es richtig oder du lässt es ganz!‹« Mit Leuten, die nicht wirklich Interesse hätten, dazuzulernen, habe sie nichts zu tun haben wollen. Schmunzelnd erinnerte er sich daran, wie sie ihn immer wieder genötigt hatte, seine in ihren Augen »nachlässige« Depotführung ordentlicher zu machen. »Sie hat mich so lange gequält, bis ich es irgendwann so gemacht habe, wie sie es wollte. Damals habe ich nicht verstanden, warum ich das so aufwendig machen soll. Heute hilft es mir sehr und ich bin dankbar dafür.«

Ihren Spaß am Unterrichten hat sie bis zum Schluss behalten. »Wenn du heute gehst, werde ich noch zwei Stunden Online-Privatunterricht geben!«, erklärte sie mir.

»Warum machst du das?«, fragte ich sie. »Du hast doch schon den ganzen Tag geredet. Das ist doch anstrengend genug. Und es ist keine Herausforderung mehr für dich, dir das Aktiendepot von fremden Leuten anzuschauen und denen zu sagen, was sie falsch machen. Da könntest du doch stattdessen lieber noch mal ein schönes Buch lesen oder irgendetwas tun, was dir wirklich guttut ...«

»Ich will mir selbst beweisen«, klärte sie mich auf, »dass ich es schaffe, noch so viel Geld zu verdienen, dass ich die Mehrkosten, die ich jetzt habe – die Haushaltshilfe und den Pflegedienst –, bequem aus meinen Einnahmen bestreiten kann, ohne an mein Erspartes ranzumüssen.«

Dass das »Ersparte« 2,8 Millionen Euro betrug, spielte da irgendwie keine Rolle.

Fördern und fordern

»Wenn ein Kind geboren wird, dann ist das wie ein Gefäß«, sagte Beate Sander, als ich mit ihr über Intelligenz sprach und darüber, was durch Leistungsfähigkeit durch die Genetik vorgegeben ist und was durch Förderung erreicht werden kann. »Nur ist unterschiedlich viel Wasser drin. Es gibt Kinder, da ist das Gefäß schon zu 60 Prozent voll, wenn sie geboren werden. Aber die Eltern, die ganze Umwelt und auch das Kind selbst können dazu beitragen, dass das Gefäß ganz ausgefüllt wird. Wenn das Kind jetzt sehr faul ist, sich nicht anstrengt oder die Eltern oder andere Menschen sich nicht kümmern, dann kann es sein, dass der Wasserstand immer bei 60 Prozent stehen bleibt. Natürlich ist der Mensch dann nicht dumm, aber er nutzt eben nur 60 Prozent seines Potenzials. Bei anderen Kindern ist das Gefäß bei der Geburt nur zu 30 Prozent ausgefüllt. Wenn sie entsprechend gefördert werden und fleißig sind, dann werden sie vermutlich nie einen Wasserstand von 100 Prozent erreichen. Aber vielleicht 60. Das heißt, sie haben dann dieselben Voraussetzungen wie das Kind, das von vorneherein als Gefäß mit einem höheren Wasserstand geboren wurde. Aber: Sie haben deutlich mehr geleistet. Das gibt ihnen Selbstbewusstsein und so werden sie vermutlich immer glücklicher und erfolgreicher sein als das Kind, dessen Gefäß schon am Anfang zu 60 Prozent ausgefüllt war.«

Beate Sanders Tochter Elke wurde 1966 geboren, zweieinhalb Jahre später ihr Sohn Uwe. Bei der Erziehung ihrer Kinder machte sie so ziemlich alles anders, als sie es selbst als Kind erlebt hatte. Von antiautoritärer Erziehung, die damals weit verbreitet war, hielt sie allerdings auch bei den eigenen Kindern nichts, nachdem sie bei einer Kollegin miterlebt hatte, welche Auswüchse es annehmen kann, wenn ein Kind zum »Haustyrannen« wird. Außerdem wollte sie, dass die Kinder Verantwortung für ihr Handeln übernahmen: Wenn sie morgens getrödelt hatten, weigerte sie sich, sie zur Schule zu fahren – das sollten sie mal schön selbst verantworten. Und sie dachte auch nicht im Traum daran, ihnen ein Entschuldigungsschreiben für eine geschwänzte Schulstunde auszustellen. Ansonsten wollte sie ihnen so viel Freiheit lassen wie möglich. »Ich habe ihnen gesagt: ›Mir sind nur drei Dinge wichtig: Erstens, dass ihr nicht lügt. Zweitens, dass ihr euer Wort haltet. Und drittens, dass ihr ordentlich lernt, um gut in der Schule zu sein. Wenn ihr euch daran haltet, habt ihr alle Freiheiten.‹«

Anziehen durften die Kinder prinzipiell, was sie wollten und ihnen gefiel – sie behielt sich nur ein jahreszeitliches Vetorecht vor: »Im Winter in Shorts auf die Straße gehen, das muss nicht sein.« Damit sie demokratische Spielregeln lernten, durften die Kinder die Urlaubsziele mitbestimmen. Dabei wurde eine Liste erstellt, in der sie eintrugen, welche Freizeitaktivitäten ihnen am jeweiligen Urlaubsort am wichtigsten waren. Dann wurden die Wünsche der einzelnen Familienmitglieder verglichen und gemeinsam wurde über eine Lösung verhandelt, mit der alle maximal zufrieden waren.

Das, was für ihre Schüler galt – dass Verbote aufgehoben wurden, sobald sie sie nicht vernünftig begründen konnte –, galt auch für ihre Kinder, zumal sie ja selbst Verbote, die ihr unsinnig schienen, gerne kritisch hinterfragte. So zum Beispiel das Verbot, Kinder, die stationär ins Krankenhaus aufgenommen werden mussten, nicht durchgängig besuchen zu können. Auch wenn es ihr damals schon nicht ganz eingeleuchtet hatte, hatte sie sich, als ihre Tochter Elke mit eineinhalb Jahren wegen einer Mandel- und Polypenoperation ins Krankenhaus musste, noch an die Vorgabe des Klinikpersonals gehalten, sie solle auf keinen Fall zu dem Baby hingehen, sondern es nur durch eine Glasscheibe anschauen, sonst wäre der Trennungsschmerz jedes Mal so schlimm, dass das den Heilungsprozess verzögern würde. Das Ergebnis: Als sie Elke abholen durfte, zeigte sie heftige Abwehrreaktionen gegen sie, sprach nicht mehr und hatte sich insgesamt rückwärts entwickelt. Sie fühlte sich offensichtlich von ihrer Mutter verraten und alleingelassen. Beate war verzweifelt. Als Sohn Uwe dann wegen eines Leistenbruchs mit zwei Jahren ins Krankenhaus musste, ließ sich Beate auf die unverändert gebliebenen Vorgaben des Klinikpersonals nicht mehr ein. Kämpferisch verlangte sie ein Einzelzimmer und beharrte darauf, so lange bei ihrem Sohn bleiben zu können, wie sie wollte. Der Oberarzt ließ sich schließlich auf dieses für die damalige Zeit ungewöhnliche »Experiment« ein und staunte nicht schlecht, als Uwe das Krankenhaus viel schneller als sonst üblich verlassen konnte und die ganze Zeit keinerlei Ängste und Abwehrreaktionen gegenüber dem Klinikpersonal zeigte.

Wie bei ihren Schülern bemühte sie sich, ihre Kinder möglichst vorurteilslos zu beobachten, um zu erkennen, was sie brauchen und wie sie sie am besten fördern konnte – und das ohne Rücksicht auf Geschlechtsunterschiede. Auf keinen Fall wollte sie ihre Kinder nötigen, mit bestimmten geschlechtsspezifischen Spielsachen zu spielen, wie sie es selbst erlebt hatte – Legosteine liebten beide Kinder gleichermaßen. Gerade Elke, die später Architektin werden sollte, widmete sich dem Spiel mit den bunten Klötzen stundenlang.

Bei Elke beobachtete sie früh, dass diese in ihrer Entwicklung sehr weit war, und so beschloss sie, im Flur farbige Bildtafeln mit Wörtern aufzuhängen, damit Elke die Chance hatte, lesen zu lernen, falls sie es wollte. Sie wollte es: Mit vier Jahren konnte Elke bereits einfache Kinderbücher lesen. Als sie eine ältere Freundin zum Einschulungstest begleitete, machte auch Elke aus Spaß mit. Kurz darauf bekam das Ehepaar Sander einen Brief mit dem Hinweis, ihr Kind sei schulreif. Beate entschloss sich, die Tochter einzuschulen – eine Entscheidung, die sie später oft noch bereuen sollte. Das lag nicht an Elkes Problemen mit der Rechtschreibung, die zunehmend besser wurden, auch nicht an ihrer schulischen Leistung. Mit 17 machte Elke ein gutes Abitur und wurde später eine erfolgreiche Architektin. Es lag daran, dass die Klassenkameraden zwei Jahre älter waren und Elke später – beispielsweise, was das Ausgehen betraf – dieselben Rechte einforderte wie ihre Freunde. Das sorgte für viel Konfliktstoff.

Beate erkannte auch klar, dass die Kinder für ihr Selbstbewusstsein ein eigenes Betätigungsfeld brauchten, in dem sie besser waren als die Eltern. Im Gegensatz zu ihr selbst begeisterte sich Elke früh fürs Reiten und für Pferde. Erschwinglich war dieses teure Hobby für die Familie nur, wenn sie an der Lehrerreitgruppe teilnahm, in der auch Kinder von Lehrern mitreiten durften – allerdings nur, wenn auch ein Elternteil ritt. Der Tochter zuliebe lernte Beate Sander also reiten, obwohl sie selbst die Angst vor Pferden nie verlor und nach eigener Aussage mit einer bemerkenswerten Talentlosigkeit für den Reitsport gesegnet war. Erst nach einem Sturz mit mehreren Rippenbrüchen gab sie auf. Elke ist bis heute eine begeisterte und versierte Reiterin.

Auch Uwe lernte früh zu lesen, allerdings ohne Bildtafeln, sondern einfach, indem er seine Mutter auf ihrer Schreibmaschine imitierte und auf einer eigenen Schreibmaschine, die ihm Beate organsiert hatte, fröhlich Buchstaben vor sich hin tippte. Da er eher zart war und keine wilden Raufereien mit anderen Jungs mochte, beschloss Beate, ihn auf keinen Fall früher einzuschulen, sodass er immer in seiner Klasse mit Gleichaltrigen zu tun hatte. Allerdings ergaben sich bei ihm schon in der Kindergarten- und Grundschulzeit Schwierigkeiten ganz anderer Art. Beate merkte, dass ihr Sohn ähnlich freiheitsliebend war wie sie. Sobald sie ihn als Kleinkind ins Gitterbett oder in einen Laufstall setzte, um kurz etwas zu erledigen, fing er energisch an zu protestieren. Wie sie selbst früher lief auch er gerne mal weg, um die nähere Gegend zu erkunden. Besonders liebte er Busse und Züge und machte sich im Alter von zwei Jahren auf den Weg zu einer Busendhaltestelle in der Nähe seines Elternhauses. Da er überglücklich war, wenn er mit dem Bus fahren durfte, Beate ihn aber nicht die ganze Zeit begleiten und beaufsichtigen konnte, entschloss sie sich zu einem Deal mit dem Busfahrer: Sie gab ihm ein paar Münzen dafür, dass Uwe, wenn er mal wieder an der Haltestelle stehen sollte, mitfahren durfte und dann nach einer großen Runde durch die Stadt am Ende wieder dort rausgelassen wurde.

Noch glücklicher war Uwe, wenn seine Mutter mit ihm Zug fuhr, und so löste sie öfter mal ein Ticket, um mit ihm eine Spritztour im Regionalzug zu machen. Da er früh eine große Faszination für Zahlen entwickelte – später studierte er neben Pädagogik unter anderem Physik und Wirtschaftslehre –, lernte er rasch, Fahrpläne zu lesen. Eines Tages – Uwe war gerade mal fünf – war er plötzlich spurlos verschwunden. Beate ging zunächst davon aus, dass er wie üblich eine seiner Runden mit dem Bus gedreht hatte, machte sich aber zunehmend große Sorgen, als er nicht wieder auftauchte. Schließlich klingelte das Telefon und ein gutgelaunter Uwe verkündete ihr, dass er allein mit dem Regionalzug nach Augsburg gefahren sei und gleich wieder zurück nach Ulm käme. Zum Glück hatte Beate mit ihm geübt, wie er im Notfall aus einem Telefonhäuschen bei ihr anrufen und sie verständigen könnte. Bevor sie etwas sagen konnte, war die Münze durchgerutscht und die Leitung tot. In großer Sorge erwartete sie ihn, als er fröhlich zu Hause eintrudelte. Am liebsten hätte sie ihn jetzt tatsächlich verhauen, doch das war für sie nach den Erfahrungen in ihrer eigenen Kindheit tabu. Sie drohte ihm stattdessen, ihn nicht mehr zu Tischtennisturnieren mitzunehmen, sollte er so etwas noch einmal machen.

Das wirkte, zumindest bis auf eine Ausnahme: Als Uwe in der zweiten Klasse einen Busausflug an den Bodensee machte, stand er lange vor Ankunft des Busses wieder zu Hause vor ihrer Tür. Den Grund für diese verfrühte Ankunft fand Beate zwar durchaus nachvollziehbar – es sei ihm zu laut und zu heiß gewesen –, nicht aber sein Vorgehen an sich: Weil ihn Lärm und Hitze genervt hatten, hatte er sich kurzerhand von seiner Klasse abgeseilt und war allein mit dem Zug vom Bodensee nach Hause gefahren. Kurz darauf rief die völlig verzweifelte Grundschullehrerin bei ihr an, um ihr mitzuteilen, dass ihr Sohn spurlos verschwunden sei. »Ich hab' ihr gesagt: ›Verprügeln dürfen Sie ihn nicht, aber sonst können Sie alles mit ihm machen, was Sie wollen. Geben Sie ihm eine schlechte Betragensnote, lassen Sie ihn am nächsten Ausflug nicht teilnehmen, lassen Sie ihn eine ewig lange Strafarbeit schreiben. Er muss spüren: So ein Verhalten geht gar nicht!‹« Sie zuckte mit den Schultern: »Vermutlich war es ein Fehler, dass ich seinen Freiheitsdrang nicht stärker begrenzt habe.« Nichtsdestotrotz erinnerte sich ihr Sohn dran, wie sie mit Engelszungen auf andere Eltern eingeredet hatte, als er als 13-Jähriger in den Ferien zusammen mit Freunden mit dem Fahrrad zwei Wochen Zelten fahren wollte, die anderen Eltern aber Bedenken hatten, ihre Kinder allein losfahren zu lassen. »Sie konnte unheimlich überzeugend sein«, meinte Uwe Sander. Am Ende waren alle Eltern einverstanden.

»War deine Mutter jemand, die großen Druck auf euch ausgeübt hat, in der Schule Leistung zu bringen?«, fragte ich Uwe Sander später. Ich hatte mir das bei ihr aufgrund ihres eigenen Leistungsdenkens und des hohen Leistungsanspruchs, den Beate Sander an sich stellte, gut vorstellen können.

»Nein«, meinte er entschieden. »Mein Vater und meine Mutter haben beide erwartet, dass wir uns in der Schule anstrengen. Es gab aber keinen Druck.«

Beate Sander machte allerdings auch bei ihren Kindern aus allem einen Wettbewerb, nach dem Motto: »Ich diktiere euch drei Sätze. Wer da die wenigsten Fehler hat, bekommt ein Stück Kuchen.« Uwe empfand diese Wettbewerbe aber immer als »spielerisch, lustig und nett«. Als er selbst in der Pubertät in der Schule abgefallen sei, hätten seine Eltern das einfach hingenommen und darauf gesetzt, dass diese Phase wieder vorbei gehe.

Von wegen Gleichberechtigung

»Hast du bei der ersten Coronawelle auch im Homeoffice gearbeitet?«, fragte mich Beate Sander neugierig.

»Ja«, sagte ich. »Ich bin immer noch im Homeoffice. Nur für die Sendungsaufzeichnungen und Moderationen bin ich im Funk.«

»Und die Kinder?«, hakte sie nach.

»Die waren vier Monate ebenfalls zu Hause, als die Schulen dichtgemacht hatten.«

»Und dein Mann?«

»Der ist selbstständig und hat Mitarbeiter. Als Chef musste er vor Ort in seinem Büro sein.«

»Das heißt, im Klartext musstest du dich neben deiner Arbeit darum kümmern, dass das mit den Kindern und der Schule funktioniert, und kochen.«

»So sieht es aus«, sagte ich. »Das war nicht immer einfach. Aber so ging es ja vielen. Schwieriger war es doch für diejenigen, die Berufe haben, in denen sie nicht zu Hause arbeiten konnten.«

»Trotzdem ist es ein Problem«, beharrte sie. »Ich fürchte, dass viele Männer sich daran gewöhnt haben, dass ihre Frauen zu Hause sind und sich allein um Haushalt und Kinder kümmern. Frauen fallen dann wieder in ihre traditionelle Rolle zurück. Das war's dann mit der gleichberechtigten Partnerschaft.«

»War deine Ehe denn gleichberechtigt?«, fragte ich sie.

»Ganz und gar nicht!«, erklärte sie mit Nachdruck.

Beate Sander lernte ihren Mann über eine Kontaktanzeige kennen. Er wollte eine »vorzeigbare« und tüchtige Frau, die ihn beim Hausbau, dem wichtigsten Ziel in seinem Leben, unterstützte; sie wollte einen sportlichen Akademiker oder Unternehmer, mit dem sie sich gut unterhalten konnte. Der elf Jahre ältere Günther, von Beruf her Statiker, war zwar sportlich und Akademiker, aber ansonsten waren die beiden wie Feuer und Wasser. Er mochte das beschauliche Leben zu Hause, seine Ruhe, möglichst wenig Herausforderungen und hatte ein ungeheuer hohes Schlafbedürfnis; sie konnte gar nicht genug bekommen von Herausforderungen und kam wie gesagt mit vier bis fünf Stunden Schlaf aus. Schon früh nach ihrer Hochzeit fiel das Leistungsgefälle zwischen Beate und ihrem Mann auf. Als das baden-württembergische Kultusministerium Bau-Ingenieure als Seiteneinsteiger für den Berufsschulunterricht in Maurerklassen suchte, beschloss Günther, sich zu bewerben: Die Sicherheit als Beamter, die langen Ferien und die geregelte Arbeitszeit kamen seiner Vorstellung eines idealen Lebens eher entgegen als seine bisherige Tätigkeit als Statiker. Wider Erwarten fiel er aber dann im Staatsexamen durch, was in erster Linie daran lag, dass er es nicht schaffte, den Fachinhalt so zu erklären, dass die Maurerlehrlinge ihn verstehen konnten. Beate war fassungslos. Sie bereitete danach für ihren Mann beide Lehrproben vor, übte mit ihm und verfasste seine Facharbeit, sodass er in diesen Bereichen beim zweiten Anlauf Bestnoten erhielt. In der mündlichen Prüfung, in der sie ihn nicht unterstützen konnte, bekam er eine Vier. Doch mit einer Gesamtnote von einer Zwei wurde er schließlich als Beamter eingestellt. »Später habe ich oft darüber nachgedacht, ob ihn das nicht gedemütigt hat, dass ich das alles für ihn gemacht habe und er nur mit meiner Hilfe durchkam. Aber vielleicht hat es das auch nicht. Er hat da anders getickt. Für mich wäre das schrecklich gewesen.«

»Er war freundlich, höflich und extrem gutmütig«, sagte Beate. Das hatte sie sehr an ihrem verstorbenen Mann geschätzt. »Er hätte nie über mich oder irgendjemand anderen schlecht geredet.« Und er tolerierte Beates berufliche Ambitionen und war stolz auf ihre Karriere. Selbst wenn sie mit ihren zahlreichen Zusatztätigkeiten mal mehr verdienen sollte als er, war ihm das egal. Dabei muss man sich klarmachen, dass das Paar 1961 geheiratet hatte. Erst seit 1977 durften verheiratete Frauen selbstständig einen Arbeitsvertrag unterschreiben. Vorher brauchten sie die Einwilligung des Ehemannes – und das, obwohl seit 1958 die Diskriminierung zumindest theoretisch per Gesetz abgeschafft war. Beate hätte sich nie mit einem Dasein als reine Hausfrau und Mutter anfreunden können. Von daher war sie froh, dass ihr Mann da mit ihr auf einer Wellenlänge war.

Was er allerdings überhaupt nicht machte, war, sie in irgendeiner Weise zu unterstützen. Nach Beates Aussage war er »ganz der verwöhnte Sohn einer verwitweten Mutter«, die ihn mit ihrem spärlichen Einkommen als angelernte Arbeiterin großgezogen und ihm stets das Gefühl vermittelt hatte, als Mann etwas Besonderes zu sein. Er weigerte sich, sowohl im Haushalt zu helfen als auch Verantwortung für die Kinder zu übernehmen, als sie klein waren. Als mit Tochter Elke nicht der ersehnte Stammhalter geboren wurde, war er schwer enttäuscht; seine Mutter, die mit im Haus wohnte, wollte das Baby erst nicht sehen. »Das hat mich wirklich wütend gemacht«, erzählte Beate, zumal sie eine lange schwere Geburt hinter sich hatte, die sie, wie damals durchaus üblich, allein durchstehen musste. Auf besonderen Wunsch wäre allerdings auch damals schon eine Anwesenheit des Vaters im Kreißsaal möglich gewesen. »Er wäre dazu nie bereit gewesen. Sein Schlaf war ihm heilig.« Doch während sich Günthers Mutter wenige Wochen später schon mit der Geburt einer Enkeltochter arrangiert hatte und sie liebevoll umsorgte, war er erst zufrieden, als zweieinhalb Jahre später der »Stammhalter«, Uwe, geboren wurde – obwohl er sich auch um ihn die ersten Jahre nicht kümmerte. Babys waren seiner Ansicht nach Frauensache. Später, als die Kinder ins Teeniealter kamen, entwickelte er dann allerdings durchaus noch einen Zugang zu ihnen, machte Urlaub mit ihnen, ging mit ihnen zelten etc.

Für Beate war die Zeit nach der Geburt der Kinder die stressigste Zeit in ihrem Leben. Sie musste, wie damals üblich, bereits sechs Wochen nach der Geburt ihrer Tochter wieder voll arbeiten – länger ging der Mutterschutz nicht. Ihr Tagesablauf sah also so aus: Sie stillte Elke und später auch Uwe morgens, mittags – wo sie extra nach Hause eilte – abends und natürlich nachts. Zwischendurch unterrichtete sie in ihrer Realschule mit voller Stelle. Oft standen nachmittags noch Aushilfestunden in der Schule ihres Mannes an, ein Zusatzverdienst, um das Haus abzubezahlen. Zu Hause musste sie dann Klassenarbeiten korrigieren, Unterricht vorbereiten und sich alleinverantwortlich um die Kinder kümmern. Die Schulbücher schrieb sie in den Ferien. Für einfache Haushaltstätigkeiten und die Betreuung der Kinder, wenn sie in der Schule war, stellten sie junge Mädchen ein, die ein soziales Jahr absolvieren mussten, bevor sie Erzieherinnen wurden. »Weil diese Mädchen jedes Jahr wechselten, war das oft keine große Hilfe. Aber immerhin waren Elke und Uwe versorgt, wenn ich nicht da war.« Da sie es außerhalb der Ferien und am Wochenende bei diesem Pensum nicht mehr geschafft hatte, zu kochen, bezog die Familie unter der Woche eine warme Mahlzeit täglich aus einer »Fernküche«, die das Essen an Schulen, Kindergärten, aber auch an Privathaushalte auslieferte. »Es schmeckte schrecklich«, erinnerte sich Beate Sander und wäre nicht sie selbst gewesen, wenn sie nicht auch dort einen Verbesserungsvorschlag eingereicht hätte, wie das Essen schmackhafter sein könnte – mit freundlichen Grüßen an den Koch. »Gebracht hat's nichts.« Ihr Mann beteiligte sich zwar an der Bezahlung der Haushaltshilfe, rührte aber sonst keinen Finger im Haushalt und weigerte sich auch, im Garten mitzuhelfen.

Sehr kränkend war für Beate, dass sowohl ihr Mann als auch seine Mutter ihr Klavierspiel nicht nur nicht wertschätzten, sondern es explizit als »Lärmbelästigung« sahen. Fortan sollte sie nur noch mit Schalldämpfer Klavier spielen. Beate verlor die Freude an dem Instrument, das sie von Kindheit an begleitet und das ihr viel Trost geschenkt hatte, und hörte auf zu spielen.

Es war jedoch schließlich ein anderes Ereignis, das die Ehe der beiden unwiederbringlich zerrütten sollte. Weil er nachts nicht durch das Babygeschrei gestört werden wollte, zog Günther Sander nach der Geburt der Tochter aus dem gemeinsamen Schlafzimmer aus und übernachtete in seinem Arbeitszimmer zwei Stockwerke tiefer. Erst ein Jahr später, als Elke aus dem Stillalter raus war und nachts durchschlief, zog er wieder ein. »Das hat mich damals unheimlich verletzt«, sagte Beate. »Ich musste ja schließlich am nächsten Morgen genau wie er wieder arbeiten. Wieso durfte er durchschlafen und ich nicht?« Nichtsdestotrotz besuchte er sie in ihrem Bett, wenn er Lust auf Sex und Zärtlichkeit hatte.

Beate Sander hatte lange nicht infrage gestellt, dass das das gute Recht ihres Ehemannes war, war das doch sogar gesetzlich verankert. Die damalige Rechtslage gestand Männern ein Recht auf ehelichen Beischlaf zu und sogar auf noch weitaus mehr. In einem Urteil des Bundesgerichtshofs aus dem Jahr 1966 führten die Richter aus: »Die Frau genügt ihren ehelichen Pflichten nicht schon damit, dass sie die Beiwohnung teilnahmslos geschehen lässt. Wenn es ihr infolge ihrer Veranlagung oder aus anderen Gründen, zu denen die Unwissenheit der Eheleute gehören kann, versagt bleibt, im ehelichen Verkehr Befriedigung zu finden, so fordert die Ehe von ihr doch eine Gewährung in ehelicher Zuneigung und Opferbereitschaft und verbietet es, Gleichgültigkeit oder Widerwillen zur Schau zu tragen.«

»Und darauf hast du dich eingelassen?«, fragte ich vorsichtig. Ich gestehe, dass ich Probleme damit hatte, mit einer 82-Jährigen über Sex zu sprechen, mich aber gleichzeitig fragte, warum das so war, und mir gerade schrecklich prüde vorkam.

»Ja, es hat mir nichts bedeutet!« Sie selbst hatte offensichtlich keinerlei Probleme damit, über ihre sexuellen Erfahrungen zu sprechen. »Ich war immer froh, wenn der Sex vorbei war. Vermutlich war ich zu verklemmt. Menschen sind eben einfach verschieden – und es gibt solche wie mich, die keine Freude am Sex empfinden können.«

»Aber dass es einfach daran lag, dass das der falsche Mann für dich war – hast du das nie in Betracht gezogen?«

Sie zuckte mit den Schultern. »Weiß ich nicht. Ich hatte nie einen anderen. Ich bin immer treu geblieben.«

Als ihr Mann nach der Geburt von Uwe erneut in sein Arbeitszimmer umzog, um nachts seine Ruhe zu haben, platzte Beate Sander dann doch der Kragen. Als er sogar allein in den Skiurlaub fuhr, beschloss sie: »Jetzt ist Feierabend!« Sie beauftragte einen Schreiner, das gemeinsame Ehebett zu zerlegen: Der eine Teil wanderte in Günthers Arbeitszimmer in das Parterre, im anderen Teil übernachtete sie. »Damit war klar: Für dich ist hier kein Platz mehr nachts. Das mit dem ständigen Hin- und Herziehen geht nicht.« Später montierte er sich das Bett unten wieder in Gänze zusammen, sie selbst kaufte sich ein Einzelbett. Nach seinem Tod zerhackte sie sein Bett dann komplett.

Mut als wichtige Tugend

»Wann hast du gemerkt, dass er nicht der richtige Mann für dich ist?«, fragte ich sie.
»Schon wenige Tage nach der Hochzeit«, erwiderte sie.

Die beiden gingen händchenhaltend spazieren, als plötzlich ein durchgegangenes Pferd auf sie zu galoppierte. Günther ließ sofort Beates Hand los und rannte weg. »Ich war wie zur Salzsäule erstarrt.« Ein ähnliches Fluchtverhalten zeigte er in einer anderen Situation, als einige Jahre später Elkes Schlafanzug am Adventskranz Feuer fing. Während Beate dem Kind das Oberteil vom Körper riss und sich dabei die Hände verbrannte, floh er aus dem Haus. Auch als der Weihnachtsbaum wenige Jahre später Feuer fing, rannte Günther nur davon, anstatt mit anzupacken. »Dieses Abhauen fand ich entsetzlich. Ich konnte damit nicht umgehen«, meinte Beate Sander. »Ich denke, er hatte da eine Störung weg vom Krieg.« Günther Sander, der elf Jahre älter war als Beate, hatte als junger Wehrmachtshelfer erleben müssen, wie eine Granate einen Kameraden neben ihm zerfetzte und wie sein Elternhaus in Hamburg 1943 durch Brandbomben zerstört wurde – seine Mutter und er überlebten nur mit viel Glück. Feuergeruch konnte er bis zum Ende seines Lebens nicht ertragen. Sogar bei Grillfesten bereitete ihm der Geruch nach verbranntem Fleisch Übelkeit.

Dass ihr Mann mehrfach die Flucht ergriffen hatte, statt ihr und den Kindern beizustehen, konnte sich Beate Sander so zwar rational erklären. Ihr selbst war das aber völlig wesensfremd. Nicht wegzuschauen, wenn andere in Not waren, und mutig zu sein waren Tugenden, die ihr immer wichtig waren. Sie selbst war 1994 in Ulm als einzige Frau unter lauter Männern als »Kavalier der Straße« ausgezeichnet worden, was ihr im Nachhinein ein breites Grinsen entlockte: »Ich habe immer gewusst, dass ich eine wirklich schlechte Autofahrerin bin. Nie hätte ich gedacht, dass ich ausgerechnet mal für etwas ausgezeichnet werde, was mit Autofahren zu tun hat.« Tatsächlich hatte sie die Auszeichnung weniger fürs Fahren als fürs Anhalten bekommen: Auf einer vielbefahrenen Straße sah sie auf der Gegenfahrbahn einen wild mit den Armen rudernden Mann torkeln. »Ich dachte, er ist betrunken, und hatte Angst, er wird gleich totgefahren.« Sie stellte ihr Auto verbotenerweise am Straßenrand ab, ignorierte das Hupkonzert hinter ihr und rannte auf die Gegenfahrbahn. Dort gelang es ihr, den Mann, der schwer geistig behindert und aus der Uniklinik weggelaufen war, von der Straße zu ziehen. Sie brachte ihn dazu, ihr aufs nahegelegene Messegelände zu folgen, und schloss ihn dort in einem Raum ein. Dann rannte sie wieder zu ihrem Auto zurück, um die Polizei zu verständigen, aber die war bereits da, um ihr ein Strafmandat zu erteilen und ihr Auto abschleppen zu lassen. »Ich habe denen gesagt: ›Vielleicht kümmern Sie sich erst mal um den Mann, den ich auf dem Messegelände eingesperrt habe!‹« Ein anderes Mal sah sie, wie ein Muskelpaket von Mann im Bus immer wieder den Kopf seines kleinen schmächtigen Gegenübers gegen die Scheibe donnerte, und beschloss einzugreifen, wohl wissend, dass das Muskelpaket ihr körperlich weit überlegen war. »Ich wusste, ich muss irgendetwas machen, was ihn seine Wut vergessen lässt.« Entschlossen ging sie auf den Mann zu und baute sich vor ihm auf. »Ich habe gesagt: ›Sie sind so ein großer toller gut gewachsener Mann – wenn ich nicht so alt wäre, würde ich mich glatt in Sie verlieben!‹« Sie schmunzelte. »Der hat mich vielleicht verblüfft angeschaut! Und dann habe ich gesagt: ›Ein so gutaussehender Mann wie Sie hat es doch gar nicht nötig, irgendjemanden fertigzumachen, der so viel kleiner und schmächtiger ist.‹ Und dann hat der tatsächlich damit aufgehört!«

»Er war kein schlechter Mensch«, sagte Beate Sander über ihren Ehemann. »Ich bin mir sicher, er wäre mir auch treu geblieben, wenn ich seine körperlichen Bedürfnisse hätte annähernd so befriedigen können, wie er es gebraucht hat.« So aber flüchtete sich Günther in Affären. Beate fand Nacktbilder der Nachbarin und entsprechende Fotos aus besagtem Skiurlaub. Schließlich hatte er eine feste Freundin.

»Mir war das völlig egal«, erklärte Beate Sander gelassen.

»Habt ihr nie darüber nachgedacht, euch scheiden zu lassen?«, fragte ich nach.

»Was hätte das gebracht?«, antwortete sie.

Das Ehepaar lebte innerhalb des Hauses in getrennten Wohnungen. Beide hatte alle Freiheiten, die sie haben wollten. Die Ausgaben für die Kinder teilten sie fair auf. »Uns war wichtig, dass wir friedlich miteinander umgehen, schon allein der Kinder wegen.« Sie selbst hatte miterleben müssen, wie die Ehe ihrer Eltern in die Brüche ging, und sich Mutter und Vater maßlos zerstritten hatten. Dass beide Eltern zusammen zu einer Familienfeier kamen, war undenkbar. »Das wollten wir unseren Kindern nicht antun.«

Als ihr Mann später im Alter dann sowohl körperlich als auch geistig abbaute, übernahm sie sogar zeitweise aus Pflichtbewusstsein noch einen Teil der Pflege, bis er nicht mehr allein wohnen konnte und ins Pflegeheim nach Stuttgart musste. Auch da besuchte Beate ihn noch regelmäßig und schloss innerlich mit ihm Frieden, bevor er starb.

»Vielleicht hätten wir früher anfangen sollen, wieder aufeinander zuzugehen«, meinte sie nachdenklich.

»Was würdest du denn aus deiner Erfahrung heraus jungen Frauen raten, auf was sie bei der Partnersuche achten sollen, damit die Beziehung gelingt?«

Die Antwort kam schnell: »Viel mehr Gemeinsamkeiten als Unterschiede. Auch wenn Unterschiede reizvoll sein können, Gemeinsamkeiten sind viel wichtiger: Ähnliche Wertvorstellungen, ähnliche Hobbys, vergleichbare Bildung.« Und natürlich würde sie, sagte sie später, heute strikt darauf achten, dass im Haushalt und bei der Kindererziehung die Aufgaben gleichberechtigt verteilt werden. »Bei meinen Kindern ist das in beiden Ehen so – und da bin ich ausgesprochen froh darüber.«

»Ich tue mich schwer damit, zu akzeptieren, dass du so vieles in der Ehe mitgemacht hast – dass du zum Beispiel aufgehört hast Klavier zu spielen, nur weil es deiner Schwiegermutter und deinem Mann nicht gefiel. Das passt überhaupt nicht zu der starken, kämpferischen Frau, die du sonst bist«, sagte ich zu ihr.

Sie schaute mich an und schwieg.

Ich dachte später noch lange über diese Situation nach. Wie oft machen wir alle Dinge, die unser Umfeld erstaunen und über die wir im Nachhinein selbst den Kopf schütteln? Menschen sind nicht immer stringent in ihren Handlungen. Warum fiel es mir so schwer, das auch Beate Sander zuzugestehen, nur weil sie stärker wirkte als die meisten anderen Frauen, die ich bislang kennengelernt hatte?

Faszination Börse

»Hast du dich nie gefragt, wie anders dein Leben vielleicht mit einem anderen Partner verlaufen wäre?«, fragte ich sie.

»Nein«, antwortete sie. »Was soll das auch bringen?«

»Nun«, sagte ich. »Du hättest doch vielleicht ganz andere Möglichkeiten gehabt, wenn du einen Partner gehabt hättest, der dir zu Hause mal den Rücken freigehalten und dir Arbeit abgenommen hätte.« Sie hatte mir von mehreren Stellenangeboten erzählt, die sie abgelehnt hatte, weil sie wusste, sie wäre dann zu lange von zu Hause weg und ihr Mann würde sich nicht um die Kinder kümmern – unter anderem die Managerstelle bei BMW, aber auch eine Stelle als Dozentin für die Fachlehrerausbildung in der Nähe von Augsburg, die sie kurz ausgeübt und die sie sehr gereizt hatte.

»Dann hätte ich vielleicht nie die Zeit gefunden, mich so intensiv mit der Börse auseinanderzusetzen«, meinte sie. »Alles ist gut so, wie es ist.«

Beate Sander, später immerhin Deutschlands erfolgreichste Börsenexpertin, kam per Zufall dazu, sich mit dem Thema Börse zu beschäftigen. Durch den Internet- und Mobilfunk-Boom der »New Economy« herrschte in den 1990er-Jahren eine allgemeine Aktieneuphorie. Vor allem im Bereich digitaler Technologie kam es zu einer Aufbruchstimmung. Die ersten Mobiltelefone erlebten ihre Markteinführung, das Internet breitete sich aus. Ab Mitte der 1990er-Jahre gab es zahlreiche Start-up-Gründungen im digitalen Bereich und vermehrt Börsengänge. Auch die in Bezug auf Aktienanlagen sonst eher zögerlichen Deutschen wurden von der allgemeinen Euphorie erfasst. Millionen von Menschen kauften zum ersten Mal in ihrem Leben Aktien. Auch Beate Sanders Chef, Schuldirektor Franz Pfaller, hatte das Aktienfieber erfasst. Er bat sie, an der Schule eine Aktien-AG zu leiten. Sie sagte sofort zu: »Dann musste ich die langweilige Hausaufgabenbetreuung nicht machen. Das war mir deutlich lieber.« Was sie damals allerdings nicht wusste: Es gab kein vernünftiges Einführungsbuch ins Börsengeschehen, das sie und die Schüler hätten nutzen können. Als sie das feststellte, war es November – im Februar sollte die AG losgehen. »Schreiben Sie halt selbst schnell eins«, war der Lösungsvorschlag von Rektor Pfaller, als sie ihm ihr Problem schilderte. Damit hatte Beate Sander ihre nächste Herausforderung gefunden. Sie studierte Wirtschaftsbücher, las in der Fachpresse alles, was sie über Börse und Aktien finden konnte, und schaffte es, pünktlich zum AG-Start im Februar ein neues Schulbuch zu präsentieren: *Börseneinstieg mit Spaß und Spannung*, auch »Der kleine grüne Dax« genannt, wurde ihr erster Bestseller.

Mit zu dem Boom in Deutschland trug die Aktie der Deutschen Telekom bei, die am 18. November 1996 erstmals ausgegeben wurde. Der Schauspieler Manfred Krug warb für die neue »Volksaktie«, Telekom-Chef Ron Sommer erklärte: »Die T-Aktie wird so sicher wie eine vererbbare Zusatzrente sein.« Auch Beate Sander stieg damals in den Aktienmarkt ein, zwei Monate vor ihrem 60. Geburtstag. Es war das erste Mal in ihrem Leben, dass sie so viel Geld angespart hatte, dass sie über Aktienkauf nachdenken konnte. Vorher hatte sie von ihrem Lehrergehalt ihre pflegebedürftigen Eltern bis zu deren Lebensende unterstützt, da beide nur noch eine karge Rente hatten. Das Haus musste abbezahlt und das Studium der Kinder finanziert werden. Weder sie noch ihr Mann hatten irgendetwas geerbt. Da war an Aktienkauf überhaupt nicht zu denken. Doch jetzt waren ihre Eltern tot, das Studium der Kinder beendet und da sie sparsam lebte, hatte sie es geschafft, 30 000 Euro anzusparen. Mit ihrem Mann Günther, mit dem sie immer noch unter einem Dach lebte, hatte sie getrennte Kassen. Er ließ sein Erspartes auf dem Sparbuch liegen. Alles andere war ihm zu unsicher. Sie kaufte hingegen, wie 1,9 Millionen weitere Kleinanleger, Aktien der Deutschen Telekom, die damals für einen Preis von 28,50 D-Mark, umgerechnet also 14,57 Euro, ausgegeben wurden. Im Gegensatz zu anderen Anlegern machte Beate Sander aber nicht den Fehler, später, als die Telekom abermals Aktien zu deutlich höheren Preisen auf den Markt warf, nachzukaufen. Die Aktie stieg auf ein Allzeithoch von 103,50 Euro im März 2000, um dann nach dem Platzen der Dotcom-Blase im Juni 2002 auf unter 10 Euro abzurutschen. Das Entsetzen der Deutschen war groß, das Vertrauen in Aktien als Geldanlage erst mal erschüttert. Beate Sander selbst kaufte erst wieder im Börsencrash 2008/2009 nach, als die Aktie bei unter 9 Euro lag. »Ich habe das Geschrei um die Telekom-Aktien nie verstanden. Ich war immer sehr zufrieden mit der Telekom und habe sie bis heute«, meinte sie. »Ich habe immer ordentlich Dividende gekriegt. Was kann die Deutsche Telekom dafür, wenn die Leute zu völlig überhöhten Preisen einkaufen oder nachkaufen. So funktioniert nun mal der Markt.« Nichtsdestotrotz bot das Geschehen rund um die Telekom-Aktie für sie einen spannenden Einblick in die Börsenpsychologie.

Parallel zu ihrem eigenen Börseneinstieg wurde die Börsen-AG in ihrer Schule ein riesiger Erfolg. Ihre Schüler gewannen diverse regionale und überregionale Börsenplanspiele, die Presse berichtete darüber. Beate Sander bot sich dadurch eine große Chance. Sie wurde im Jahr 2000 in ein renommiertes Gremium für neue Lernmethoden im Bereich der Wirtschaftswissenschaften berufen, dem neben ihr der damalige Bundesbankdirektor Werner Heiring und zahlreiche Fachleute aus Didaktik, Lernpsychologie und Finanzwirtschaft angehörten. Sie lernte spannende Leute kennen, führte anregende Gespräche und vertiefte dabei ihr Finanz- und Börsenwissen. Immer wieder dachte sie darüber nach, wie man junge Leute für die Börse noch mehr begeistern konnte. Und irgendwann war die Idee zum »Börsenführerschein« plötzlich da: einem Buch, mit dem man sich – ähnlich der Theorieprüfung beim Führerschein – die Grundlagen des Börsengeschehens erarbeiten kann, ergänzt durch Musterdepots, Test- und Übungsbögen, die es jedermann ermöglichen sollten, online oder auf dem Papier eine Abschlussprüfung vorzubereiten und sich sein Börsenwissen bescheinigen zu lassen. »Ich sah das Ganze plötzlich einfach vor mir«, erinnerte sie sich begeistert. »Das war wie eine Vision.« Parallel dazu entwickelte sie die Spielidee eines Börsen-Monopoly. Dass diese Idee brillant war, merkte nicht nur der damalige Chef des FinanzBuch Verlags, der mit ihr ebenfalls in dem Gremium für neue Lernmethoden saß und sich auf ihre Anfrage sofort bereitfand, den »Börsenführerschein« in seinem Verlag herauszubringen. Auch der Vorstand der Frankfurter Citybank, dem Beate Sander in einem Vortrag die Idee ihres »Börsenführerscheins« und des begleitenden »Börsenmonopoly« vorstellte, war begeistert. Eine Gruppe von Wirtschafsprofessoren aus Ungarn und Russland, die ebenfalls anwesend waren, hatten das Potenzial der Idee ebenfalls erkannt und spontan beschlossen, die Idee und den Titel einfach zu klauen. Den Titel »Börsenführerschein« konnte Verlagschef Christian Jund gerade noch sichern; für »Börsenmonopoly« war es bereits zu spät. Beate Sander schrieb in den kommenden Jahren noch viele erfolgreiche Börsenratgeber – angefangen bei *Reich werden mit Familienunternehmen* über *Wie finde ich die besten ETFs und Investmentfonds* und – als großer Fußballfan – *Der Ball muss ins Tor – Was Fußball, Aktien und Börse vereint und spannend macht* bis hin zu *Die richtige Geldanlage in Krisen und im Crash*, womit sie auf die Coronakrise reagierte. Doch ihr *Aktien- und Börsenführerschein*, der kurz vor ihrem Tod in der zehnten Auflage erschien und den sie extra noch mal überarbeitet hatte, war mit Abstand ihr erfolgreichstes Buch.

»Was ist es, was dich an der Börse am meisten fasziniert?«, fragte ich sie.

»Börse ist viel mehr als Geld verdienen«, antwortete sie. »Es ist das pralle Leben: Gier, Mut, Angst, alles findest du dort abgebildet. Und wenn du klug bist und überlegt handelst, zahlt sich das aus. Außerdem bekommst du Kontakt zu Gleichgesinnten, wenn du zum Beispiel auf Aktionärsversammlungen gehst. Aber am meisten hat mich immer fasziniert, dass du, wenn du Börsenhandel ernsthaft betreibst, ständig dazulernst: Künstliche Intelligenz, Robotik, Industrie 4.0 – da spielt die Zukunft. Und da fühle ich mich zu Hause!«

Nach ihrer Pensionierung als Lehrerin mit 65 Jahren hatte Beate Sander endlich Zeit, sich dem Börsengeschehen ganz und gar zu widmen – mit großem Erfolg. Doch es waren nicht nur die nackten Zahlen auf dem Depotauszug, die ihr Spaß machten. Beate Sander liebte es, zu Aktionärsversammlungen zu gehen, vor allem, wenn es dort gutes Essen gab. Sie trug in der Regel immer denselben Hosenanzug und nahm gerne einen Rucksack voll selbstgeschriebener Bücher mit. Schließlich war es für sie die Chance, Kontakt zu den vielen anwesenden Kleinaktionären zu knüpfen und ihrer Lieblingsbeschäftigung nachzugehen: ihre Bücher an den Mann oder die Frau zu bringen. Vor allem bei ihren Lieblingsfirmen, meist Unternehmen aus dem M-DAX oder S-DAX, beschenkte sie die Vorstände auf der Hauptversammlung immer mit selbstgeschriebenen Gedichten, die sie dort vortrug. Diese Gedichte hatten bei den Vorständen einen solchen Kultstatus erreicht, dass sich im Vorfeld von Hauptversammlungen immer wieder einzelne Vorstandsmitglieder bei ihr explizit meldeten und sich ein neues Gedicht von ihr wünschten. Beate Sander ließ sich da nicht zweimal bitten, erfüllte den Wunsch aber nur, wenn die Firma in ihren Augen tatsächlich gut gewirtschaftet hatte. Hier ein Gedicht für die Firma NanoFocus, einem führenden Spezialisten für Soft- und Hardware im Bereich der industriellen 3-D-Oberflächenmesstechnik aus Oberhausen, das sie dort auf der Hauptversammlung 2015 vortrug:

NanoFocus verfügt über viel Potenzial.
Oberflächenmesstechnik dreidimensional
bringt das Geschäftsmodell voran.

Die Vorjahreszahlen kommen gut an.
In allen vier Sparten läuft es gut.
Auftragseingänge machen Mut.
Der Umsatz steigt um 37 %.
Die Gesamtleistung nach oben rennt.
Hoch verdient und nicht nur Glück,
kehrt vom Minus ins Plus zurück.
Kreative Forschung aus vollem Rohr.
Automotive, Medtech, Labor.
Hochmoderne Produktplattform.
Techno-Fortschritt ganz enorm.
Ob Laborarbeit, ob Maschinenbau.
NanoFocus misst genau,
baut Schutzrechte und Patente aus.
Kommt mit neuen Produkten heraus.
Geliefert wird höchste Qualität,
Dafür steht jedes Messgerät.
Digitalisierung keine Utopie.
Zukunftsträchtige Industrie.
Die vierte industrielle Evolution
wird befeuert mit Investition.
Vertragsverlängerung zeigt an,
dass man dem Vorstand vertrauen kann.
Statt sich um die Zukunft zu sorgen,
verheißungsvolles Heute und Morgen.

Beate Sanders Tagesablauf war – wenn sie nicht gerade auf einer Vortragsreise oder einer Aktionärsversammlung und deshalb unterwegs war – extrem diszipliniert: Ins Bett ging sie nie vor 23 Uhr, um 4 Uhr stand sie wieder auf. Dann setzte sie sich an ihren Computer, beantwortete eingegangene E-Mails und schaute sich an, wie sich ihr Aktiendepot entwickelt hatte. Die Ergebnisse der Wall Street hatte sie noch mitbekommen, bevor sie ins Bett ging, nicht aber Sydney und die Börsen in Tokio, Hongkong und Singapur. Schließlich frühstückte sie gegen 5.30 Uhr – meistens ein Müsli mit frischen Früchten aus dem eigenen Garten – und las dabei das *Handelsblatt* und die *Südwestpresse Ulm*. Danach stand Sport auf ihrem Programm: Bis 2015 spielte sie aktiv Tennis. Parallel dazu wurde sie Mitglied im Fitnessstudio, das sie, nachdem sie mit Tennis aufgehört hatte, in der Regel fünfmal pro Woche besuchte. Alternativ trainierte sie auf dem Heimtrainer zu Hause und kickte oder warf Bälle gegen die Wand. Schließlich setzte sie sich wieder an den Rechner, um zu handeln oder zu schreiben, entweder eine ihrer wöchentlich erscheinenden Börsenkolumnen für *bildplus* oder sie schrieb an einem ihrer Bücher weiter. Zwischendurch surfte sie im Internet, um sich über irgendwelche Themen zu informieren, die ihr relevant erschienen, oder las Sachbücher. Wenn sie zum Supermarkt oder zum Bäcker musste, ging sie grundsätzlich zu Fuß. Sie genoss es, sich etwas Leckeres zu kochen, wobei sie großen Wert darauf legte, dass das Essen auch optisch ansprechend aussah und sie an einem ordentlich gedeckten Tisch gepflegt sitzen und essen konnte. Da sie in den letzten Jahren Intervallfasten machte, nahm sie gegen 15 Uhr ihre letzte Mahlzeit zu sich. Alles in allem arbeitete sie im Schnitt pro Tag etwa elf Stunden, auch am Wochenende.

Während Beate Sander mir ihren Tagesablauf vor ihrer schweren Erkrankung schilderte, tauchte vor meinem geistigen Auge das Bild unseres Crosstrainers auf, der seit Jahren ungenutzt im Keller stand. Ich dachte daran, wie oft ich in den letzten Jahren einen Vertrag mit einem Fitnessstudio abgeschlossen hatte, nur um nach anfänglicher Euphorie nicht mehr hinzugehen. »Bist du eigentlich auch manchmal undiszipliniert gewesen?«, fragte ich Beate Sander und hoffte fast ein wenig, dass die Antwort Ja lauten würde.

Sie dachte eine Weile darüber nach. »Doch, schon. Im Winter, wenn es draußen dunkel war, bin ich morgens manchmal auch eine Stunde länger im Bett geblieben, also bis fünf.«

Die große Bühne

Den meisten, die mit Börse zu tun hatten, war Beate Sander natürlich durch ihre Börsenbestseller bekannt – Aktionäre kannten sie durch Hauptversammlungen, wo sie gerne auftrat und Reden hielt. Sie schrieb in einem rasanten Tempo ihre Börsenbücher und brachte seit 2002 über dreißig Bücher auf den Markt. Auch viele Kleinanleger kannten sie durch ihre Börsenkolumnen. Doch erst in den letzten drei Jahren vor ihrem Tod wurde sie als »Deutschlands bekannteste Aktionärin« und Börsenexpertin einer breiten Allgemeinheit so bekannt, dass sich alle größeren Zeitungen und Medien auf sie stürzten.

Einen wesentlichen Anteil hatte ein großer Artikel in der *Süddeutschen Zeitung* am 30. November 2018 mit dem Titel »Die Deutschen sind ein Volk von Angsthasen«, in dem sie über ihr Leben, ihren Weg zur ersten Million und ihre Anlagestrategie interviewt wurde. In der ihr üblichen direkten Art antwortete sie auf die Fragen der beiden Journalisten und empörte sich, als diese von »Börsenfimmel« sprachen: »Was heißt Börsenfimmel? Das klingt so, als ob ich nicht richtig ticke. Ich lege nur mein Geld in Aktien an, und das langfristig erfolgreich.« Sie sagte Sätze wie: »Wenn ich einen Mann suchen würde, würde ich wahrscheinlich jeden Tag ein schickes Trikot und andere Turnschuhe anziehen. Da ich aber nicht auf der Suche bin, genügen mir meine alten T-Shirts.« Oder – als sie über ihren verstorbenen Mann sprach: »Wir vereinbarten: Er darf eine Freundin haben und ich meine Arbeit machen. So kamen wir friedlich miteinander aus.« Spätestens dann war allen klar: Mit Beate Sander konnte man großartige unterhaltsame Interviews machen; Leute, die an der Börse aktiv sind, müssen nicht Nerds oder trockene Theoretiker sein, die außer Geldvermehrung nichts im Kopf haben, sondern können – wie im Falle der »Börsenoma« – durchaus eine Botschaft haben. Beate Sander gab im weiteren Verlauf Interviews in allen großen Zeitungen und Magazinen – angefangen bei der *Frankfurter Allgemeinen Zeitung*, der *Brigitte*, *Courage*, wurde für *Focus* und *Stern* interviewt, fürs ARD-*Morgenmagazin* und von diversen Radiosendern und schrieb weiter ihre wöchentlichen Börsenkolumnen für *bildplus* – übrigens noch etliche in der Zeit kurz vor ihrem Tod, »damit die was auf Vorrat haben, wenn ich nicht mehr lebe und nicht mehr für sie weiterschreiben kann«. Beate Sander wurde immer mehr zur »Börsenoma«. Plötzlich erkannten sie auch Menschen auf der Straße, die überhaupt nichts mit Börse am Hut hatten. Hatte sie sich anfangs noch gegen den Titel gewehrt, war ihr irgendwann klar, dass sie mit diesem Namen zur Marke mit hohem Wiedererkennungseffekt geworden war, und sie akzeptierte ihn. Sie liebte die Auftritte und spielte perfekt auf der Klaviatur der Medien, um ihrer Botschaft – »weg vom Sparbuch, hin zu Aktien« – Gehör zu verschaffen. Ihr Erfolgsrezept war einfach: Sie war ganz einfach sie selbst – und das kam an. So gut, dass der Schauspieler Sven Martinek, der mit ihr in die NDR-Talkshow eingeladen war, irgendwann fragte: »Wieso haben Sie noch keine eigene Sendung?«

Vorbilder

»Hast du ein Vorbild?«, fragte ich Beate Sander während eines unserer Gespräche. Ich wartete gespannt auf die Antwort. Insgeheim tippte ich auf Warren Buffett.

»Nein«, antwortete sie, »nur Leitbilder.«

»Wo liegt da für dich der Unterschied?«, hakte ich nach.

»Vorbild ist ein großes Wort. Wenn ich von Vorbild spreche, dann stelle ich mir jemanden vor, der in allen Dingen überragend und außergewöhnlich ist – charakterlich und von dem, was er macht und leistet. Da kenne ich niemanden. Ich kenne aber viele Leitbilder – Leute, die ich für ihr Verhalten, ihre Intelligenz und Schaffenskraft bewundere, aber keineswegs für alles, was sie tun!«

»Wer wären denn solche Leitbilder für dich?«, fragte ich nach.

»Beethoven«, kam es wie aus der Pistole geschossen, um dann direkt Dinge aufzuzählen, die ihn von seinem Verhalten her auf gar keinen Fall zu einem Vorbild machen konnten: dass er schrecklich ruhelos gewesen und permanent umgezogen sei, dass er vor anderen Leuten ausgespuckt hätte, wenn sie ihm nicht gepasst hätten, dass er sich habe verwahrlosen lassen, ständig ausgerastet sei und sich dann öfter auch mal eine ganze Woche nicht aus dem Bett bewegt habe – das ginge gar nicht! »Aber was er geschaffen hat, hat Ewigkeitswert: Wenn ich mir seine Sonaten anhöre, seine Klavierkonzerte, seine Symphonien – ich kenne kaum einen Komponisten, der innovativer war.« Richard Wagner, führt Beate Sander fort, sei natürlich auch faszinierend. Von seinem antisemitischen Gedankengut her »völlig indiskutabel natürlich. Ein Schwein!« Aber, so fügte sie hinzu, seine Musik sei in ihrer Art und Weise einzigartig. »Selbst wenn es Leute gibt, die sie nicht mögen, sie ist sofort erkennbar. Da weiß man umgehend: Das kann nur von Wagner stammen. Und diese Unverwechselbarkeit ist phänomenal!«

»Du greifst dir also immer ganz besondere Eigenschaften bei einzelnen herausragenden Künstlern raus, die sie zum Leitbild für dich machen«, fasste ich zusammen, »und sagst: Sie können aber kein Vorbild sein, weil sie auch schlechte Seiten haben. Wen bewunderst du im Bereich der Wissenschaft am meisten?«

Auch da kam Beate Sanders Antwort blitzschnell: »Marie Curie! Die einzige Frau, die zweimal den Nobelpreis bekommen hat. Ich bewundere sie aber nicht dafür, sondern für die Begeisterungsfähigkeit, mit der sie ihre Forschung betrieben hat. Und das, obwohl ihr als Frau manche Hürde in den Weg gelegt wurde. Genial!«

»Was ist mit Warren Buffett?«

»Ein großer Wohltäter und ich habe, was Börse betrifft, natürlich viel von ihm gelernt,« erklärte sie. »Aber wie er sich ernährt, ist eine absolute Katastrophe! Cola und Eis zum Frühstück, massenhaft Hamburger und kein Gemüse – das geht doch gar nicht!«

»Wie bitte?« Ich musste lachen. »Dieser Mann hat es geschafft, aus eigener Kraft ganz nach oben zu kommen, engagiert sich politisch für mehr Gerechtigkeit in der Gesellschaft, spendet 85 Prozent seines Vermögens und du sagst, er kann kein Vorbild sein, weil er Cola trinkt, kein Gemüse mag und sich auch sonst schlecht ernährt?«

»So ist es«, sagte sie ungerührt.

»Und Angela Merkel? Wäre das nicht eine Frau, die zum Leitbild taugt?«

»Sicherlich«, erwiderte Beate Sander. »Sie ist klug. Ich finde es auch gut, dass sie so uneitel ist. Da hebt sie sich positiv von der Masse der Politiker ab. Aber manchmal lässt sie sich zu sehr von Gefühlen hinreißen! Das dürfte ihr als Kanzlerin nicht passieren!«

»Angela Merkel lässt sich von Gefühlen hinreißen?«, wiederholte ich ungläubig. Mir wäre kaum ein Satz eingefallen, der meiner Einschätzung nach weniger zur Kanzlerin gepasst hätte als dieser.

»Ja, erinnere dich an die Flüchtlingskrise. Ich fand es völlig richtig, da zu helfen und Leute aufzunehmen. Aber wie kann ich so viele Menschen völlig unkontrolliert ins Land lassen? Und dann der Ausstieg aus der Atomenergie, nur weil das mit Fukushima passiert ist! Ein Riesenfehler, gerade wenn wir an den Klimawandel denken!«

»Da gibt es viele, die das anders sehen« meinte ich.

Es folgte ein impulsiver Vortrag über Atomkraft 4.0., die neue Art von Atomkraftwerken, die Bill Gates mit seinem Unternehmen Terra Power entwickelt, inklusive sämtlicher technischer Details, was diese Anlagen so viel besser und sicherer macht als die alten. Ich beschloss, an dieser Stelle das zu tun, was Beate Sander selbst einmal in einem anderen Zusammenhang geraten hatte: »Wenn man keine Ahnung von etwas hat, einfach mal die Klappe halten!«

»Mir ist noch jemand eingefallen, den ich als echtes Vorbild sehen würde«, fiel ihr später ein. »Mutter Teresa.« Aber, fügte sie hinzu, sie wäre kein geeignetes Vorbild für sie.

»Also gibt es Menschen, die in deinen Augen so fehlerlos sind, dass du den Begriff ›Vorbild‹ benutzen würdest und die trotzdem für dich selbst kein Vorbild sind?«, fasste ich ihre Aussage zusammen.

»Genau! Mutter Teresa finde ich durch und durch bewundernswert. Dass du dich um die Ärmsten der Armen kümmerst und selbstbewusst in großer Armut mit ihnen zusammenlebst, das finde ich großartig. Allerdings ist Mutter Teresa von ihrer ganzen Persönlichkeit so anders als ich, so weit von meiner eigenen Persönlichkeitsstruktur entfernt. Ich weiß, ich könnte so nie leben. Was bringt mir ein Vorbild, das ich nicht erreichen kann?«

Zweifellos ein pragmatischer Ansatz, dachte ich. Ich versuchte es mit einer anderen Frage: »Wenn du mit einem der Leute, die du für irgendetwas bewunderst, was sie tun, einen Abend in einer Kneipe ein Bier zusammen trinken könntest, wen würdest du wählen?«

Sie musste nicht lange überlegen. »Elon Musk!« Für sie war Elon Musk der Inbegriff von Innovation.

»Und was würdest du ihn fragen, wenn du ihm gegenübersäßest?«

»Welche Ziele er langfristig mit Tesla verfolgt. Und ob er im Ernst an den Erfolg seines Weltraumprojekts glaubt … und außerdem«, sie wurde nun richtig wütend, »was er sich dabei gedacht hat, damit zu drohen, dass er Tesla von der Börse nimmt! Der konnte sich doch denken, dass er damit ein Kurschaos verursacht. Und dann noch 20 Millionen Strafe zu zahlen und zu sagen, er bereue nichts, das wäre es ihm wert gewesen – wie blöd kann man eigentlich sein!«

Nun, der Kneipenabend mit Beate Sander wäre vermutlich kein entspannter Abend für den Tesla-Chef geworden.

Gesichtsblindheit

»Du bist eine schöne Frau«, sagte Beate Sander einmal ohne jeden Zusammenhang zu mir, als wir gerade über ihr Leben im Westen nach der Flucht sprachen, und schaute mich dabei intensiv mit ihren braunen Augen an. »Aber wenn ich dich auf der Straße treffen würde, würde ich dich nicht wiedererkennen!«

Ich musste lachen. »Was willst du mir damit sagen, Beate? Dass ich ein völlig nichtssagendes Gesicht habe?«

»Nein«, erwiderte sie ernst. »Ich kann Leute nicht erkennen, wenn ich sie einfach so auf der Straße sehe. Ich habe eine Gesichtsblindheit.«

»Na ja, mir ist das auch schon so gegangen, dass ich Leute, die ich aus einem anderen Kontext kannte, in irgendwelchen Situationen getroffen und dann nicht erkannt habe«, erwiderte ich. »Das ist unter Umständen dann schon ein wenig peinlich, aber das geht doch jedem so.«

»Nein, bei mir ist das anders«, beharrte sie. »Ich erkenne auch Leute nicht, die ich wirklich gut kenne. Ich kann mir einfach keine Gesichter merken. Das ist eine richtige Krankheit.«

Ich hatte bis zu diesem Zeitpunkt noch nie etwas von dieser Erkrankung gehört.

Die Gesichtsblindheit oder auch Prosopagnosie genannt, betrifft geschätzt etwa 2 Prozent der Menschen. Sie ist angeboren, kann aber auch in seltenen Fällen später durch einen Gehirnschaden entstehen, wie er durch eine Schädelverletzung oder einen Hirntumor hervorgerufen wird. »Ich hab' meinen Vater später als Erwachsene mal gefragt, ob er sich das erklären kann«, meinte Beate Sander. »Er hat nur gemeint, ich sei als Baby mal vom Wickeltisch gefallen.«

Bei der Gesichtsblindheit funktionieren zwar die Augen genauso wie die Reizweiterleitung zum Gehirn normal und auch grundlegende Merkmale eines Gesichtes wie Augen, Nase und Mund werden wahrgenommen, jedoch können die Betroffenen die Informationen, die sie wahrnehmen, nicht mit einer Erinnerung an eine bekannte Person verbinden. Am ehesten kann man das mit Farbenblindheit vergleichen: Auch Menschen, die farbenblind sind, können Farben zwar sehen, sie aber nicht zuordnen. Es kann also durchaus passieren, dass Menschen, die unter Gesichtsblindheit leiden, auf der Straße an Menschen, die sie gut kennen – selbst an nahen Verwandten – vorbeilaufen, ohne diese zu erkennen. Dass das eine massive soziale Einschränkung bedeutet, kann man sich unschwer vorstellen. Oft werden diese Menschen von der Umwelt fälschlicherweise als arrogant, desinteressiert oder unsozial wahrgenommen. Nicht wenige ziehen sich dann zurück und werden zum Einzelgänger. Aufgrund ihrer Gesichtsblindheit erkannte Beate Sander schon als Kind Leute auf der Straße nicht und grüßte sie dementsprechend auch nicht. Das schürte weitere Konflikte mit ihrer Mutter, die sie für unhöflich hielt. Um dem Zorn der Mutter zu entkommen, grüßte sie daraufhin jeden, den sie traf, doch auch das half nicht weiter. Martha Jaenicke dachte, ihre Tochter wolle sie damit provozieren – und wieder wurde Beate geprügelt oder in die dunkle fensterlose Abstellkammer gesperrt.

»Wie konntest du als Lehrerin arbeiten, wenn du diese Erkrankung hattest?«, hakte ich nach. Ich hatte schon oft darüber nachgedacht, wie schwierig es als Lehrer sein muss, Hunderte unterschiedlicher Schüler, die man unterrichtet, zu erkennen und jedem Gesicht einen Namen zuzuordnen. Das mit einer Gesichtsblindheit zu bewältigen, erschien mir nahezu unmöglich.

»Das war kein Problem«, erwiderte sie und erzählte, sie habe sich von klein auf ein System zurechtgelegt, um Menschen wiederzuerkennen: »Es gab immer welche, die hatten einen besonderen Gang, eine charakteristische Stimme oder eine merkwürdige Frisur oder eine Warze oder sonst etwas Komisches im Gesicht – die konnte ich dann wiedererkennen und habe zudem mit einer festen Sitzordnung gearbeitet. Ich konnte also ableiten, wer neben oder hinter diesen Schülern gesessen hat.«

Ihre Gesichtsblindheit konnte sie mit dieser Methode verbergen. Wenn sie später zum Beispiel mit dem Zug zu einem Vortrag reiste, griff sie auf eine andere Taktik zurück. Sie gab vorher exakt durch, in welchem Waggon sie sitzen würde, und bestand darauf, dass man sie direkt am Haltepunkt des Waggons an der Bahnsteigkante abholen sollte. Was mancher für eine Marotte gehalten haben mag, war für sie schlicht und einfach notwendig. Es wäre für sie ein absoluter Alptraum gewesen, in einer großen Menschenmenge in der Bahnhofshalle ein Gesicht erkennen zu müssen, das sie schlicht und einfach nicht erkennen konnte.

Unter Hochbegabten ist die Gesichtsblindheit überdurchschnittlich oft vertreten, ebenso findet man sie häufiger bei Menschen, die unter ADHS oder einer Autismusspektrumsstörung leiden. Warum das so ist, ist bislang nicht ausreichend erforscht.

Dass Beate Sander hochbegabt war, stand für mich außer Zweifel. Ich hatte nie eine klügere und analytischer denkende Frau getroffen. Ich hatte jedoch während unseres Gesprächs auch öfter darüber nachgedacht, ob sie eventuell Asperger-Autistin war oder zumindest autistische Züge hatte. Sie befände sich damit in bester Gesellschaft: Vielen außergewöhnlich kreativen Menschen wird nachgesagt, dass sie unter autistischen Störungen leiden, angefangen über Wolfgang Amadeus Mozart bis hin zu Andy Warhol, Woody Allen oder Glenn Gould. Auch bei Microsoft Gründer Bill Gates, Warren Buffett, Facebook-Gründer Mark Zuckerberg und Tesla-Gründer Elon Musk wurde immer wieder spekuliert, sie könnten unter einer milden Form des Asperger-Autismus leiden. Dabei wird sogar unterstellt, ihre besondere Art zu denken und die Tatsache, dass sie völlig unangepasst seien und sich von sozialen Konventionen losgelöst komplett in ihre Aufgabe gestürzt hätten, habe ihre außergewöhnliche Karriere erst möglich gemacht. Sich öffentlich zu einer Autismus-Diagnose bekannt, hat sich keiner der Genannten. Das ist verständlich, wenn man zum Beispiel denkt, was mit der Umweltaktivistin Greta Thunberg passiert ist, nachdem sie sich als Asperger-Autistin geoutet hatte. Als sie dann noch erklärte, ihr Asperger habe sicherlich einen großen Anteil daran, dass sie einen so unverstellten Blick auf die Probleme dieser Welt hätte, hatte sie ihren Gegnern entsprechende Munition geliefert. Sie wurde für nicht zurechnungsfähig erklärt, als »Roboter« beschimpft und musste sich Äußerungen anhören wie: »Die gehört direkt in die Psychiatrie« oder »Die projiziert ihre eigenen Probleme in den Klimawandel« – und die gehörten noch zu den netteren.

Mir waren in der Zeit, in der ich bei Beate Sander war, durchaus einige Besonderheiten aufgefallen, die für einen Asperger-Autismus sprachen, angefangen bei ihren ungewöhnlichen Spezialinteressen, denen sie bereits als Kind nachging – ihren außergewöhnlichen Pflanzenexperimenten und ihrem stundenlangen Klavierspiel, ihrem Bedürfnis, die Äpfel in der Vorratskammer nach bestimmten geometrischen Strukturen zu ordnen. Auch das unkontrollierte Hin- und Herschlagen ihres Kopfes im Bett, weswegen ihre Mutter sie im Bett festband und unter dem sie bis ins späte Erwachsenenalter litt, kommt bei Autisten wie bereits erwähnt gehäuft vor. Sie hatte ein ausgeprägtes Bedürfnis, dass alles in ihrer Umgebung – und sei es nur ein Küchenschwämmchen – am »richtigen Ort« liegen musste. Sie litt extrem unter der Tatsache, dass aufgrund ihrer Krankheit andere Menschen wie eine Haushaltshilfe, der Pflegedienst oder auch die eigenen Kinder ein und aus gingen und dabei Dinge woanders hinlegten. Das konnte sie zu richtigen Tobsuchtsanfällen bringen. Wenn ich Beate Sander eine Frage stellte wie »Was hast du empfunden, wenn deine Mutter dich in der Dunkelkammer eingesperrt hatte und du wusstest nicht, wofür du bestraft worden bist?«, kam meist ein ungehaltenes »Weiß ich nicht!«. Es war offensichtlich, dass es ihr schwerfiel, über Gefühle zu sprechen oder diese zu beschreiben, was jedoch in keiner Weise heißen soll, dass sie in dieser Situation keine Gefühle empfunden hat. Inzwischen gehen viele Forscher sogar davon aus, dass Autisten deutlich intensiver fühlen als wir anderen. Mehrfach wurde deutlich, dass Beate Sander keine Ironie verstand und ironisch gemeinte Aussagen wortwörtlich nahm. Sie unterhielt sich durchaus angeregt mit mir und anderen und war stets neugierig, Neues zu erfahren. Fragen ihrerseits spielten sich aber nie auf der Gefühls-, sondern immer auf einer reinen Sachebene ab. Bei einem gemeinsamen Abendessen mit ihrer Tochter, ihrem Schwiegersohn sowie mit mir und meinem Mann erlebte ich, dass sie – egal wie sehr wir anderen in ein anderes Thema vertieft waren – immer wieder mit großer Besessenheit auf ihr Lieblingsthema Aktien zurückkam. Sie monologisierte gefühlte Ewigkeiten, ohne Rücksicht auf Interesse oder Desinteresse von uns allen. Sie war von einer bemerkenswerten Direktheit, jegliches diplomatische Geschick war ihr fremd. Alle diese Merkmale können für sich genommen natürlich auch auf andere Gründe zurückzuführen sein. Dennoch erschienen sie mir in der Häufung ungewöhnlich. Ich konnte mir auch nicht vorstellen, dass eine kluge Frau wie Beate Sander selbst nie über eine mögliche Autismus-Erkrankung nachgedacht haben sollte, sollte sie darunter leiden.

Am nächsten Tag erzählte ich ihr, dass ich einige Artikel über Gesichtsblindheit gelesen hätte. »Hast du mal deinen IQ bestimmen lassen?«, fragte ich sie. »Du weißt vermutlich, dass Gesichtsblindheit häufig mit Hochbegabung korreliert?«

Sie schaute mich an. »Und mit Autismus«, sagte sie.

»Gibt es irgendetwas, das dich dazu bringt, davon auszugehen, dass du unter Autismus leidest?«, hakte ich vorsichtig nach.

»Mein Sohn hat mal zu mir gesagt, dass er glaubt, ich hätte Asperger«, antwortete sie sachlich.

»Wäre das schlimm?«

»Nein«, erklärte sie entschieden, »das wäre mir egal.«

Nach ihrem Tod sprach ich mit ihrem Sohn Uwe, der nicht nur Lehrer, sondern auch studierter Sonderpädagoge ist. Wir sprachen darüber, wie er seine Mutter in der Kindheit erlebt hat: Er erzählte von tollen Fantasiegeschichten, die sie ihm und seiner Schwester abends beim Zubettgehen immer erzählt hatte. Davon, dass sie wahnsinnig gerne mit den Kindern gekuschelt und Händchen gehalten hätte. Ich fragte ihn, ob er denn trotzdem glaube, dass sie irgendeine autistische Störung wie Asperger gehabt habe. »Ich bin fest davon überzeugt!«, erklärte er mit aller Entschiedenheit. Er sei sich diesbezüglich sicher gewesen, seit er sich im Studium erstmals mit typischen Merkmalen von Autismus und dem Asperger-Syndrom beschäftigt habe. »Mir war sofort klar, dass davon ungewöhnlich viele auf meine Mutter zutreffen«, ergänzte er. Direkt bei seinem nächsten Besuch zu Hause in Ulm hatte er seine Mutter darauf angesprochen.

»Und, wie hat sie reagiert?«, fragte ich neugierig.

»Sie hat sich das angehört und man hat gemerkt: Es ist ihr absolut gleichgültig.«

Warum das so war, dazu sagte Uwe Sander dann einen Satz, der es treffender gar nicht beschreiben könnte. »Sie litt nicht unter Asperger. Sie lebte mit Asperger.«

Eine »Störung«, die sie vielleicht manchmal sozial auffällig erscheinen ließ, die aber vermutlich auch zu ihrem ganz besonders unverstellten und klaren Blick nicht nur aufs Börsengeschehen, sondern auf viele Entwicklungen unserer Zeit beitrug. Solche Menschen können für uns »Normalos« Augenöffner sein.

Teil II

Die Börse und mehr

Einfach mal die Million knacken …

15 Jahre nach ihrem Einstieg mit der Deutschen-Telekom-Aktie knackte Beate Sander ihre erste Million, für die zweite reichten anschließend sechseinhalb Jahre. Die hatte sie am Tag ihres 82. Geburtstags am 16. Dezember 2019 verdient. Direkt nach ihrem Volkshochschulkurs – ihre Schüler hatten sie mit einer selbstgestalteten Dagobert-Duck-Geburtstagskarte überrascht – schaute sie in ihr Depot und freute sich über das unerwartete Geburtstagsgeschenk. Dass sie so extrem erfolgreich war, verdankte sie einer konsequenten Anlagepolitik, ihrem guten Gespür und der Kenntnis der Börsenpsychologie.

1. Breit gestreut, nie bereut

Beate Sanders Depot enthielt am Ende über 200 Titel. Nach ihrem Grundsatz »Breit gestreut, nie bereut« kaufte sie gezielt Aktien aus verschiedenen Ländern und unterschiedlichen Branchen. In der Regel stieg sie beim Kauf einer neuen Aktie mit nie mehr als 1500 Euro ein und kaufte lieber später noch mal nach – aber nie für unter 1000 Euro, weil sonst die Transaktionskosten in Relation zur investierten Summe zu hoch sind. Gekauft hat sie nur, ähnlich wie Warren Buffett, was sie bereit war, langfristig zu behalten. »Zocken« war nicht ihr Ding: Hebelzertifikate oder Optionsscheine waren für sie tabu. Grundsätzlich kaufte sie entweder Aktien, die gute Dividenden versprachen, wie Allianz oder Münchner Rück, oder solche, von denen sie sich hohe Steigerungen versprach. Bei deutschen Aktien setzte Beate Sander mit Vorliebe auf die Aktien kleiner oder mittelgroßer, idealerweise familiengeführter Unternehmen wie Sixt, Ströer oder Rational, weil sie die für innovativer und auch anpassungsfähiger auf Veränderungen hielt als viele der großen. Auch einige russische Aktien, die besonders dividendenstark sind, hatte sie in ihrem Portfolio. Die ausgezahlten Dividenden reinvestierte sie selbstverständlich. Sie selbst lebte von ihrer Pension als Realschullehrerin; alles, was übrigblieb, wurde in den Aktienkauf investiert. War eine größere Rechnung zu bezahlen, verkaufte sie ein paar Aktien. Wenn sie Aktien eines neuen Unternehmens kaufen wollte, das sie entdeckt hatte, finanzierte sie das durch Verkauf einiger ihrer »Rennpferde« – Aktien, mit denen sie Kursgewinne von mindestens 100, gerne aber auch über 1000 Prozent eingefahren hatte, beschränkte sich aber immer auf Teilverkäufe. »Die besten Pferde bleiben im Stall.« Da beim Aktienkauf solcher »Rennpferde« natürlich auch immer – wenn es sich um keine Aktie aus ihren steuerfreien Altbeständen handelte – 25 Prozent Abgeltungssteuer plus Solidaritätszuschlag und Kirchensteuer bezahlt werden mussten, trennte sie sich im Gegenzug dann gerne auch von einem »Schrotthaufen«, einer Aktie, die sich enttäuschend entwickelt hatte, damit der Verlust im Gegenzug steuerlich geltend gemacht werden konnte.

Selbstverständlich investierte Beate Sander auch in ETFs, passiv gemanagte Indexfonds, die ja ohnehin eine breite Streuung verschiedener Firmen beinhalten, und empfahl sie als ideale Form einer langfristigen Geldanlage auch immer Aktieneinsteigern und Leuten, die zu wenig Kapital haben, um sinnvollerweise in Einzelaktien zu investieren. »Ein weiterer Vorteil ist, dass man sich nicht so intensiv darum kümmern muss wie um Einzelaktien.« Was deutsche ETFs betrifft, setzte sie nicht auf einen DAX-ETF, sondern lieber auf den MDAX, in dem die 60 größten Firmen nach dem DAX gelistet sind, den SDAX mit den 70 größten Firmen nach dem MDAX und den TecDAX, in dem die 30 größten Technologieunternehmen nach dem DAX versammelt sind. »Die sind besser, innovativer und hängen den DAX im Jahrzehntevergleich ab.« Aber natürlich beließ sie es bei den ETFs nicht beim deutschen Markt, sondern orientierte sich auch hier international: Mit dem MSCI World, der über 1600 Firmen weltweit erfasst, hatte sie einen idealen ETF gefunden, investierte aber auch gerne in den S&P 500, den Lieblingsindex von Warren Buffett.

2. Frühe Entdeckung von Kursraketen

Beate Sander ist es in ihrer über 30-jährigen Börsenkarriere gelungen, das ein oder andere »Einhorn«, wie sie es nannte, zu entdecken: Aktien, die wahre Kursraketen waren und sich in ihrem Wert mindestens verzehnfacht hatten. Dazu zählten bei ihr Nemetschek, Sartorius, Eurofins und Biogen. Allein mit Nemetschek, einem Softwareanbieter im Bereich der Architektur, machte sie einen Kursgewinn von rund 4000 Prozent, beim Küchenhersteller Rational über 3000 Prozent. Den Bioanalytik-Anbieter Eurofins hat sie entdeckt, als die Aktie unter 10 Euro lag, und erlebte ihren rasanten Kursanstieg auf 748 Euro mit. Den Laborausrüster Sartorius kaufte sie für einen Preis von unter 5 Euro, er sollte im Jahr 2020 auf einen bisherigen Höchstwert von 389 Euro klettern.

»Wie findet man solche Einhörner?«, fragte ich sie.

»Manchmal ist es einfach Zufall«, meinte sie. »Nemetschek stellt zum Beispiel eine Software für Architekten und Bauingenieure her, die meine Tochter in ihrem Büro verwendet hat. Von daher kannte ich sie. Und dann habe ich Prof. Nemetschek persönlich kennengelernt und fand sein Geschäftsmodell überzeugend. Also habe ich investiert.«

»Aber es kann doch nicht nur Zufall sein«, wandte ich ein. »Du musst doch irgendeine Systematik habe, nach der du vorgehst!«

»Oft hängt es wirklich davon ab, dass du Leute kennst, die sich in bestimmten Branchen auskennen und dir Tipps geben, welche Unternehmen mit besonders innovativen Ideen am Start sind. Die prüfst du dann und schaust, ob dir das zusagt.«

»Was prüfst du da – das Kurs-Gewinn-Verhältnis? Oder liest du die Geschäftsberichte?«

Sie winkte ab. »Ich denke, dass viele den Fehler machen, sich zu sehr auf Nebenschauplätze zu verirren. Bevor sie was kaufen, lesen sie die Geschäftsberichte der letzten fünf Jahre und wollten das KGV der gesamten letzten Jahre wissen. Was bringt mir das? Das kostet nur Zeit. Ich schaue mir das für das aktuelle Jahr an und für das davor und vergleiche es mit der Branche. Viel wichtiger als der Blick in die Vergangenheit ist aber der Blick in die Zukunft: Für wie wahrscheinlich hältst du es, dass jemand eine Idee für ein Produkt hat, das in Zukunft richtig gefragt ist, die auch umzusetzen versteht?«

»Ich hätte immer noch keine Idee, wie ich so etwas finden sollte«, antwortete ich. »Einfach so, ohne dass ich einen entsprechenden Tipp kriege. Versuchs mal mit einem Beispiel …«, bat ich sie.

»Wenn ich zum Beispiel davon ausgehe, dass der Meeresspiegel steigt, was braucht man dann? Einmal Firmen, die Schutzwälle bauen – also kann ich mich dann frühzeitig im Internet auf die Suche nach solchen Firmen machen. Außerdem andere Firmen mit innovativen Ideen: Die zum Beispiel eine Technik erfinden, um bestehende Häuser anzuheben und auf einen Sockel zu stellen, ohne dass das Haus zusammenbricht. Oder die das Haus, so wie es ist, an einem anderen Platz wieder hinstellen. Wenn ich höre, dass eine Firma so etwas erfunden hat, dann ist mir klar, dass das zukunftsträchtig ist. Das wäre doch ein tolles Investment!«

»Dass ich mal ein Einhorn finde, halte ich eher für unwahrscheinlich«, sagte ich. »Aber ich finde es auch schon schwer, den richtigen Einstiegszeitpunkt bei einer Aktie zu finden. Nehmen wir zum Beispiel Amazon: sicherlich eine tolle Aktie, aber auch wahnsinnig teuer. Woher soll ich wissen, dass das nicht schon viel zu teuer ist?«

»Den idealen Einstiegszeitpunkt findet man als Laie nie«, erklärte sie entschieden. »Als ich Amazon 2016 für 478 Euro gekauft habe, haben mir alle gesagt: Das ist viel zu teuer! Ich war aber vom Geschäftsmodell überzeugt. Heute liegt sie bei über 2500 Euro. Wenn du dir sicher bist: Das ist eine gute und zukunftsträchtige Aktie!, dann greif zu und warte nicht immer auf den günstigsten aller Einstiegszeitpunkte. Und wenn sie zwischendurch mal deutlich runtergehen sollte, dann kannst du ja nachkaufen.«

3. Vermeide die gefährlichen Vier: Euphorie, Panik, Angst und Gier

Der österreichische Kabarettist Paul Farkas hatte schon früh erkannt: »Beim Denken ans Vermögen leidet oft das Denkvermögen.« Im Jahr 2002 erhielt der Psychologe Prof. Daniel Kahneman für seine Forschungen dazu, wie stark sich Anleger durch Gefühle statt durch ihren Verstand leiten lassen, den Wirtschaftsnobelpreis. Was die häufigsten Fehler sind, die Kleinanleger machen, ist gut erforscht: Menschen lassen sich vom Herdentrieb leiten. Wenn viele in ihrem Umfeld von ihren Erfolgen an der Börse erzählen, steigen sie auch ein, aus Angst, etwas zu verpassen, und kaufen zu hohen Kursen ein. Wirtschaftsdaten und Negativmeldungen sowie Anzeichen, dass der Markt bereits überhitzt ist, werden ignoriert. Dann aber ist es oft schon zu spät und eine Korrekturphase steht an, sprich: Die Kurse gehen runter. Die Anleger geraten in Panik, verkaufen ohne Rücksicht auf Verluste – und auch hier, ohne sich über den tatsächlichen Wert der Unternehmen Gedanken zu machen. Es kommt zum Crash. Jetzt kommt erschwerend hinzu, dass gerade Verluste beim Menschen doppelt so starke Gefühle hervorrufen wie Gewinne. Das heißt: Viele zögern im Anschluss, schnell wieder an die Börse zu gehen, und steigen erst dann ein, wenn die Kurse schon wieder ziemlich weit oben sind. Der verhängnisvolle Kreislauf beginnt erneut. Hinzu kommen andere folgenschwere Verhaltensweisen: Schon kleine Kursschwankungen können Anleger so verunsichern, dass sie zu schnell aufgeben, statt rational zu analysieren, ob die Anlage zu ihrem Sparziel passt, und langfristig zu denken. Gleichzeitig werden kleine Gewinne gerne schnell mitgenommen, auch wenn die Aktie noch viel Entwicklungspotenzial nach oben hat. Die Studien des in der Schweiz und in Norwegen lehrenden deutschen Wirtschaftsprofessors Thorsten Hens zeigen, dass Privatanleger dadurch jährlich zwischen 4 und 7 Prozent an Performance verlieren.

Dazu, dem Herdentrieb zu folgen, hatte Beate Sander aufgrund ihrer Persönlichkeitsstruktur ohnehin nie geneigt. Dass man Euphorie, Angst, Panik und Gier besser meidet, wenn man erfolgreich sein will, ist ihr durch ein eindrückliches Ereignis im Alter von sechs Jahren klar geworden. Mit ihren damals noch sehr wohlhabenden Eltern und ihren Geschwistern machte sie Urlaub im Ostseebad Ahrenshoop, einer Gemeinde auf der Halbinselkette Fischland-Darß-Zingst. Eines Tages war eine Sturmflut angesagt. Die Kinder hatten strikt verboten bekommen, das Hotel zu verlassen. Doch Beate war neugierig geworden auf das Naturschauspiel, das sich ihr wohl bieten würde, und riss heimlich aus. Ihr Ausflug sollte sich lohnen: Sie erlebte dort, wie sie selbst sagte, ein meteorologisches »Jahrhundertereignis« mit: Riesige Strudel bildeten sich auf dem Meer, die alles zu verschlingen drohten, was in ihre Nähe kam. Bedrohlich wirkende Wellen peitschten an Land und spülten nicht nur Algen, sondern auch wunderschöne große Bernsteine an. Beate beobachtete das Ganze fasziniert. »Ich habe gemerkt, dass zwischen den Wellen immer eine kleine Pause ist, vielleicht zehn Sekunden, bevor die nächste Welle kam. Diese Pause konnte ich nutzen, um einen Bernstein zu holen.« Sie hielt sich exakt an den Plan, sprang zwischen den Wellen an den feuchten Strand und holte sich immer jeweils einen Bernstein. »Wenn ich so begeistert gewesen wäre, dass ich alles um mich herum vergessen hätte, oder so gierig, dass ich gleich zwei oder drei gesammelt hätte, hätte mich die nächste Welle überrollt.« So blieb sie ruhig, begnügte sich mit jeweils einem Stein, sprang zurück und wartete auf die nächste Wellenpause, um sich einen weiteren Bernstein zu holen. Nach einer halben Stunde, als das Naturschauspiel ein Ende fand, brachte sie eine große Menge Bernsteine mit nach Hause – so viele, dass die Mutter für sich und jede Tochter eine schöne lange Bernsteinkette anfertigen lassen konnte. Die Freude über die Ausbeute war so groß, dass Beate wegen ihres verbotenen Ausflugs keinen Ärger bekam. »Als am nächsten Tag die Einheimischen und Urlauber an den Strand gingen, um Bernsteine zu suchen, fanden sie kaum noch welche. Sie hatten den richtigen Zeitpunkt zum Sammeln verpasst.« Beate Sander trug ihre Bernsteinkette gerne und oft bis zu ihrem Tod – eine Erinnerung an das Erlebnis ihrer Kindheit, das sie hatte begreifen lassen, dass Euphorie, Angst, Panik und Gier keine guten Begleiter sind, wenn man ein Ziel erreichen will.

4. Ein Crash ist gut für Leute mit Mut

> »Wenn man dich so über Crashs reden hört, hat man fast den Eindruck, du liebst es gerade, wenn die Kurse alle nach unten gehen und es einen Crash gibt«, sagte ich zu ihr.
>
> »Ich liebe Crashs keineswegs«, erklärte sie. »Ich habe aber auch keine Angst davor. Es gilt: Je tiefer der Einbruch, desto höher die Erholung. Man weiß nur nicht, wie lange es dauert, bis sie kommt.«

Ihren enormen Erfolg an der Börse trotz späten Einstiegs verdankte Beate Sander nicht zuletzt ihrem Verhalten während der beiden letzten Börsenkrisen. In den USA war die Immobilienblase geplatzt. Nachdem am 15. September 2008 bekannt wurde, dass die traditionsreiche Investmentbank Lehman Brothers pleite war, kollabierte die Wall Street. Die Börsenwerte gingen weltweit auf Talfahrt. Die Banken gerieten in den Strudel der Finanzkrise; Ländern wie Island drohte der Staatsbankrott, weil sie ihren Zahlungsverpflichtungen nicht mehr nachkommen konnten. In Deutschland beschloss die Bundesregierung am 13. Oktober 2008 einen Rettungsschirm für die bedrohten Banken für rund 500 Milliarden Euro. Der DAX, der mit 8067 Punkten ins Jahr gestartet war, fiel Mitte Oktober bis auf 4810 Punkte. »Ich habe meine Mutter damals angerufen, weil ich dachte, die springt vielleicht aus dem Fenster vor Verzweiflung«, erinnerte sich Uwe Sander. Fakt war: Beate Sander blieb nicht nur am Telefon cool. Sie teilte ihm mit, dass sie jetzt leider keine Zeit für ihn habe, weil sie sich um ihre Börsengeschäfte kümmern müsste. Ihr Rat für alle Börsianer in dieser Situation war: »Wer keine Ahnung hat, aussitzen! Wer sich auskennt, umschichten!« Und das tat sie ganz entspannt und legte damit den Grundstock für ihre erste Million. Für ihre Kinder und Enkel sollte es allerdings ein denkwürdiges Weihnachtsfest werden. Beate Sander erklärte ihnen, dass sie in diesem Jahr nicht nur auf Weihnachts-, sondern auch auf Geburtstagsgeschenke verzichten müssten. Ein teures Festessen gab es auch nicht – Beate Sander brauchte jeden Cent für ihre Börsentransaktionen. Ihre Familie trug das Ganze mit Fassung. »Ich habe ihnen versprochen, dass sie danach doppelt so viel bekommen, und das auch eingehalten. Die wussten, dass sie sich auf mich verlassen können.«

Beate Sander schichtete ihr Depot um, machte Teilverkäufe von Aktien, die in ihrem Wert relativ stabil geblieben waren – »Die gibt's in jeder Krise!« – und die sich bezüglich des Kursgewinns möglichst verdoppelt hatten. Sie kaufte dafür andere Aktien, die, wie ihr beim Blick auf die Unternehmensdaten deutlich wurde, zu Unrecht abgestürzt waren. Wie sie im Detail umgeschichtet hatte, schilderte sie ausführlich in der Jubiläumsausgabe ihres *Aktien- und Börsenführerscheins*. Auch in der Coronakrise schichtete sie erfolgreich um. Als der DAX im März innerhalb von 28 Tagen den schnellsten Absturz seiner Geschichte erlebte, war auch der Wert ihres Aktiendepots um 500 000 Euro auf 1,5 Millionen gesunken. Das blieb nicht unbemerkt: »Beate Sander hat innerhalb weniger Tage 500 000 Euro verloren«, titelte die *Frankfurter Allgemeine Zeitung* am 22. März 2020. Fakt ist: Natürlich hatte Beate Sander das Geld nicht »verloren«, weil sie ihre Aktien nicht verkauft hatte. Wie üblich verkaufte sie einen kleinen Teil ihrer besten Aktien und trennte sich von ein paar wenigen Verlustbringern, um Kapital für Neueinkäufe zu haben. Sie investierte in den Bereich Digitalisierung und kaufte Aktien wie »Zoom«, legte sich aber auch Wertpapiere aus der Diagnostik und Gesundheitsbranche zu, etwa von Herstellern für Schutzmasken oder Desinfektionsmittel; außerdem kaufte sie abgestürzte Value-Aktien, die hohe Dividenden zahlen, wie die Münchener Rück. Auch dieses Mal hatte sie mit dieser Strategie Erfolg: Kurz vor ihrem Tod erreichte sie ein Allzeithoch von 2,8 Millionen Euro auf ihrem Aktiendepot.

»Was bedeutet dir dieses ganze Geld auf dem Konto?«, fragte ich sie.

»Das Geld an sich ist mir nicht wichtig«, erklärte sie. »Ich brauche es nicht. Da sollen sich meine Kinder und Enkelkinder drüber freuen. Für mich ist es lediglich ein Beweis, dass meine Hoch/Tief-Mutstrategie funktioniert. Und das freut mich riesig!«

5. Die Hoch/Tief-Mutstrategie

Die von ihr entwickelte Hoch/Tief-Mutstrategie war das, worauf Beate Sander, »neben meinen Kindern natürlich!«, am meisten stolz war in ihrem Leben. »Keine Strategie für Angsthasen«, stellte sie klar, »und keine für Zocker!« Es geht um eine langfristige Anlage. Im Prinzip beruht sie auf dem Wissen um die Börsenpsychologie und im Wesentlichen auf den bereits geschilderten Grundsätzen. Um eine breite Streuung zu erzielen, werden immer nur Einzelposten im Wert von etwa 1500 Euro eingekauft, wenn möglich nicht unter 1000 Euro, damit die Transaktionskosten die Gewinne nicht auffressen. Wenn es sich anbietet und die Kurse purzeln oder aufgrund einer aktuellen Entwicklung hohe Kurssteigerungen in Zukunft zu erwarten sind, wird nachgekauft. Man streut breit nach Ländern und Branchen.

Gekauft wird gegen den Trend: Wenn andere Panik bekommen und verkaufen, schlägt man zu. Wenn kein freies Kapital verfügbar ist, finanziert man die Neukäufe, indem man sich von einem Teil der Aktien trennt, die stabil geblieben oder nicht so stark gefallen sind und bei denen man bereits einen Gewinn von mindestens 100 Prozent gemacht hat. Wohlgemerkt: Man macht immer nur Teilverkäufe! Gekauft werden dann aber nur solche Aktien, bei denen die Fundamentaldaten stimmen. Ansonsten verkauft man Aktien dann, wenn die Börse eine Hochphase hat und andere begeistert kaufen – also auch hier gegen den Trend, nimmt den Gewinn mit und trennt sich dann auch ohne Bedauern von »Schrotthaufen« – Aktien, die sich leider nicht so entwickelt haben, wie man es erwartet hatte. »Entscheidend ist die Gesamtperformance im Depot – vergleichbar mit der Fußballbundesliga-Saison. Es kommt nicht darauf an, dass jeder Spieler stets seine Höchstform abruft. Die Teamleistung muss stimmen, damit die drei Siegpunkte eingefahren werden und der erhoffte Tabellenplatz zum Abschluss der Saison erreicht wird.«

»Trotz aller Strategie und Marktbeobachtung – welchen Faktor hat deiner Einschätzung nach das Glück an deinem Erfolg ausgemacht?«

»Das Glück gehört dem Tüchtigen«, antwortete sie. »Ich gebe dir mal ein Beispiel: Nach dem Höhenflug der Zoom-Aktie haben Datenschützer Bedenken angemeldet. Die Folge: Zoom war am Gründonnerstag deutlich nach unten gepurzelt. Dass ich das gesehen habe, war Glück, und dass diese datenschutzrechtlichen Bedenken Zoom nicht lange würden aufhalten können, war mir auch klar. Außer mir hatten das am Gründonnerstag aber noch Tausende anderer Anleger gesehen. Nur ich habe in dieser Situation auch gehandelt und nachgekauft – viele andere nicht! Und das ist dann kein Glück mehr, sondern mein Handeln wurde belohnt!«

Auf in die Zukunft

1. Investieren mit Blick nach vorn

Beate Sander investierte gerne in Bereiche, »wo die Zukunft spielt«, also in Tech-Aktien: egal ob Netflix, Alibaba, Apple, Nvidia, Amazon oder Microsoft. »Wo die Zukunft spielt« war für sie allerdings nicht nur auf Tech-Aktien und künstliche Intelligenz beschränkt. »Man muss sich fragen: Was wird in Zukunft wichtig sein, wo sind die Trends? Wenn ich weiß, dass die Lebenserwartung pro Jahrzehnt um zwei Jahre steigt, die Menschen also immer älter werden, dann liegt es doch auf der Hand, dass die Bedürfnisse dieser Menschen einen riesigen Zukunftsmarkt erzeugen.« Damit war für sie klar, dass Unternehmen aus dem Bereich der Medizintechnik, die zum Beispiel Zahnprothesen oder künstliche Hüftgelenke herstellen, zukünftig hohe Gewinne einfahren können, genauso wie Wellness- und Fitnessanbieter. »Auch Robotik im Haushalt wird ein großes Thema sein.« Im Internet und in Fachbüchern informierte sich Beate Sander dann weiter über diese Themen, machte sich schlau, welche Unternehmen in diesen Bereichen innovative Konzepte haben, verglich anschließend deren Geschäftsbilanzen und investierte. Ein weiteres Zukunftsthema ist, da war sie sich sicher, neben Elektromobilität und Wasserstoff das Thema Wasser. Der Blick auf die Bevölkerungsentwicklung und die Klimaerwärmung mit den zunehmend trockenen Sommern legte für sie nahe: Firmen, die sich mit Wasseraufarbeitung und Wasserversorgung beschäftigen, die an Technologien arbeiten, etwa was Meerwasserentsalzung betrifft, werden in den nächsten Jahren immer dringender gebraucht. Der Streuung zuliebe setzte sie diesbezüglich auf einen Wasser-ETF, den Lyxor World Water UCITS ETF. Dass sie Aktien der zehn innovativsten Unternehmen, die an einem Coronaimpfstoff arbeiteten, kaufte, verstand sich für sie von selbst, angefangen bei Biontech, Moderna, Curevac oder AstraZeneca. »Es gibt viele Leute, die davor zurückschrecken, in diese Firmen zu investieren, weil sie sagen: ›Woher sollen wir wissen, welche Firma beim Impfstoff das Rennen macht?‹« Solche Überlegungen hielt sie für »Quatsch«. »Die werden mit großer Wahrscheinlichkeit alle steigen – klar, der Erste, der einen findet, noch mehr als die anderen, aber man muss sich mal den Markt anschauen: Die ganze Welt wartet auf den Impfstoff. Da reicht der Impfstoff, der von einer Firma produziert wird, nicht aus. Das ist ja nicht wie bei einem teuren Flügel, für den es nur einen minimalen Absatzmarkt gibt. Und vielleicht ist der vierte Impfstoff, der auf den Markt kommt, letztlich erfolgreicher, weil die Wirkung am längsten vorhält.«

2. Börsentrend Nachhaltigkeit

Als ich am Donnerstag, den 11. September, morgens zu ihr kam, saß Beate Sander an ihrem Rechner und machte mit den Händen eine abwehrende Bewegung in meine Richtung. »Ruhe. Ich muss mich konzentrieren. Ich mach jetzt doch noch mal drei Käufe.«

»Was hast du denn gekauft?«, fragte ich sie ein paar Minuten später.

»Sunrun, eine amerikanische Solarfirma, Carbios – die haben ein Enzym entwickelt, das alte Plastikflaschen innerhalb kürzester Zeit verdauen kann – und Alfen, die machen intelligente Stromnetze und Ladestationen für Elektroautos.«

Das Thema Nachhaltigkeit lag Beate Sander gerade am Ende ihres Lebens sehr am Herzen. Sie hatte in den letzten Monaten etliche Fachbücher über den Klimawandel gelesen. Sie war froh, ihr Buch *Gutes Gewissen und dennoch erfolgreich* über nachhaltige Aktien, ETFs und Fonds noch rechtzeitig fertiggestellt zu haben.

»Corona geht irgendwann vorbei. Der Klimawandel ist die deutlich größere Herausforderung! Wenn wir es nicht schaffen, den Temperaturanstieg auf unter 2 Grad zu begrenzen, dann wird ein vernünftiges Leben hier irgendwann nicht mehr möglich sein – für meine Kinder, meine Enkel und alle anderen. Das kann keiner ernsthaft wollen!«

Beates Taufe am 9. April 1938 in Rostock. Eigentlich sollte sie »Joachim« heißen. Die Eltern hatten nach zwei Töchtern auf einen Sohn gehofft.

Der Mutter erschien Beate schon als kleines Kind oft merkwürdig geistesabwesend.

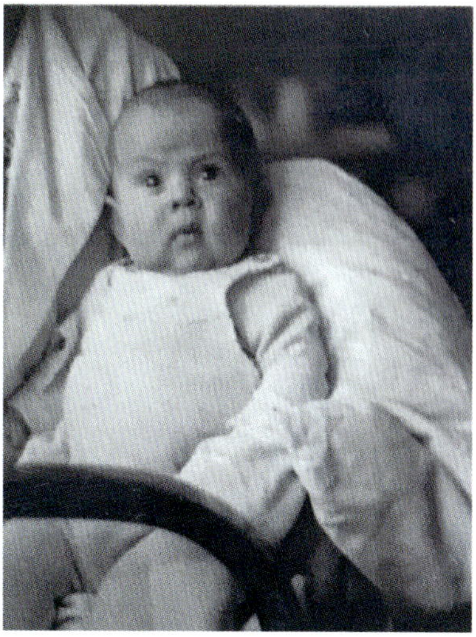

Von Kind an war Beate am glücklichsten, wenn sie in der Natur war. Früh begann sie mit Pflanzenexperimenten. Bis ins späte Alter arbeitete sie im Garten und zog auch gerne Analogien zum Aktienhandel: »Ich bin wie eine gute Gärtnerin. Ich säe und ernte zur rechten Zeit.«

Das Lächeln auf dem Führerscheinfoto trügt: Beate Sander fuhr ungern Auto und hielt sich selbst für eine schreckliche Autofahrerin. Umso mehr freute sie sich, als sie 1994 in Ulm als einzige Frau als »Kavalier der Straße« ausgezeichnet wurde.

Als Baby mit Mutter Martha Jaenicke. Trotz verzweifelter Versuche, einander zu verstehen, blieben sich die beiden ein Leben lang ein Stück weit fremd.

Martha Jaenicke war eine ausgezeichnete Köchin. Das Kochen hatte Beate Sander von ihr gelernt. Sie hatte bis ans Lebensende eine große Vorliebe für leckeres Essen.

Beate Sander war eine begeisterte Lehrerin. Ihr Motto: »Fördern und fordern«. Sie selbst hatte als Schülerin immer unter Unterforderung gelitten.

Sie liebte unkonventionelle Unterrichtsmethoden: Wer eine Strafarbeit aufhatte, bekam sie erlassen, wenn er es schaffte, beim Tennis, Tischtennis oder Schach gegen sie zu gewinnen.

Auch wenn es hier anders wirkt – Mode war Beate Sander ihr ganzes Leben lang völlig gleichgültig.

Hochzeit am 29.7.1961. Günther Sander träumte von einer »vorzeigbaren« und tüchtigen Frau, die ihn beim Hausbau unterstützt, Beate von einem sportlichen Akademiker, mit dem sie spannende Gespräche führen kann.

1966 zusammen mit Ehemann Günther und Tochter Elke. Beate Sander hatte sich immer eine Familie und Kinder gewünscht.

Endlich zu viert: Geburt von Sohn Uwe 1969.

Das Haus der Familie Sander. Ohne Schnörkel und unprätentiös, wie die »Börsenoma« es selbst auch war. In eine luxuriösere Immobilie umzuziehen wäre ihr nie eingefallen.

Auch das Mobiliar behielt Beate Sander bis zum Ende ihres Lebens zum großen Teil bei. Sie hätte es als Umweltsünde gesehen, sich von funktionstüchtigen Möbeln zu trennen: »Wenn ich etwas kaufe, kaufe ich Qualität.«

»Ich konnte nur Angriff, aber das ganz gut.« Beate Sander hat es im Tischtennis in die Erste Bundesliga geschafft. Ihr Trainingsprinzip: Die Stärken weiter ausbauen, nicht zu viel über Schwächen grübeln.

Wichtiger als der Sieg war es für sie, zu wissen, dass sie alles gegeben hatte.

Mit »Haustochter« Inge. Junge Hauswirtschafts-absolventinnen passten auf die Kinder auf, wenn Beate gearbeitet hat.

Bei aller Freude über den Nachwuchs war es für Beate eine stressige Zeit: Bereits sechs Wochen nach der Geburt der Kinder musste sie wieder arbeiten und Vollzeitjob und zwei Kinder unter einen Hut bringen. Ihr Mann half nicht im Haushalt mit, weil er das für »Frauensache« hielt.

Als engagierte Pädagogin probierte Beate Sander auch Zuhause gerne Neues aus – zum Beispiel, wie Kinder am besten Lesen lernen. Bei Tochter Elke hat es geklappt: Sie konnte mit vier Jahren lesen.

Badefreuden mit den Kindern. Beate Sander war eine leidenschaftliche Schwimmerin. Bei ihrer ersten Anstellung als Lehrerin hatte sie Streit mit dem Rektor, weil sie von Schülern im Schwimmbad im Badeanzug gesichtet wurde und er das unsittlich fand.

Im Stenographie- und Phonotypie-Unterricht.
Beate Sander legte Wert auf beste technische Ausstattung.

Schulrektor Franz Pfaller überreichte einen Zinnteller zum 40-jährigen Dienstjubiläum. »Sie war ein pädagogisches Ausnahmetalent.«

Das Klavier begleitete Beate Sander von klein auf und schenkte ihr Trost in schweren Zeiten. Sie galt als außerordentlich begabt. »Für eine internationale Karriere hätte es aber nicht gereicht«, kommentierte sie selbst ihr Können.

Beate Sander hatte eine eigentümliche Tennistechnik, weil sie mit dem linken Arm spielte, obwohl sie eigentlich Rechtshänderin war. Wenn sie solche Fotos sah, ärgerte sie sich über ihre »schlechte« Körperhaltung – und nahm eine extra Trainerstunde.

Beate Sander sammelte Pokale wie andere Briefmarken. Sie hatte das, was Trainer lieben: den unbedingten Willen zu gewinnen. Aber fair musste es zugehen!

Auszeichnung als »Größter Deutscher Tennisfreak« 1988. Beate Sander konnte mit zwei Schlägern gleichzeitig Tennis spielen.

Großartiger Preis: Die einzige Reise der Börsenoma außerhalb Europas nach Florida. Da waren sie und Günther schon längst kein Paar mehr. Die Reise haben sie trotzdem gemeinsam genossen. Mitgekommen war auch Beates Tennisfreund, der sie für den Preis vorgeschlagen hatte.

Was ihre Tippgeschwindigkeit betraf, konnte ihr kaum einer das Wasser reichen. Mit 19 hatte sie sich sogar für die Weltmeisterschaft im Maschinenschreiben qualifiziert, konnte aber dann aus Zeitgründen nicht teilnehmen.

Die »Börsenoma« inmitten ihrer Bestseller. Bis zum Schluss arbeitete sie 14 Stunden am Tag. Selbst wenn man ihr Millionen geboten hätte, hätte sie nie aufgehört zu schreiben.

Es gab nichts, auf das Beate Sander so stolz war wie auf den riesigen Erfolg ihres *Aktien- und Börsenführerscheins* – außer auf ihre Kinder.

Beate Sander beim Interview mit Katja Heijnen für die SWR1-Sendung »Leute«. Damals wussten beide noch nicht, dass sie kurz darauf ein Buch zusammen machen würden.

Zwei starke Frauen: In der SWR-Talkshow »Talk am See« mit Moderatorin und Bestsellerautorin Gaby Hauptmann. Diese war von Beate Sander sehr beeindruckt. »Eine Frau, die ihr Ziel fest im Blick hatte ... aber immer mit einer Prise Humor. «

Zu Gast in der NDR-Talkshow. Die »Börsenoma« verblüffte Barbara Schöneberger mit ihrer Schlagfertigkeit.

Nur Zufall? Während Beate Sander in Ulm beerdigt wurde, zündete Katja Heijnen in einer kleinen griechischen Kapelle eine Kerze für sie an. Im Hintergrund das Bild des Heiligen Georg, der für Mut und Tapferkeit steht – und hier weibliche Gesichtszüge hat.
»Die Drachentöterin« – das hätte Beate Sander gefallen …

»Meinst du, durch Corona kann es neue Impulse für den Klimaschutz geben?«, fragte ich. »Es wird sicherlich auch in Zukunft weniger Dienstreisen geben, jetzt, nachdem man gesehen hat, wie gut das per Skype und Zoom funktioniert und wie viel Zeit man dadurch spart.«

»Das reicht nicht«, meinte sie. »Ich hoffe, dass generell ein Umdenken einsetzt. Man muss nicht jede Mode mitmachen, man muss auch nicht viermal im Jahr in Urlaub fahren, alle Strecken mit dem Auto zurücklegen. Vielleicht haben die Menschen gemerkt, als die Läden dicht hatten, dass man nicht alles im Überfluss haben muss, sondern dass es auch guttut, etwas bescheidener zu leben. Man muss nicht alles haben!«

Ich war verwirrt. Klingt so eine Frau, die sich für die freie Marktwirtschaft einsetzt, und die, wie sie mir erzählt hatte, bekennende FDP-Wählerin war?

»Muss denn grenzenloses Wirtschaftswachstum das einzige Ziel eines Unternehmens sein? Immer mehr Umsatz, immer mehr Wachstum, immer mehr Ertrag?«, setzte sie ihre Ausführungen fort.

»Nein, muss es nicht«, sagte ich. »Mich wundert nur trotzdem, das aus deinem Munde zu hören. Hat sich deine Haltung da in den letzten Monaten verändert?«

»Die Welt hat sich verändert«, sagte sie. »Wir brauchen einen sozialverträglichen ökologisch orientierten Kapitalismus.«

»Was hältst du von ›Fridays for Future‹?, fragte ich sie später.

»Wenig«, antwortete sie. »Sie haben auf das Thema Klimaschutz aufmerksam gemacht – das ist gut. Das war's dann aber auch. Was wir brauchen, ist ein vernünftiger Plan, wie man Ökonomie und Ökologie zusammenbringen kann.« Und sie fügte hinzu: »Außerdem sollen die aufhören, die Schule zu schwänzen!« – was mich wiederum beruhigte. Da war sie dann doch ganz die Alte geblieben.

Wie dieser Plan, Ökologie und Ökonomie zusammenzubringen, aussehen kann, dazu hatte Beate Sander als Börsenexpertin ziemlich konkrete Vorstellungen: durch Investition in Unternehmen, die nachhaltig wirtschaften. Welche Voraussetzungen diese Unternehmen erfüllen müssen, um als »nachhaltig« betrachtet werden zu können, beschreibt sie in ihrem Buch *Gutes Gewissen und dennoch erfolgreich*: »Eine nachhaltige Unternehmensführung gründet auf drei Säulen: a) Ökonomie (Wirtschaftlichkeit), b) Ökologie (Umweltschutz) und c) Soziales (Gesellschaft, Mitarbeiterkultur). Ziel ist es, die Umwelt zu bewahren und begrenzte Ressourcen zu schonen.« Um Missverständnissen vorzubeugen: Es geht nicht nur um Aktien von Windradherstellern oder Solarenergieanbietern. Auch

Unternehmen aus anderen Branchen können darunterfallen, wenn sie sich für faire Arbeitsbedingungen einsetzen, ihr Unternehmen nachweislich auf ethischen Grundsätzen basiert und sie sich um eine möglichst umweltverträgliche Produktion und geringe Emissionen in Luft und Wasser bemühen.

Indem man Aktien solcher Unternehmen kauft, setzt man ein Signal und gibt den Unternehmen das notwendige Kapital, um neue innovative und nachhaltige Produkte entwickeln zu können, in die Infrastruktur des Unternehmens zu investieren und es zukunftsfähig zu machen. Dabei können durchaus auch ordentliche Gewinne für den Anleger abfallen: Die lange verbreitete Einschätzung, Nachhaltigkeitsanlagen seien nur gut fürs Gewissen, aber schlecht für den Geldbeutel, gilt inzwischen als widerlegt. Nachhaltige Fonds und ETFs schneiden im Mehrjahresvergleich besser ab und werden immer stärker nachgefragt.

Dies hängt sicherlich damit zusammen, dass sich das gesellschaftliche Bewusstsein gewandelt hat und immer mehr Menschen für Umweltschutz sensibilisiert sind. Das lässt sich auch an dem ständig steigenden Markt für Bioprodukte in Europa und den USA erkennen. Allein in Deutschland lag der Bioumsatz 2019 bei 11,9 Milliarden Euro und damit knapp 10 Prozent über dem Vorjahr. Man braucht wenig Fantasie, um zu prognostizieren, dass sich eine Generation, für die ethische und ökologische Standards beim Einkauf von Alltagsprodukten immer wichtiger werden, sich zunehmend auch bei ihren Finanzanlagen an solchen Maßstäben orientiert. »Die neuen Generationen fragen sich viel häufiger, wie sie mit ihrem Vermögen die Welt verbessern können. Greta, nicht Geissens, heißt die Losung«, ist sich Vermögensforscher Thomas Druyen sicher. Und dieses Vermögen wird immens sein: In den nächsten zehn Jahren gelangen weltweit rund 20 Billionen Dollar in die Hände dieser Erbengeneration, für die Nachhaltigkeit Teil ihres Lebenskonzepts ist. Hinzu kommt, dass immer mehr Großinvestoren Wert darauf legen, dass ihre Anlagen nachhaltig sind. Das weltgrößte Fondshaus BlackRock erwartet, dass sich der Markt in Europa für nachhaltige ETFs von heute 12 Milliarden Dollar bis 2028 verzwanzigfacht und hat 2019 für alle Anleger ersichtlich online ausgewiesen, inwieweit ihre börsengehandelten Indexfonds Umwelt- und Sozialstandards genügen. Im Gegenzug dürften Unternehmen, die solche Standards nicht berücksichtigen, zunehmend in Schwierigkeiten geraten, egal, wie gut das Produkt ist, für das sie stehen: Umfragen zeigen, dass schon heute die Bereitschaft, ein Produkt zu kaufen, nur zu 40 Prozent vom Produkt selbst abhängig ist – zu 60 Prozent aber von der Wahrnehmung des

Unternehmens. Das haben vor allem die erfahren müssen, die den Nachhaltigkeitstrend lange verschlafen haben: die deutschen Autobauer, aus deren Reihen man heute Aussagen hört wie die von VW-Chef Herbert Diess: »Die Klimaziele sind unser Hauptfokus.«

Wenn Beate Sander also selbst auf nachhaltige Aktien setzte und darüber ihr letztes Buch veröffentlichte, machte sie das ganz klar nicht nur aus ethischen Beweggründen, sondern auch, weil dort »die Zukunft spielt« – und da fühlte sie sich, wie bereits beschrieben, zu Hause. Sie selbst legte deutlich strengere Kriterien an Nachhaltigkeit für die Aktien an, die sie in die Musterdepots in ihrem Buch aufnahm, als das bei den meisten Fonds üblich ist. Dennoch wollte sie »nicht päpstlicher als der Papst« sein. Ein Beispiel ist der skandinavische Fischzüchter Mowi ASA, der als nachhaltig gilt, weil der ohnehin begrenzte Fischbestand der Meere nicht weiter verringert wird. »Eine Gruppe von Umweltschützern hält diese Aktie nicht für nachhaltig, weil Antibiotika eingesetzt werden. Selbstverständlich muss man hier vorsichtig und verantwortungsbewusst dosieren. Aber ich habe volles Verständnis dafür, dass der Fischzüchter es nicht darauf ankommen lässt, bei Bakterienbefall untätig zuzusehen, wie die Fische durch die Krankheit verenden und er selbst mit seiner Familie pleitegeht und seine Mitarbeiter gekündigt werden müssen. Aus diesem Grund bin ich hier sehr viel toleranter. Mir kommt es auf die große Linie, das tragende Geschäftsmodell an. Überprüfen Sie doch einmal selbst, ob Sie überall dort, wo es möglich wäre, im Alltag immer an eine nachhaltige Lebensführung denken und sich entsprechend verhalten bzw. einschränken.«

Nebenbei bemerkt dürfte es wenige Menschen geben, die in ihrem Privatleben nachhaltiger leben, als Beate Sander es selbst tat: Strecken bis 2 Kilometer lief sie grundsätzlich zu Fuß. Wenn die Tasche zum Einkaufen zu schwer war, um sie zu tragen, lief sie die Strecke lieber zweimal mit leichterer Tasche, anstatt mit dem Auto zu fahren. Sie aß lieber seltener und dafür teures und gutes Fleisch, aß gerne Obst und Gemüse aus ihrem Garten und wenn sie im Supermarkt einkaufte, achtete sie darauf, die Ware möglichst unverpackt zu kaufen. Sie legte keinen Wert auf große Reisen – ihr absoluter Alptraum wäre schon wegen der Masse der Menschen an Bord eine Kreuzfahrt gewesen. Wenn sie zu Vorträgen reiste, dann grundsätzlich mit dem Zug. Außerdem besaß sie nur wenig Kleidungsstücke und ihre Wohnung sah immer noch so aus, wie Beate Sander sie in den 1960er-Jahren ausgestattet hatte. »Stell dir vor, ich würde die ganzen Möbel einfach wegwerfen und neue kaufen – was da allein an Abfall anfiele!« Da sie der Meinung war, dass sie als Einzelperson nicht so viel Platz benötigen würde, hatte sie zudem das Erdgeschoss in ihrem Reihenhaus als abgetrennte Wohneinheit vermietet und beschränkte sich auf eine Dreizimmerwohnung im ersten Stock. »Es kann doch jeder von uns ein klein wenig dazu beitragen, dass unsere Kinder und Enkel auch noch gut auf unserem Planeten leben können!«

3. Die Zukunft ist weiblich

»Ich habe die Hoffnung, dass durch das Nachhaltigkeitsdenken viel mehr Frauen anfangen, sich mit der Börse auseinanderzusetzen. Ich bekomme weit mehr Anfragen von Frauen zu nachhaltigen Aktien als von Männern.« Auch bei ihren Vorträgen vor Corona lag die Frauenquote, wenn es ums Thema Nachhaltigkeit ging, nach Einschätzung von Beate Sander bei 70 Prozent. Dass Frauen in die Altersarmut fallen, weil sie sich nicht um ihre Finanzen kümmern, war für sie ein wiederkehrender Anlass zur Sorge. Zu Recht: Laut einer Studie der Organisation für wirtschaftliche Zusammenarbeit und Entwicklung aus dem Jahr 2019 ist die Rente bei Frauen über 65 heute im Schnitt um 46 Prozent niedriger als bei den Männern. Vorrangige Gründe: Frauen arbeiten häufiger Teilzeit und erwerben dadurch geringere Rentenansprüche; durch Geburten und das Kümmern um die Kinder gibt es bei ihnen zudem häufiger Unterbrechungen ihrer Berufsbiografien. Hinzu kommt: Frauen legen monatlich weniger Geld zurück, was natürlich auch mit einem im Schnitt niedrigeren Einkommen zusammenhängt. Außerdem sparen sie eher auf kurze Sicht und nicht langfristig. »Nur ein Drittel der Frauen legt für sich selbst etwas als Altersversorge an«, bedauerte Beate Sander. Nach einer repräsentativen Umfrage von JP Morgan Asset Management ist Sicherheit Frauen generell wichtiger und sie nehmen dafür eine geringere Rendite hin. Sie beschäftigen sich aber auch nicht so umfassend mit dem Thema Geldanlage wie Männer. Nur jede achte Frau besitzt Wertpapiere, bei Männern sind das doppelt so viele. »Leider gehören so vor allem viele Frauen aus Angst vor Wertschwankungen oder aus Unerfahrenheit zu den großen Verlierern der Niedrigzinsphase«, so das Resümee der *FAZ*.

Beate Sander formulierte das auf ihre Weise. Es gibt für Frauen keine ernsthafte Alternative zu »Weg vom Sparbuch – hin zu Aktien!«, wobei das nicht nur fürs Sparbuch, sondern auch für unrentable Tagesgeldkonten gilt. »Das größte Risiko ist es heute, überhaupt kein Risiko eingehen zu wollen!« Wer das Risiko scheut, hat nämlich schon verloren: Denn während der Zins bei auf Tagesgeldkonten oder Sparbüchern geparktem Geld bei nahe 0 Prozent liegt, beträgt das von der Europäischen Zentralbank propagierte Inflationsziel 2 Prozent. Selbst wenn es nicht überschritten wird, heißt das im Klartext: Wenn ich 10 000 Euro einfach auf dem Sparbuch »parke«, wird dieses Geld im nächsten Jahr bei einer Inflationsrate von 2 Prozent, was die Kaufkraft betrifft, auf 9804 Euro reduziert. Man ist damit faktisch um 196 Euro »ärmer«.

»Sollten wir Frauen uns da die Männer zum Vorbild nehmen?«, fragte ich nach.

»Nein!«, erklärte Beate Sander entschieden. »Auch die legen – zumindest in Deutschland – zu wenig in Aktien, ETFs und Fonds an. Und vor allem: Die, die es tun, zocken oft mit schnellem Rein/Raus und Hebelzertifikaten. Das ist für vernünftiges, langfristiges Sparen und Alterssicherung der falsche Weg!«

Geduld haben, Ruhe bewahren, breit streuen, um Risiken zu minimieren und vorausschauend handeln, ohne sich durch Emotionen zu unüberlegten Handlungen hinreißen zu lassen – das war für sie der einzig richtige Weg.

4. Corona und die Folgen

»Findest du, die Bundesregierung hat, was die Coronakrise betrifft, gute Arbeit geleistet?«, fragte ich Beate Sander.

Sie selbst hat das Virus zwar durchaus ernst genommen, wollte sich davon aber in ihrem Leben so wenig wie möglich einschränken lassen. Maske tragen beim Einkaufen, gründliches Händewaschen und Abstand halten – das waren Regeln, die sie von Anfang an befolgte. Aber auf die Idee, ihren heißgeliebten Börsen-Volkshochschulkurs aus Angst vor Ansteckung abzusagen, nur weil sie zur Risikogruppe zählte, wäre sie nie gekommen. Der Kurs wurde in einen größeren Raum verlegt, damit alle auf Abstand sitzen konnten, und dann ging es für ihre Schüler weiter wie bisher. Im Großen und Ganzen, sagte sie, sei sie damit zufrieden, wie die Politik in Deutschland in der Krise reagiert habe. Allerdings hatten sie einige Maßnahmen auch maßlos geärgert, vor allem, wenn sie für sie mit gesundem Menschenverstand nicht nachvollziehbar waren. Als jemand, der in Ulm, also direkt an der Ländergrenze Baden-Württemberg/Bayern wohnte, hatte sie da einige besonders skurrile Beispiele zu bieten: »Sowohl in Ulm als auch in Neu-Ulm durfte ich spazieren gehen und mich auf eine Parkbank setzten. In Ulm durfte ich da auch ein Buch lesen, in Neu-Ulm aber war das Lesen auf der Parkbank verboten. Das ist doch absoluter Schwachsinn. So etwas darf man nicht machen!« Später wurde diese merkwürdige Regelung dann wieder zurückgenommen.

Auch über die coronabedingte Sperrstunde in Bars und Kneipen um 23 Uhr konnte sie sich aufregen. »Das ist doch Quatsch zu sagen: Bis 23 Uhr dürft ihr bei uns bleiben. Danach ist es verboten. Wieso ist die Infektionsgefahr größer, wenn ich eine Stunde länger bleibe?« Golf zu verbieten, wie anfänglich geschehen, oder Tennis im Freien, wo die Spieler ohnehin Maximalabstand haben, hielt sie ebenfalls für Blödsinn. »Mit solchen Regeln, die keiner nachvollziehen kann, bringt man die Leute gegen sich auf! Da muss man als Politiker aufpassen, weil wir ja alle im schlimmsten Fall darauf angewiesen sind, dass die Menschen noch lange bei den Einschränkungen mitmachen.«

Was die Corona-Soforthilfe betraf, hätte sie sich gewünscht, dass man da mehr differenziert hätte. Sie befürwortete unbürokratische Hilfe für in Not geratene Kleinunternehmer und Arbeitnehmer sowie deren Familien, aber gleichzeitig hätte man einen kritischen Blick auf die vorhandenen Eigenkapitalreserven werfen müssen: »Es gibt ja durchaus einige Leute, die sehr viel Geld haben. Wieso sollen die dann Soforthilfe bekommen, wenn sie mal ein paar Monate weniger verdienen? Das sind unsere Steuergelder!« Insgesamt bereitete ihr der Blick auf den Staatshaushalt großes Unbehagen, und in der Tat sind die Zahlen schwindelerregend: Bundesfinanzminister Olaf Scholz plante für 2020 ein Rekorddefizit von 218 Milliarden Euro ein, im Jahr 2021 sollen 260 Milliarden Euro an neuen Schulden hinzukommen. Während vorher auf die Schuldenbremse getreten wurde, haben die Staatsschulden jetzt mit fast 2,2 Billionen Euro einen historischen Höchststand erreicht. Deutschland steht damit im Vergleich zu anderen Ländern, deren Staatshaushalte bei Weitem nicht so solide aufgestellt sind, noch vergleichbar gut da. Sowohl in der EU als auch in den USA, Japan oder Großbritannien explodieren durch Corona die Staatsschulden und nehmen ein dramatisches Ausmaß an: Die Verbindlichkeiten der Länder sind inzwischen höher als nach dem Zweiten Weltkrieg. Wegen der anhaltenden Niedrigzinsen scheint kaum einer ein Problem darin zu sehen, immer mehr schuldenfinanzierte Investitionsprogramme zu fordern und sich immer höher zu verschulden. Beate

Sander allerdings schon. »Erst mal können die Zinsen auch wieder steigen – und außerdem muss ja jemand die Schulden irgendwann auch abzahlen.« Wer da in erster Linie die Zeche zahlen muss, lag für sie auf der Hand: die nächste Generation und Gut- und Besserverdiener, die durch Steuererhöhungen zur Kasse geben werden. »Die ganz Reichen werden irgendwie wieder davonkommen.«

Dass das Wirtschaftswachstum nach Corona durch entsprechende Investitionsprozesse so schnell in Gang kommen wird, dass die Krise wirtschaftlich für die Deutschen mehr oder weniger folgenlos bleibt, hielt sie für mehr als unwahrscheinlich. »Der Lebensstandard nach Corona wird sinken. Die meisten Menschen werden sich mehr einschränken müssen als bisher. Es wird einige Jahre dauern, bis es wieder vergleichbaren Wohlstand gibt wie vorher«, lautete ihre Prognose.

Und für die Aktionäre? Die müssen sich, meinte Beate Sander, wohl oder übel auf starke Kursschwankungen einstellen, abhängig davon, wie schnell die Pandemie besiegt wird und wie rasch sich die Unternehmen von den Folgen von Corona erholen werden. Aber das, meinte sie, sei für langfristige Anleger kein Problem, sondern auch eine Chance, ihr Depot mithilfe ihrer Hoch/Tief-Mutstrategie zu optimieren: durch Teilverkäufe von Aktien nahe dem Jahreshoch und durch Zukauf anderer Aktien zu extrem niedrigen Kursen. Eine Gefahr in diesen extrem schwankungsfreudigen Zeiten sah sie aber in Stoppkursen, die Anleger bei Aktienkäufen setzen – grundsätzlich ein gängiges Mittel, um größere Verluste zu verhindern: Fällt die Aktie unter einen bestimmten Wert, wird sie automatisch verkauft. Doch gerade in Phasen rapider und vom eigentlichen Wert des Unternehmens auch losgelöster Kurseinbrüche mit ebenso schnellen Erholungen sah Beate Sander diese Stoppkurse extrem skeptisch, denn auf jeden Fall fallen dann doppelte Transaktionskosten an: beim Verkauf und wenn man später wieder einsteigen will. Sie selbst verzichtete deshalb beim Aktienkauf gänzlich auf Stoppkurse. »Ich lasse mir meine freie Handelsentscheidung nicht durch Computerprogramme wegnehmen.« Insgesamt jedoch blieb sie optimistisch, dass es sich trotz der coronabedingten Unsicherheiten der aktuellen Wirtschaftslage immer langfristig lohnen würde, in Aktien zu investieren. »Nach jedem Crash haben sich über Jahrhunderte die Börsenkurse erholt und waren – abgesehen von Japan – höher als vor dem Kurseinbruch.«

Genauso klar war für Beate Sander aber auch: Ein Zurück in die Zeit vor Corona würde es nicht mehr geben. »Die Welt wird sich insgesamt verändern.«

Diese Veränderung wird, davon war sie fest überzeugt, alle Bereiche unseres täglichen Lebens betreffen, am allermeisten jedoch die Arbeitswelt. »Die meisten Firmen werden künftig nicht mehr auf eine permanente Anwesenheit des Arbeitnehmers beharren«, so ihre Prognose. »Das werden die Arbeitnehmer auch nicht mehr mitmachen.« Vor allem junge Leute, davon war Beate Sander überzeugt, würden sich künftig nicht mehr ohne triftigen Grund vorschreiben lassen, von wann bis wann sie anwesend sein sollen, wenn es nicht, wie bei Lehrern oder Krankenhausmitarbeitern, zwingend notwendig ist. »Sie sind es gewohnt, sich die Zeit selbst einzuteilen« – und aufgrund der demografischen Entwicklung, dass junge Arbeitnehmer gesucht sind, müssen sich die Firmen, so ihre Prognose, auch in Zukunft stärker darauf einlassen. »Das bedeutet mehr Freiheit und mehr Selbstverantwortung und auch weniger Mitspracherecht der Gewerkschaften.« Beate Sander machte aus ihrer ablehnenden Haltung den Gewerkschaften gegenüber kein Geheimnis. Sie hielt sie in ihrer aktuellen Ausrichtung für eine »Regulierungsbehörde« und damit für völlig unzeitgemäß. »Wer will sich schon vorschreiben lassen, ob er am Wochenende oder im Urlaub seine E-Mails lesen darf oder nicht oder wie viele Stunden er täglich arbeiten muss oder längstens darf? Ich jedenfalls nicht!« Die Gefahr, dass ein Teil der Mitarbeiter die Freiheiten im Homeoffice ausnutzen würde, um nur wenig zu arbeiten, und dass andere so viel arbeiten würden, dass sie irgendwann im Burn-out landen würden, sah sie nicht, im Gegenteil. Sie hielt das für ausgesprochenen Blödsinn. »Die, die nichts tun, tun auch nichts, wenn sie in der Firma sitzen: Ich war lange genug Lehrerin, ich weiß, wovon ich rede.« Und die anderen, erklärte sie, hätten auch vorher schon viel mehr gearbeitet, als sie müssten – im Zweifel hätten sie zu Hause einfach weitergearbeitet. »Das heißt jetzt nicht, dass es ausschließlich nur noch Homeoffice geben wird«, wandte sie ein, »aber Mischformen – mal in der Firma, mal zu Hause – und mehr Freiheiten.«

Für Beate Sander bestand gleichzeitig kein Zweifel daran, dass das Homeoffice noch die geringste Veränderung der Arbeitswelt sein wird. »Ich sage nur Internet der Dinge, Industrie 4.0, Künstliche Intelligenz, Robotik. Wenn Unternehmen da nicht mitziehen, wird das vielleicht ein paar Jahre gut gehen, langfristig aber nicht. Ob man das mag oder nicht mag, der Trend geht in diese Richtung.« Das heißt im Klartext: Immer mehr Prozesse in der Arbeitswelt werden von Algorithmen und Künstlicher Intelligenz übernommen werden, und zwar nicht nur einfache Tätigkeiten wie die klassische Fließbandarbeit, sondern auch kompliziertere Prozesse. »Da hat Corona wie ein Brandbeschleuniger gewirkt.« Die Forschung gibt ihr mit dieser Einschätzung Recht. Anfang 2020 sind Arbeitsmarktforscher noch davon ausgegangen, dass wir innerhalb der nächsten 15 Jahre eine komplette Umstrukturierung unserer Arbeitswelt erleben werden. Inzwischen sprechen Wissenschaftler wie Prof. Jutta Rump, die Direktorin des Instituts für Beschäftigung und Employability in Ludwigshafen, nur noch von fünf Jahren: Bereits 2025 soll unsere Arbeitswelt eine gänzlich andere sein. Viele Jobs, vor allem solche mit hohem Anteil an Routinen, werden wegfallen, und dabei geht es nicht nur um Fließbandtätigkeiten, die von Robotern übernommen werden. Kluge Software wird in der Lage sein, auch kompliziertere Aufgaben im Controlling oder der Buchhaltung problemlos zu stemmen. Studien gehen davon aus, dass allein in Deutschland 4,4 Millionen Jobs durch Künstliche Intelligenz ersetzt werden können. Weltweit könnte die Digitalisierung bis 2025 nahezu 75 Millionen Jobs vernichten. Auf der anderen Seite werden zahlreiche Jobs neu entstehen, die wir uns heute noch gar nicht vorstellen können: Optimistische Schätzungen gehen sogar von bis zu 133 Millionen neuer Jobs aus, die die Digitalisierung hervorbringt.

»Die Frage ist nur, ob die Leute, die freigesetzt werden, auch die sind, die für diese neuen Jobs geeignet sind. Du kannst ja aus einem Steuerberater keinen Drohnenpiloten machen«, sagte ich zu Beate Sander.

»Muss man ja auch nicht!« Man sah ihr an, dass sie das Beispiel dämlich fand. »Aber es gibt sicherlich andere Jobs, die seinem ähnlicher sind, für die er sich weiterbilden könnte.«

Auch da hatte sie zweifelsohne recht: Eine großangelegte gemeinsame Studie des Weltwirtschaftsforums und der Boston Consulting Group ergab, dass der durchschnittliche US-Arbeitnehmer von seinen Voraussetzungen her 48 mögliche andere Jobs hätte, die er genauso gut ausüben könnte. Ein Angestellter in der Buchhandlung könnte zum Beispiel durchaus auch als Bibliothekar oder Makler arbeiten; ein Einkäufer könnte Onlinehändler oder Webadministrator werden. Bei der Hälfte der neuen Jobs würde ihn sogar ein höheres Gehalt erwarten. Voraussetzung ist allerdings ebenfalls, dass er bereit ist, sich entsprechend weiterzubilden oder Umschulungen zu machen, und natürlich auch, dass die Unternehmen diesen Weg mit ihren Mitarbeitern gehen. Womit wir bei Beate Sanders Lieblingsthema wären: lebenslangem Lernen. Schon zu ihren Zeiten als Lehrerin hatte sie sich immer fürchterlich aufgeregt, wenn Eltern fragten: »Müssen die Kinder das denn wirklich alles lernen?« Oder wenn ältere Leute sich weigerten, sich mit Internet und anderen neuen Technologien zu beschäftigen, und sagten: »Das muss ich in meinem Alter jetzt wirklich nicht mehr lernen!«

»So als wäre Lernen etwas Negatives«, empörte sie sich. »Ich sage dann immer: ›Ihr habt doch Kinder! Ihr habt Enkel! Fragt die und lasst euch das alles erklären!‹« Für sie selbst war ein Tag kein gelungener Tag, an dem sie nicht irgendetwas Neues erfahren oder dazugelernt hätte. »Kann man sich etwas Besseres vorstellen? Mir macht das einfach Spaß!« Wichtig sei, meinte sie, den Gedanken »Das begreife ich eh nicht« komplett aus seinem Kopf zu streichen: »Die große Gefahr ist, dass Leute bei neuen Herausforderungen den Kopf einziehen und aus Angst, sie könnten es nicht begreifen, einfach gar nichts machen! Oft ist es nur ein kleiner Schritt, aber den muss man erst mal gehen.«

Was die gigantischen Veränderungen der Arbeitswelt in den kommenden Jahren betrifft, hatte Beate Sander vor allem einen Tipp bereit: Agieren statt reagieren! »Wenn ich merke, dass wesentliche Teile meines Jobs von Maschinen zumindest theoretisch erledigt werden können, dann warte ich doch nicht einfach ab! Dann überlege ich mir: Was kann ich stattdessen machen, damit ich in dieser neuen digitalen Welt einen Platz finde?«

»Dennoch wirst du immer Menschen haben, die nicht so gestrickt sind wie du und das nicht schaffen«, gab ich zu bedenken. »Und das werden vielleicht gar nicht so wenige sein. Wie willst du da sozialen Frieden bewahren? Was hältst du zum Beispiel von einem bedingungslosen Grundeinkommen, wie es immer wieder diskutiert wird?«

»Überhaupt nichts!«, erklärte sie in aller Entschiedenheit. Sie hatte die Befürchtung, dass viele Leute dann gar nicht mehr arbeiten würden, keiner mehr bereit wäre, anstrengende Arbeiten zu übernehmen, und: »Wer soll das denn alles zahlen? Die, die arbeiten? Das wären ja unsere Steuergelder!«

Da ich mich mit dem Thema bereits einmal intensiver beschäftigt hatte, hielt ich dagegen: Ich erzählte ihr, dass das Ganze im Zweifel durchaus zu finanzieren wäre, wenn man gleichzeitig unser Steuersystem umkrempelt und dagegenrechnet, dass etliche Sozialleistungen durch das Grundeinkommen wegfallen. Hinzu kommt: Leute, die ihren Job nicht gerne machen, sind mit Sicherheit auch nicht gut in ebendiesem Job, sodass die Produktivität und der gesellschaftliche Wohlstand vermutlich höher wären, wenn diese Leute Tätigkeiten ausüben würden, zu denen sie wirklich Lust hätten. Außerdem wäre der ein oder andere vielleicht eher bereit, verrückte Ideen umzusetzen und ein Start-up-Unternehmen zu gründen, wenn er sich keine Sorge um den Lebensunterhalt machen müsste, sodass dadurch Innovationen entstünden. Ich erklärte, dass es ohnehin eine irrige Fehlannahme sei, zu glauben, dass Menschen nur wegen des Geldes arbeiten. Wie viele Leute, die monatlich hohe Mieteinnahmen aus Immobilien haben oder mehr als genug Geld auf dem Konto haben, arbeiten trotzdem, einfach weil es ihnen Spaß macht? »Da bist du doch das beste Beispiel dafür, dass Leute auch arbeiten, wenn sie genügend Geld haben und es nicht müssten!«

Sie schaute mich an. »Ich habe mich bisher noch nie länger mit dem Thema beschäftigt. Deshalb sag ich jetzt: Wenn man keine Ahnung hat – einfach mal die Klappe halten!«

Teil III

Letzte Dinge

Erfahrungen mit Krankheit, Tod und Sterben

»Es ist so wie beim letzten Spiel Bayern gegen Barcelona«, erklärte mir Beate Sander in Anspielung auf das Champions-League-Viertelfinale, das im August stattgefunden hatte und in dem der FC Barcelona mit 2:8 eine historische Niederlage kassiert hatte. Beate Sander liebte Fußball und zog ihn ständig für Vergleiche heran. »Vorher hatte ich gedacht, ich hätte ganz gute Karten, habe auf einen Sieg gehofft, zumindest aber auf ein Unentschieden. Aber jetzt muss ich mir eingestehen: Der Gegner war einfach stärker! Da muss man versuchen, ein guter Verlierer zu sein.«

Der Gegner«, das war ihr Krebs, der in voller Härte zurückgekommen war. Bereits 2017 hatte sie einen großen Tumor im Darm gehabt, der bereits weit über die Darmwand hinausgeragt hatte. Auch damals waren schon Lymphknoten befallen. Gegen die Empfehlung des Arztes hatte sie sich entschieden, keine Chemotherapie zu machen. »Wenn ich jünger gewesen wäre oder noch Verantwortung zum Beispiel für Kinder gehabt hätte, wäre das eine andere Sache gewesen. Aber so: Ich war 80 und hatte noch so viel vor. Ich hätte das nicht geschafft, wenn ich durch eine Chemotherapie geschwächt gewesen wäre.« Stattdessen hatte sie eine Immuntherapie gemacht. »Viel vor« hieß in ihrem Falle das zu tun, was sie so sehr liebte: Interviews geben, ihren Börsenunterricht halten und Bücher schreiben.

Als sie direkt nach ihrer OP mühsam aus ihrem Bett im Krankenhaus kletterte, um am Tisch weiter an ihrem Buch zu arbeiten, habe die Krankenschwester sie gefragt: »Sind Sie verrückt?« Beate Sanders Antwort: »Nein, ich nutze nur die Zeit!«

2019 hatte sich erneut ein kleiner Tumor im Magenbereich gebildet, der operativ entfernt werden musste. »Keine große Sache«, meinte sie. Sie lebte so weiter wie zuvor, absolvierte ihr Fitnessprogramm, handelte an der Börse und schrieb Bücher. Im Sommer 2020 merkte sie dann, dass sie an Gewicht verlor, fühlte sich aber trotzdem noch fit und grübelte darüber nach, ob sie ihren Vertrag im Fitnessstudio noch mal um ein Jahr verlängern sollte. »Ich habe es wegen Corona dann nicht gemacht.« Beim Brombeerenpflücken in ihrem Garten, »da hat es mich richtig zusammengehauen. Ich habe gemerkt, da passiert was, und ich konnte nur noch mühsam laufen und humpeln.« Der erneute Tumor, von dessen Existenz sie bis dahin nichts gewusst hatte, machte sich durch Knochenbrüche bemerkbar. Teilnehmer aus ihrem Börsenvolkshochschulkurs, die von Beruf Ärzte waren, besorgten ihr einen raschen Termin beim Radiologen. Auch der kannte und mochte die »Börsenoma«, fachsimpelte mit ihr über Aktien und scherzte mit ihr: »Wird schon nichts Schlimmes sein.« Als er später mit dem Befund und einem Kollegen in den Raum zurückkam, in dem Beate Sander gewartet hatte, war ihm das Scherzen vergangen. »Ich habe sein Gesicht gesehen und wusste Bescheid: Schlimmer geht nimmer!«, erinnerte sich Beate Sander. Der Krebs war zurückgekehrt und hatte auf die Muskulatur und Hüftknochen übergegriffen. Becken und Bauchraum waren von Tumoren ausgefüllt. Hinzu kamen Metastasen in der Leber und eine Lungenembolie. Besonders schmerzhaft waren mehrere vergrößerte Lymphknoten in der rechten Leiste, die auf den Nerv drückten. Krebs im Endstadium.

Was in ihr vorgegangen war, als sie von der Diagnose erfahren hatte, wollte ich von ihr wissen.

Sie sei völlig fokussiert gewesen auf das Gesicht des Arztes, meinte sie: »Ich habe ihm angesehen, wie schwer er sich tat, mir das alles zu sagen, dass er am liebsten davongerannt wäre.«

»Und was hast du gesagt?«

»Ich habe ihn gefragt, ob ich im Oktober noch zur Frankfurter Buchmesse fahren kann.« Er habe nur den Kopf geschüttelt.

»Das heißt aber noch nicht, dass du im Oktober nicht mehr lebst«, stellte ich fest. Sie hatte ja immer wieder betont, auch in dem Interview, das ich mit ihr für den SWR geführt hatte, dass sie noch im September sterben würde. Ich kannte jedoch keinen Arzt, der – egal wie schlecht der Befund aussah – zu einer so exakten Aussage über die verbleibende Restlebenszeit bereit wäre.

»Doch, das heißt es in meinem Fall schon!«, antwortete sie.

Warum, das sollte mir bald klar werden.

Natürlich waren Sterben und Tod für Beate Sander wie für alle Kriegskinder schon früh präsent. Väter oder ältere Brüder anderer Kinder waren an der Front. Immer wieder drang durch, dass jemand gefallen war. Doch für Beate blieb das eine abstrakte Größe, die die eigene Kernfamilie nicht betraf. Das erste Mal, dass sie sich selbst mit dem Tod eines Menschen, den sie näher kannte, auseinandersetzen musste, war während ihrer Zeit als »Anlernling« in der Landfrauenschule Großsachsenheim. Zwischen ihr und einem älteren Mädchen hatte sich eine Freundschaft entwickelt – für Beate, die »Außenseiterin«, durchaus ungewöhnlich. Doch die Freundin, mit der sie, während die beiden sich um Pflanzen kümmerten, lange Gespräche führte, litt unter Leukämie. Beate beeindruckte die Offenheit und Klarheit, mit der sie über die Krankheit und den unweigerlich erfolgenden Sterbeprozess sprach, ohne zu klagen.

Das zweite Mal, dass sie sich intensiver mit den Themen Sterben und Tod beschäftigen musste, war nach dem Besuch ihres Halbjahreskurses auf der Handelsschule. Sie hatte dort eine engere Beziehung zu einer jungen Lehrerin namens Irene Landvogt aufgebaut, die sie mochte und deren Unterricht sie ausgezeichnet fand. Im Laufe der Zeit wurde diese Frau nach ihrer einstigen Gartenbaulehrerin zu ihrer zweiten Ersatzmutter, und da Beate Lehrerin werden wollte, nahm Frau Landvogt sie auch später gerne in ihren Unterricht mit und ließ sie hospitieren. Im Gegenzug sittete Beate ihre kleine Tochter. Zwischen den beiden entwickelte sich privat eine Freundschaft. Wann immer Beate Rat brauchte, suchte sie ihn bei Irene Landvogt und vertraute ihr auch viele ihrer eigenen Sorgen an. Umso größer war der Schock, als Beate erfuhr, dass die verehrte Lehrerin an Gebärmutterkrebs erkrankt war. Auch wenn es sie von Mal zu Mal mehr Überwindung kostete, besuchte sie sie so oft es ging im Krankenhaus. »Ich werde diesen Anblick nie vergessen!« Der Krebs hatte gestreut, überall hatten sich Metastasen gebildet. Beate musste mit ansehen, wie Irene Landvogt immer mehr abmagerte und immer weniger die Frau war, die sie kannte. »Sie war vorher eine Frau voller Leidenschaft, an allem interessiert – und jetzt lag sie da und war nur noch ein Skelett. Völlig kraftlos. Sie hatte kaum noch die Kraft zu sprechen. Ihre Stimme war so leise, dass ich sie kaum noch verstanden habe.« Schon damals, erzählte Beate, habe sie sich die Frage gestellt, ob es richtig war, diese Frau so lange leiden zu lassen, auch wenn es keinerlei Hoffnung mehr für sie gab und ihr Zustand von Tag zu Tag schlimmer wurde. Das letzte Mal, dass sie ihre Lehrerin gesehen hatte, lag diese im Bett, die Tränen liefen ihr über die Wangen und sie wiederholte immer wieder mit ihrer Stimme, die nicht mehr war als ein Flüstern, den Satz: »Mein Mann kommt nicht mehr.« Dieser Anblick hatte sich Beate für immer eingeprägt.

Die dritte Erfahrung, die Beate Sanders Ansichten in Bezug auf Sterben und Tod stark prägen sollte, war der Sterbeprozess der eigenen Mutter. Martha Jaenicke hatte sich im Alter von 87 Jahren nach einem Sturz einen Oberschenkelhalsbruch zugezogen und in der Folge mehrere Schlaganfälle erlitten, die sie zum kompletten Pflegefall machten. Nichtsdestotrotz wurde sie danach acht Jahre mit allen Möglichkeiten, die die Medizin bot, am Leben gehalten, bis sie mit 95 verstarb. »Sie lag da vollkommen hilflos, in einem endlosen Dämmerzustand, und musste rundum versorgt werden. Das war schrecklich.« Beate war sich sicher, dass die einst so hübsche und stolze Mutter völlig verzweifelt gewesen wäre, wenn sie selbst noch irgendetwas von diesem Zustand mitbekommen haben sollte, und sich, hätte man sie fragen können, immer gegen eine solche Form des Weiterlebens entschieden hätte.

Ihr Ehemann Günther konnte hingegen, nachdem er nach eineinhalb Jahren im Pflegeheim schwer erkrankte, in Frieden sterben. Er hatte in einer Patientenverfügung festgelegt, wann er keine lebenserhaltenden Maßnahmen mehr für sich wünschte. So wurde er nur noch gepflegt und palliativ versorgt. »Man hätte ihn, wenn man ihn künstlich ernährt und die Möglichkeiten der modernen Gerätemedizin genutzt hätte, sicherlich noch eine ganze Weile am Leben halten können. Aber was wäre das für ein Leben gewesen?«

Für Beate Sander war nach diesen Erlebnissen klar: Bei der Abwägung Lebenslänge und Lebensqualität würde sie sich immer zugunsten der Letzteren entscheiden. »Und ich weiß ganz genau, wie es sich anfühlt, wenn du völlig hilflos bist und keinerlei Lebensqualität mehr hast!« Beate Sander hatte mit 72 Jahren selbst einen Schlaganfall erlitten. Wie so oft hatte sie sich frühmorgens mit ihrem Tennistrainer zu einer einstündigen Trainerstunde verabredet, als sie kurz vor Beginn der Stunde wie vom Blitz getroffen im Flur der Halle zusammenbrach. Sie hatte Glück im Unglück: Der Trainer sah sie, obwohl im Flur kein Licht brannte, sofort am Boden liegen und rief den Rettungsdienst. Der brachte sie umgehend in eine Schlaganfallambulanz. Die Prognose war schlecht: Sie hatte einen schweren Schlaganfall erlitten. Die Wahrscheinlichkeit, dass sie schwerbehindert bleiben würde, war groß. Dass sie überhaupt noch am Leben sei, erklärten ihr die Ärzte, sei unglaubliches Glück. Tagelang lag sie auf der Intensivstation, gefangen in einem Körper, den sie nicht bewegen und dessen Ausscheidungen sie nicht kontrollieren konnte, und wurde künstlich ernährt. Ihr Denken funktionierte perfekt, nur sprechen und ihre Gedanken zum Ausdruck bringen konnte sie nicht. »Ich weiß, dass es Menschen gibt, die sich mit so einer Situation arrangieren können, und da noch Lebensqualität empfinden. Ich habe da auch Hochachtung vor. Ich kann es nicht! Für mich war das einfach nur schrecklich!« Doch weil Tod keine Option ist, wenn man bewegungslos und unfähig zu sprechen ans Bett gefesselt ist, setzte Beate Sander all ihre Kräfte ein, um sich wieder ins Leben zurückzukämpfen. Mit ihrem eisernen Willen trainierte sie jede wache Minute: Sie buchstabierte das Alphabet vorwärts und rückwärts, wechselte zu Ein- und Zweisilbern, in der Hoffnung, damit das Sprachzentrum aktivieren zu können. Dazwischen unternahm sie immer wieder Versuche, Finger und Fußzehen zu bewegen. Ein Etappensieg war es für sie, als sie keine Windeln mehr brauchte und mit kleinen Schritten endlich allein auf Toilette gehen konnte. Letztlich schaffte Beate Sander durch Wochen eisernes Training das, was viele Ärzte für nahezu unmöglich gehalten hatten: Sie war sowohl körperlich als auch geistig und von ihrer Sprechfähigkeit her wieder ganz die Alte. Dennoch hatte sich etwas für sie verändert. Ihr waren verschiedene Dinge klar geworden: Einmal, dass sie – sollte sie eines Tages so schwer erkranken, dass es definitiv keine Heilung gab – nicht so lange warten wollte, bis sie sich in einem ähnlich hilflosen Zustand befinden würde wie in den ersten Tagen nach dem Schlaganfall auf der Intensivstation. »Der Tod erscheint mir da als deutlich bessere Option.« Gleichzeitig empfand sie eine in dieser Intensität vorher noch nie verspürte Dankbarkeit dem Leben gegenüber. »Mir war klar, dass jeder Tag, den ich ab sofort haben würde, ein geschenkter Tag ist.«

»Und deshalb sage ich mir auch jetzt: Sei doch dankbar! Du hättest schon damals mit 72 bei dem Schlaganfall ums Leben kommen können oder mit 75 bei einem Autounfall. So hatte ich noch ein paar wirklich tolle Jahre! Ich kann damit also ganz gelassen umgehen.«

»Ich bewundere diese Haltung sehr«, sagte ich, »aber ich frage mich die ganze Zeit, woher du die Kraft nimmst, das so zu sehen.«

Was kommt nach dem Tod?

Beate Sanders Eltern waren evangelische Christen, wobei der Vater, so meinte sie, eher ein »Freigeist« gewesen war, der an Gott als eine Art Universalmacht geglaubt hatte, die in seiner Schöpfung erfahrbar war, vor allem in der Natur, die er so liebte. Kirche als Institution war ihm eher fremd. Ihre Mutter hingegen hatte durchaus an einen personellen, väterlichen Gott geglaubt, der beschützend die Hand über sie und ihre Familie hält. Sie ging zwar nicht jeden Sonntag, aber immerhin jeden Feiertag in die Kirche und bemühte sich, ihren Kindern den christlichen Glauben näherzubringen. Vor dem Mittagessen und dem Zubettgehen wurden gemeinsame Gebete gesprochen, die der Vater, der gerne Gedichte und andere Texte verfasste, selbst geschrieben hatte. Beate besuchte mit ihren Geschwistern bis zur Konfirmation regelmäßig die Kindergottesdienste. Ihren kindlichen Glauben an einen Gott, zu dem man beten und der die Gebete auch erhören würde, verlor sie in der Zeit nach dem Zweiten Weltkrieg. In der Schule wurden Filme aus den Konzentrationslagern gezeigt. Beate sah Berge von Leichen, unschuldige Menschen, die grausam von den Nazis ermordet worden waren. »Und dann habe ich einen Bericht gelesen über einen evangelischen Pfarrer, der im Widerstand war. Oder einen Film gesehen, ich weiß es nicht mehr so genau. Als er erwischt wurde, hat man vor seinen Augen seine drei Kinder an einem Zaun aufgespießt. Da habe ich mir gesagt: Wenn es einen christlichen Gott gibt – warum tut der da nichts?« Sie fügte hinzu: »Wenn es einen allmächtigen Gott gäbe, wie ich das im Religionsunterricht gelernt habe, dann könnte er da doch auch eingreifen? Wieso lässt er es zu, dass Millionen von Menschen einfach vernichtet werden? Entweder kann er es nicht verhindern, dann ist er nicht allmächtig, oder er will es nicht verhindern, obwohl er allmächtig ist, dann sind ihm die Menschen egal.«

»Das ist eine ganz schön schwierige Diskussion«, sagte ich. »Theologen würden dir vermutlich antworten, dass Gott das Böse zulässt, weil er dem Menschen den freien Willen gegeben hat – und damit auch die Freiheit gelassen hat, etwas Böses zu tun.«

»Mir leuchtet das jedenfalls alles nicht ein«, erklärte sie, »denn die Zeche für diese Freiheit zahlen ja die Unschuldigen. Vielleicht gibt es einen Gott, aber der ist dann so was wie eine höhere Gewalt, die ich nicht fassen kann. Etwas Abstraktes. Nichts Greifbares auf jeden Fall.«

Danach erzählte sie mir, dass es ihr aber durchaus wichtig gewesen sei, ihre Kinder im christlichen Glauben zu erziehen. »Wieso das denn, wenn du selbst nicht daran glaubst?«, fragte ich überrascht.

»Weil sie zumindest die Chance haben sollten, das kennenzulernen. Wenn sie nicht daran glauben, können sie sich später selbst dagegen entscheiden.« Und sie fügte hinzu: »Ich weiß, dass der Glaube vielen Leuten hilft, wenn sie in so eine Situation kommen wie ich jetzt gerade.«

»Glaubst du denn, unabhängig von einem christlichen Gott, dass es so etwas gibt wie ein Leben nach dem Tod?«

Sie schüttelte den Kopf und erzählte von den E-Mails, die sie von vielen Menschen bekam, nachdem diese erfahren hatten, dass sie bald sterben musste. »Da steht dann drin: ›Ich bin mir sicher, zwei Engel werden Sie zum Himmel geleiten‹ oder Ähnliches. Das ist zwar nett gemeint, aber das glaube ich nicht.«

»Du denkst also, mit dem Tod ist alles aus?«, fragte ich noch mal nach.

»Ich glaube nicht an ein Weiterleben der Seele. Ich glaube nicht an Unsterblichkeit für mich«, antwortete sie. »Aber wenn du so richtig groß bist wie Beethoven, Schiller, Goethe oder auch die großen Forscher, die hinterlassen so riesige Fußabdrücke. Die sind durch ihre Werke unsterblich, weil sie in ihren Werken weiterleben.«

»Du hinterlässt immerhin auch eine stattliche Anzahl von Büchern«, sagte ich. »Überleg mal, wie viele Menschen du zum Beispiel mit dem ›Börsenführerschein‹ dazu gebracht hast, sich mit Aktien zu beschäftigen. Insofern lebst du natürlich auch durch das, was du ihnen vermittelt hast, in ihren Gedanken weiter.«

»Das reicht vielleicht für ein bis zwei Jahre«, meinte sie und dachte dann noch mal nach. »Vielleicht auch für zehn. Aber dann ist Schluss!«

Ich musste trotz des ernsten Themas lachen.

»Außerdem lebe ich natürlich in meinen Kindern und Enkeln indirekt weiter, wie das jeder tut, der Kinder hat«, ergänzte sie. Sie schaute mich lange an und meinte noch mal, der Tod mache ihr keine Angst. »Aber wenn ich jetzt glauben würde, dass nach dem Tod was kommt, dann würde das schon trösten.«

Lebensbilanz

»Der Vorteil, wenn man nicht an ein Leben nach dem Tod glaubt«, meinte ich, »ist, dass man auch keine Angst vor einer Art ›jüngstem Gericht‹ haben muss, also davor, dass man sich vor einer höheren Instanz verantworten muss, und da im Zweifel ganz schlecht abschneidet.«

Aber das sah Beate Sander anders. Es ginge ja schon darum, dass man selbst mit dem, was man im Leben gemacht habe, zufrieden sein könne, dass man sich im Spiegel anschauen könne, ohne sich zu schämen. »Ich habe eine Lebensbilanz erstellt, vergleichbar mit einer Bilanz, wie sie Unternehmen aufstellen. Auf der einen Seite stehen die Aktiva, die guten Dinge, also das, was bei einem Unternehmen die Vermögenswerte sind, auf der anderen Seite die Passiva, die Schulden des Unternehmens, also die schlechten Dinge. Du musst es in deiner Endabrechnung schaffen, dass du mehr Nützling als Schädling bist. Das war für mich schon immer ein Grundprinzip.«

»Das heißt allerdings nicht«, fuhr sie nach einer Pause fort, »dass ich immer Gutmensch war. Also ganz und gar nicht. Ich habe durchaus auch Mist gebaut. Aber wenn ich meine Gesamtbilanz lese, möchte ich sagen können: Ich war mehr Gutmensch als schlecht. Ich habe zumindest versucht, Schaden zu vermeiden, wo ich konnte.« Eine ähnliche Bilanz erstellte sie auch für das, was ihr in den letzten Jahren Freude bereitet hatte, und das, was nicht so gut gelaufen war. »Da stehen auf der Aktiva-Seite so viel mehr Dinge: tolle Medienauftritte, Bucherfolge, spannende Leute, die ich durch die Börse und meine Vorträge kennengelernt habe. Wer hat das schon mit 82?! Da muss man wirklich dankbar dafür sein!«

»Was würdest du denn gerne noch machen, wenn du könntest?«, fragte ich sie.

Die Antwort kam wie aus der Pistole geschossen: »Mein Buch über Nebenwerte zu Ende schreiben. Das schaffe ich leider nicht mehr. Ich habe es aber in gute Hände abgegeben.«

Die »guten Hände« sind die ihres Sohnes Uwe, der das Vermächtnis seiner Mutter weiterführen wird.

»Du hast keine weiteren Wünsche?«

»Nein, einfach noch fit genug zu sein, um weiterarbeiten zu können, würde mir reichen.«

»Würdest du nicht noch mal gerne eine große Reise machen, irgendein fremdes Land sehen?«, versuchte ich es erneut.

Auch hier war die Antwort eindeutig: »Nein, solche Wünsche habe ich nicht.«

Natürlich würde sie aber bestimmte Dinge noch gerne miterleben, sie war ja neugierig. Zum Beispiel, wann endlich der heißersehnte Coronaimpfstoff herauskommen und welche Firma dabei das Rennen machen würde. »Ich bin ja kein Hellseher. Ich habe von allen aussichtsreichen Kandidaten Aktien gekauft.« Oder aber, wer die nächste Bundestagswahl gewinnen würde. »Mir wäre ja eine Koalition aus CDU und FDP am liebsten. Da das aber völlig unrealistisch ist, setze ich auf Schwarz-Grün!« Und sollte Olaf Scholz seine geplante Aktien-Transaktionssteuer tatsächlich im nächsten Jahr durchsetzen wollen, würde sie ihn noch persönlich heimsuchen. »Das ist so etwas von ungerecht! Damit trifft er vor allem die kleinen Anleger, die langfristig für ihre Rente sparen. Die, die zocken und Derivate kaufen, sind ausgenommen.«

Und für den hypothetischen Fall, dass sie ihr Leben nochmal von vorne beginnen könnte?

»Unsinn!«

»Was würdest du anders machen?«

»Nichts! Ich habe im Rahmen dessen, was ich an Möglichkeit hatte, das Beste daraus gemacht. Wenn ich so wie meine Kinder aufgewachsen wäre und andere Möglichkeiten gehabt hätte, dann hätte ich vermutlich etwas anderes gemacht.«

»Was?«

»Ich wäre vielleicht forschende Ärztin geworden. Behandeln interessiert mich nicht, nur forschen. Oder«, sie zögerte, »vielleicht hätte ich doch lieber einen Beruf ergriffen, bei dem ich Macht hätte, um etwas verändern zu können.«

»Politikerin?«

»Warum nicht?«

»Und was würdest du verändern?«

»Ich würde die Transaktionssteuer auf Aktien wieder abschaffen, sollte Olaf Scholz sie einführen.«

Tröstende Worte

»Hast du dir, nachdem die Ärzte dir die Diagnose mitgeteilt haben, einmal die Frage gestellt, ob du vor drei Jahren nicht doch besser eine Chemotherapie gemacht hättest?«, fragte ich sie.

»Schon wieder hätte … hätte«, sagte sie genervt. »Ob das wirklich so viel besser mit Chemo gewesen wäre, weiß doch niemand! Vielleicht hätte ich ein paar Monate länger gelebt, das kann schon sein. Aber ich war zufrieden damit, wie ich in den letzten Jahren nach der Operation gelebt habe. Von daher sage ich nicht ›hätte … hätte‹, sondern mache lieber das, was ich jetzt noch machen kann…«

Und das wurde zwar zunehmend weniger, war jedoch gleichzeitig deutlich mehr, als viele von uns in wesentlich jüngeren Jahren leisten: Auch nach den vier Tagen, in denen sie für dieses Buchprojekt viele Stunden lang über ihr Leben gesprochen hatte, gab sie noch Interviews und Online-Börsenunterricht sowie Webinare, etwa eines für *Focus Money* mit rund 1000 Teilnehmern. Den Teilnehmern ihres heißgeliebten Volkshochschulkurses, den sie, weil sie nicht mehr laufen konnte, hatte abbrechen müssen, hatte sie angeboten, sie jederzeit mit Fragen kontaktieren zu können. Zwischendurch stellte sie Listen mit Gästen zusammen, die sie zu ihrer Trauerfeier einladen wollte. Sie machte das alles, weil sie sich vorgenommen hatte: »Ich will bis zum Schluss am Leben teilhaben!« Sie bemühte sich, alle E-Mails, die sie noch bekam, zu beantworten, und das waren viele. Einige davon haben sie ganz besonders gefreut – und das waren vor allem die der Kleinaktionäre, die erst durch sie dazu gekommen waren, sich mit der Börse zu beschäftigen. So schrieb ihr eine Frau: »Ihr Wissen und Ihr Auftreten sind eine so enorme Inspiration für mich, dass ich heute Nacht aufgestanden bin, um mir mein eigenes Bewertungssystem auszudenken, mit dem ich mein Portfolio besser bewerten kann. Dank Ihrer Informationen […] habe ich jetzt eine klarere Sicht, wie ich zukünftig agieren werde. Und zu Ihrer Freude: Ich agiere und reagiere nicht nur und warte schon gar nicht ab. Und: Obwohl mein Mann mein Engagement sehr abschätzig beurteilt hat, ist er nun nach fast 10 Monaten des Handels und einer Riesenkrise doch sehr leise geworden. […] Ohne Sie würde ich auch heute noch mit angstgeweiteten Augen in die Zukunft starren – ohne auch nur einen Schritt zu tun. Sie haben eine Mammutaufgabe bravourös bewältigt.« Auffallend viele E-Mails bekam sie auch von jungen Leuten, etwa diesem 18-Jährigen: »Ich wollte Ihnen einfach mal danke sagen [...] für die zahlreichen Lektionen und Lebensweisheiten, welche ich und viele andere Personen aus Ihren zahlreichen Interviews und dem ein oder anderen Buch mitnehmen durften. Ich finde Ihre Einstellung zum Leben wirklich sehr inspirierend und dank Ihnen hab' ich allein durch das Interview mit dem SWR eine etwas andere Einstellung zum Leben bekommen. [...] Für mich war Geld oft ein hohes Ziel. Einfach reich sein. Aber Sie zeigen, dass es nicht unbedingt auf Reichtum ankommt. Es kommt darauf an, seinen Leidenschaften zu folgen!« Ein weiterer junger Mann hatte durch Beate Sander für sich das Thema Nachhaltigkeit entdeckt: » [...] ich bedanke mich für Ihr Lebenswerk. Als der Coronacrash im März kam, habe ich Ihren Aktien- und Börsenführerschein gekauft, um grobe Fehler zu vermeiden. Vorher hatte ich nie in Aktien investiert, sondern erst meine Studienschulden abgebaut, sodass ich 13 000 Euro gespart hatte. Was ich in dem Buch fand, war viel mehr, als ich erhofft hatte. Als Doktorand in der Informatik beschäftige ich mich viel mit Zukunftsthemen, doch erst durch dieses Buch habe ich gelernt, richtig langfristig zu denken und Themen wie Nachhaltigkeit aktiv in meine Forschung einzubinden. Ihre Lebensweisheiten sind für mich eine Inspiration: Geld ist nicht wichtig – es ist viel wichtiger, seine Lebenszeit, so gut es geht, zu nutzen. Sie haben mit dem Werk etwas geschaffen, was mich persönlich bis an mein Lebensende begleiten wird.«

Wenn Beate Sander solche E-Mails bekam, freute sie sich wie ein Kind, zeigten sie ihr doch, dass sie weit mehr als ihr Ziel erreicht hatte, Menschen weg vom Sparbuch und hin zu Aktien zu bringen. Dieses Wissen gab ihr Auftrieb, Dinge auszuhalten, die oft für sie schwer auszuhalten waren – und das waren in erster Linie die Schmerzen, unter denen sie litt. Einerseits schüttete Beate Sander Adrenalin aus, sobald eine neue Herausforderung auf sie zukam, sie ein Interview oder Börsenunterricht gab, sodass sie in dieser Zeit die Schmerzen weniger intensiv wahrnahm. »Vielleicht ein Schmerzlevel von vier bis fünf, schmerzfrei bin ich nie«, meinte sie. Andererseits aber war natürlich gerade ihr erklärter Wille, bis zum Schluss am Leben teilzuhaben, mit dafür verantwortlich, dass sie, was Schmerzmittelmedikation betraf, nicht alle ihr zur Verfügung stehenden Möglichkeiten ausschöpfte, auch wenn ihr verschiedene Schmerzmittel wie Morphin oder Cannabis zur Verfügung standen. Vor allem nachts, wenn es keine Ablenkung gab, wurden die Schmerzen für sie zum Teil unerträglich.

Dann kam es durchaus vor, dass sie höhere Dosen Schmerzmittel nahm, als sie sich vorgenommen hatte, und das hatte Konsequenzen. »Ich konnte heute Morgen, als ich E-Mails schrieb, nicht mehr klar denken«, klagte sie. »Erst ist mir die Maus runtergefallen, dann fielen mir keine vernünftigen Formulierungen ein, und schließlich habe ich zehn Tippfehler in die E-Mail gemacht.«

> Als ich eines Morgens kam, hatte sie vorher bereits eine Stunde Börsenunterricht gegeben. »Ich habe dem Mann angeboten, dass er nur die Hälfte zahlen muss«, meinte sie. »Ich habe zu viele Schmerzmittel genommen. Ich war nicht ich selbst. Ich war viel schlechter als sonst.«
>
> »Hat er das gemerkt?«, fragte ich.
>
> »Nein, aber ich habe es gemerkt. Das reicht.«

Der Krebs fordert seinen Tribut

Der Krebs fraß sich durch Knochen und Muskeln. Immer wieder erlitt Beate Sander schmerzhafte Knochenbrüche. Ihr Hauptproblem war ihr Tumor im Beckengürtel, der auf die Nerven drückte und schlimme Schmerzen verursachte. Gerade Nervenschmerzen sind schmerztherapeutisch nicht einfach in den Griff zu kriegen und erfordern viel Geduld sowohl beim Patienten als auch beim behandelnden Arzt. Denn nicht selten führen die ersten Behandlungsversuche dazu, dass Patienten zwar leider keine Wirkung, dafür aber Nebenwirkungen haben. Diese Nebenwirkungen war Beate Sander, wenn es um einen Abbau ihrer geistigen Leistungsfähigkeiten ging, nicht bereit zu akzeptieren. Auch ihr Bein, in dem sich die Gewebeflüssigkeit staute, wurde trotz Bandagen, die der Pflegedienst täglich anlegte, immer dicker; am Schluss riss die Haut unter den Fußsohlen auf. »Ich hätte gedacht, dass das stärker blutet«, meinte Beate Sander dazu nur. Wehleidigkeit war nicht ihr Ding.

Besonders schlimm war es für sie, dass sie nachts oft gar nicht mehr schlafen konnte. Zwar brauchte sie, wie bereits beschrieben, ohnehin nie mehr als vier bis fünf Stunden Schlaf, wurde aber jetzt oft schon nach zwei Stunden wach. Dann hangelte sie sich mühsam von ihrem Bett zum Computer am Schreibtisch nebenan, um sich von den Schmerzen abzulenken, indem sie E-Mails beantwortete und Börsenkolumnen schrieb.

Ihr Problem war nur, dass sie, selbst wenn sie müde war, den Weg zum Bett zurück zwar schaffte, aber körperlich nicht mehr in der Lage war, die Beine ins Bett zu hieven. »Ich habe das ewig lange versucht. Es hat nicht geklappt«, sagte sie, als es ihr eines Nachts erneut so erging. Als ich sie am nächsten Morgen sah, war sie müde und verzweifelt. Sie hatte ihre Versuche, wieder ins Bett zu kommen, schließlich aufgegeben und sich an den Rechner zurückgehangelt. »Ich habe mir gedacht: Dann schlaf ich halt am Schreibtisch im Sitzen. Das machen die Leute im Zug ja auch!«

Ich besorgte für sie Therabänder. Wir beide hatten gehofft, damit würde es ihr vielleicht gelingen, die Beine mit Unterstützung der Arme dann leichter ins Bett zurückzuziehen. Genutzt hat es wenig, weil auch die Kraft in ihren Armen kontinuierlich nachließ. Ein Pflegebett hätte es ihr vermutlich leichter gemacht, wieder aus eigener Kraft ins Bett zurückzukommen. Doch da blieb sie, trotz guten Zuredens von Pflegedienst und Arzt, stur: »Das lohnt nicht für die paar Tage, die ich noch habe! Das ist Ressourcenverschwendung.«

Aus dem Rollstuhl, in dem sie bei unserer ersten Begegnung saß, hatte sie sich mit großer Willensanstrengung wieder herausgekämpft. Trotz enormer Schmerzen biss sie die Zähne zusammen und hangelte sich an den Möbeln entlang durch die Wohnung. Am Ende lief sie sogar in winzigen Trippelschritten frei, nahm nur, wenn es gar nicht anders ging, die Hand von etwaigen Besuchern, um sich daran abzustützen. Wenn sie schon morgens vom Pflegedienst geduscht wurde, wollte sie sich zumindest die letzte Würde bewahren und allein auf Toilette gehen können. Richtig wütend wurde sie, sobald sie es trotz aller Mühe nicht schaffte, so voranzukommen, wie sie es gewollt hatte. Dann fluchte sie lauthals auf ihren Körper, der sie im Stich ließ. Wie schlimm es für sie gewesen sein muss, ihren Körper immer weniger unter Kontrolle zu haben, versteht man vielleicht dann, wenn man sich klarmacht, dass es erst drei Wochen her war, dass sie über eine Verlängerung ihres Vertrags im Fitnessstudio nachgedacht hatte. »Das ist für mich grausam. Ich komme vom Leistungssport und kann nicht mal hier im Zimmer vernünftig gehen, wenn überhaupt.«

Öfter sprach sie bewundernd von Kristina Vogel, der ehemaligen deutschen Bahnradsportlerin und elffachen Weltmeisterin, die seit einem Trainingsunfall 2018 querschnittsgelähmt ist, ihr Schicksal aber klaglos akzeptiert hat und sich in anderen Bereichen engagiert, etwa als Politikerin im Stadtrat von Erfurt. »So stark wie sie bin ich nicht.«

Der Kampf für selbstbestimmtes Sterben

Besonders wütend auf ihren Körper wurde Beate Sander in zwei Situationen, die ich gemeinsam mit ihr erlebt habe: Einmal, als sie merkte, dass sie eine Kaffeetasse nur noch mit beiden Händen zum Mund führen konnte – »Das habe ich gestern noch mit einer Hand geschafft« –, und einmal, als sie versuchte, einen Aktienchart in die Luft zu zeichnen, ihr dazu jedoch die Kraft fehlte. Da traten ihr sogar Tränen in die Augen – das einzige Mal, dass ich das bei Beate Sander erlebt habe. »Wenn ich meine Arme nicht mehr selbstständig heben kann, schaffe ich nicht, es zu machen.«

»Es« – das war der Freitod. Dass sie nicht darauf warten wollte, bis der Krebs ihren Körper in einen Zustand solcher Hilflosigkeit versetzt haben würde, dass sie ins Krankenhaus oder Hospiz musste, um dort auf ihren Tod zu warten, stand für sie unverrückbar fest. Die Erfahrungen, die sie mit dem Tod der Mutter sowie der von ihr geliebten Lehrerin gemacht hatte, und das Erleben ihrer eigenen Hilflosigkeit auf der Intensivstation nach ihrem Schlaganfall hatten sich tief in ihr Gedächtnis eingeprägt. Sie hatte sogar auf einen Notknopf verzichtet, den sie hätte betätigen können, sollte sie in der Wohnung hinfallen – aus Angst, der herbeigerufene Rettungsdienst könnte sie dann gegen ihren Willen ins Krankenhaus bringen.

»Was wäre so schlimm daran?«, fragte ich sie. Schließlich hatte sie eine Patientenverfügung und könnte damit sicherstellen, dass Ärzte auf alle lebensverlängernden Maßnahmen verzichten würden. »Die Palliativmedizin hat heute alle Möglichkeiten, dir die Schmerzen zu nehmen. Es gibt dort sehr engagierte Ärzte und Pflegekräfte, die sich um dich kümmern. Du könntest dort in Frieden sterben.«

»Ich wäre aber dann nicht mehr so klar im Kopf, wie ich es jetzt bin«, erklärte sie entschieden. »Ich will nicht so dahinvegetieren, dass ich nichts mehr mitbekomme. Das ist mir absolut zuwider: Ich will als der Mensch sterben, als der ich gelebt habe: als aktiver kluger Mensch, der für andere was tut. Ich will nicht dahindämmern! Das will ich nicht. Das will ich wirklich nicht!«

Ich konnte sie verstehen, und gleichzeitig tat ich mich ungemein schwer mit ihrer Haltung. Anders als Beate Sander glaube ich daran, dass das Leben kein biologisches Zufallsprodukt, sondern ein Geschenk ist, das uns gemacht wird. Außerdem habe ich wiederholt mit Sterbebegleitern gesprochen, die erzählen, wie wichtig diese letzte Phase des Übergangs in den Tod für viele Menschen ist, um sich allmählich vom Leben zu lösen – auch für Menschen, die sich vorher einen schnellen Tod gewünscht hatten. Ich selbst habe, als ich 18 Jahre alt war, am Sterbebett meines Großvaters gesessen und habe dieses langsame Hinübergleiten für ihn und auch für mich als ungemein tröstlich empfunden. »Es ist ein bisschen so, als wenn man einen Film nicht bis zum Ende schaut«, hat eine befreundete Ärztin mal zum Thema Suizid gesagt. Ich empfinde das ähnlich. Das ist aber meine ganz persönliche Sicht der Dinge. Kann ich deshalb ernsthaft alle anderen dazu zwingen, einen Film bis zu Ende zu schauen, den sie nicht zu Ende schauen wollen? Oder muss ich akzeptieren, dass sie, wenn sie den Film nicht weiter anschauen wollen, weil sie ihn zu grausam finden, auf den Aus-Knopf drücken? Haben sie sogar ein Recht auf eine Fernbedienung, die es ihnen leichter macht, den Film abzuschalten, wenn sie es wollen?

Die Diskussionen über das Recht des Einzelnen, seinem Leben ein Ende zu setzen, werden schon seit über zweitausend Jahren geführt. In der Antike wurde das Thema von Philosophen wie Platon, Seneca oder Cato bereits kontrovers diskutiert. Aristoteles, der Vordenker der griechischen Philosophie, sprach dem Einzelnen ein Recht auf einen selbstbestimmten Tod mit dem Argument ab, der Mensch sei Eigentum der Gemeinschaft. Auch die drei großen Weltreligionen, Judentum, Christentum und Islam, lehnten den Suizid einhellig ab, wenn auch aus anderem Grund. Der Kirchenvater Augustinus leitete aus dem biblischen Gebot »Du sollst nicht töten« ein explizites Verbot der Selbsttötung ab. Das Argument: Wer seinem Leben selbst ein Ende setzt, begeht Verrat an Gott, weil er das Leben nicht als Geschenk Gottes begreift und nicht an die Gnade Gottes glaubt. Suizid galt somit als schwere Sünde. In der Konsequenz wurde Selbstmördern bis ins frühe 20. Jahrhundert die Bestattung auf Friedhöfen verwehrt. Im Mittelalter, wo man gerne zu handfesten Ausdrucksmitteln griff, wurden die Leichen von Menschen, die Suizid begangen hatten, genauso wie Verbrecher durch die Stadt geschleift und öffentlich brutal hingerichtet. Danach wurde ihnen ein sogenanntes Eselsbegräbnis zuteil: Sie wurden wie Tiere in ungeweihter

Erde verscharrt. Erst mit der Aufklärung setzte sich ein anderes Menschenbild durch. Der Mensch galt nicht länger als Eigentum seines Lehnherrn, wie im Mittelalter, oder des Staates, sondern gehörte sich gewissermaßen selbst. Dem entsprechend konnte er auch mit seinem Körper tun, was er wollte. König Friedrich der Große setzte in Preußen neben zahlreichen gesellschaftlichen Reformen auch durch, dass ab 1751 ein Selbstmordversuch, wie man es damals noch offiziell nannte, nicht mehr strafbar war. Das wurde 1871 in das Strafgesetzbuch des Deutschen Reiches übernommen – und da Selbsttötung nicht strafbar war, folgte in logischer Konsequenz, dass auch die Beihilfe zur Selbsttötung straffrei blieb. Das galt bis zum Jahr 2015 in Deutschland. Am 6. November 2015, dem Tag, der nach Ansicht vieler Juristen »als schwarzer Freitag für die Selbstbestimmung am Lebensende in die deutsche Rechtsgeschichte eingegangen« ist, geschah dann Folgendes: Die Mehrheit des Deutschen Bundestages verabschiedete mit dem § 217 StGB ein Gesetz, mit dem zwar nicht der Suizid, aber die »geschäftsmäßige« Beihilfe zum Suizid verboten wurde. Der Grund für diese Entscheidung ist erst mal nachvollziehbar: Es war die Sorge, dass der begleitete Suizid nicht nur in Ausnahmefällen gewährt würde, sondern zahlenmäßig immer weiter zunehmen und sich schließlich als »normale« Form des Sterbens etablieren könnte. Außerdem wollte man vermeiden, dass Sterbehilfe zum Geschäftsmodell werden könnte. Vor allem die inzwischen auch in Deutschland tätigen Sterbehilfevereine waren den Abgeordneten da nicht ganz geheuer. Jetzt hat der Ausdruck »geschäftsmäßig«, wie man als juristischer Laie vermuten könnte, aber nicht unbedingt nur irgendetwas mit Gewinnerzielung zu tun hat, sprich: dass man Menschen zum Tod verhilft, um sich zu bereichern. »Geschäftsmäßig« im juristischen Sinn »handelt bereits derjenige, der seine Handlung zu einem wiederkehrenden Teil seiner Betätigung macht, und zwar schon beim ersten Mal«. Im Klartext: Jeder Arzt, der einen sterbenskranken Patienten in seinem Wunsch, sich das Leben zu nehmen, unterstützt – und sei es nur durch Gabe eines stark lebensverkürzenden Schmerzmittels, bewegte sich fortan juristisch auf dünnem Eis. Viele Palliativmediziner waren stark verunsichert. Das Bundesverfassungsgericht hat im Februar 2020 den § 217 StGB für verfassungswidrig erklärt und damit wieder die Voraussetzung für ein selbstbestimmtes Sterben geschaffen. Jeder Mensch hat ein Recht darauf, so heißt es in der Urteilsbegründung, »seinem Leben entsprechend seinem Verständnis von Lebensqualität und Sinnhaftigkeit der eigenen Existenz ein Ende zu setzen«. Diese Freiheit »umfasst auch die Freiheit, hierfür bei Dritten Hilfe zu suchen«. Das heißt im Klartext: Es ist nicht strafbar, sich das Leben zu nehmen. Man darf dabei die Hilfe von anderen in Anspruch nehmen und auch deren Unterstützung ist dann logischerweise legal und nicht strafbar.

Menschen dürfen also den Aus-Knopf der Fernbedienung selbstverständlich drücken, wenn ihnen der Film zu grausam erscheint, und Menschen aus ihrer Umgebung, seien es nahestehende Verwandte oder auch Ärzte, dürfen ihnen die Fernbedienung dazu reichen. Beate Sander hatte sich darauf verlassen, dass das Wort des Obersten Gerichts in Deutschland gilt und von der Politik zügig umgesetzt wird. Seit dem Urteil des Bundesverfassungsgerichtes hatte sie sich in der beruhigenden Sicherheit gewiegt, dass sie – sollte ihr ein schneller Tod verwehrt bleiben – immer noch die Möglichkeit hätte, ihrem Leben auf eine humane Weise selbst ein Ende zu setzen und im Kreise ihrer Liebsten zu sterben. Sie war nie davon ausgegangen, dass andere für sie den Aus-Knopf auf der Fernbedienung drücken würden, sondern war sich sehr bewusst darüber, dass sie das schon selbst tun muss. Genauso war ihr klar, dass sie nicht einfach in den Elektromarkt gehen und sich eine solche Fernbedienung kaufen kann. Sie hatte aber erwartet, dass es zumindest für ihren Arzt, dem sie vertraute und der wusste, dass sie nicht leichtfertig, sondern sehr wohl überlegt aus dem Leben scheiden wollte, eine Möglichkeit gab, legal an diese Fernbedienung zu gelangen und sie ihr zu reichen, inklusive Bedienungsanleitung. Sie war also davon ausgegangen, dass ihr Arzt sie im Sterbeprozess begleiten und ihr durch Besorgen eines entsprechenden Medikamentes helfen könnte, ihr Leben schmerzlos zu beenden. Das Problem war nur: Dem ist nicht so. Denn das Urteil des Bundesverfassungsgerichts hatte den Weg für selbstbestimmtes Sterben zwar erst mal freiräumen können. Praktisch umgesetzt werden muss er allerdings von Ärzteverbänden und dem Gesetzgeber.

In der Musterberufsordnung der Bundesärztekammer heißt es seit 2011, Ärzte »dürfen keine Hilfe zur Selbsttötung leisten«. Zwar handelt es sich dabei nur um eine richtungsweisende Empfehlung, aber zehn von 17 Landesärztekammern haben diese als Verbot in ihre Berufsordnung festgeschrieben. Der aktuelle Präsident der Bundesärztekammer, Klaus Reinhardt, vertritt da eine etwas liberalere Position. Natürlich sieht auch er Ärzte vor allem zum Schutz und zur Wahrung des Lebens verpflichtet. Er war selbst aber 30 Jahre Hausarzt und ist der Meinung, dass Sterbehilfe in einigen wenigen Fällen gerechtfertigt sein kann. Er ist sich sicher, dass dieses Verbot aufgehoben werden muss. »Wir können nach dem

Urteil des Bundesverfassungsgerichts keine Norm aufrechterhalten, die dem Arzt jede Form von Unterstützung untersagt. Die Berufsordnung kann so nicht bleiben«, erklärte er dem Nachrichtenmagazin *Spiegel* gegenüber. Aber der nächste Ärztetag, der darüber abstimmen wird, findet erst im Mai 2021 statt. Für Beate Sander war das zu spät.

Doch selbst wenn ihr Arzt hätte helfen können oder wollen – an das sicherste Mittel, einen schmerzfreien Suizid zu begehen, wäre er faktisch gar nicht rangekommen, jedenfalls nicht in der dafür erforderlichen Dosis. Natrium-Pentobarbital, das für die Sterbehilfe in Ländern wie der Schweiz oder den Niederlanden eingesetzt wird, fällt nämlich in Deutschland unter das Betäubungsmittelgesetz und darf nur vom Bundesinstitut für Arzneimittel und Medizinprodukte herausgegeben werden. Tiermediziner können es dort problemlos beantragen, wenn sie einen Hund oder eine Katze einschläfern müssen. Humanmediziner dürfen hingegen das Mittel nur für therapeutische Zwecke und zur Minderung des Leidens einsetzen – das Bundesinstitut gesteht ihnen deshalb nur eine deutlich geringere Abgabemenge zu, als für eine Sterbehilfe notwendig wäre. Auch der sterbewillige Patient selbst hat keine Chance, das Mittel vom Bundesinstitut zu erhalten, und das, obwohl das Bundesverwaltungsgericht in Leipzig bereits im Frühjahr 2017 entschieden hat, dass der Staat den Zugang zu dem Betäubungsmittel in einem besonderen Ausnahmefall nicht verwehren kann, sollte der Patient folgende Voraussetzungen erfüllen: Er muss schwer und unheilbar krank sein, sich in einer extremen Notlage befinden und die freie Willensbildung muss gewährleistet sein. Aber Bundesgesundheitsminister Jens Spahn, dem das Bundesinstitut für Arzneimittel und Medizinprodukte untersteht und der selbst als kein großer Freund der Sterbehilfe gilt, wies die Behörde an, die Entscheidung des Gerichts zu ignorieren und alle eingehenden Anträge abzulehnen – ein Vorgehen, das höchst ungewöhnlich ist. Auf der Website des Bundesinstituts wurde offiziell mitgeteilt, dass Anträge keine Aussicht auf Erfolg hätten.

Beate Sander war wütend und verzweifelt. Oft schweifte sie ab, um wieder auf das Thema Suizid zurückzukommen und sich darüber den Kopf zu zerbrechen, wie sie »es« wohl sinnvollerweise anstellen könnte. »Das erste Gebot ist: Wenn du dich überhaupt umbringst, dann mach das gefälligst so, dass kein anderer leidet. Wenn ich etwas mache, wodurch andere Menschen geschädigt werden, finde ich das verantwortungslos!«, erklärte sie in aller Deutlichkeit. Sie hielt Vorträge darüber, wie schrecklich sie es schon immer gefunden hätte, wenn Menschen sich vor Züge warfen und die Zugführer, die das mit ansehen mussten, oft lebenslang unter Traumata litten.

Ihre Fantasien, wie man Selbstmord begehen könnte, ohne anderen zu schaden, reichten von »Tüte über den Kopf und gleichzeitig Pulsadern aufschneiden« bis hin zum Erhängen: »Das kann ich nicht mehr machen, weil ich auf den Stuhl nicht mehr raufkomme …«. Blieb also nur, wie sie meinte, der Tod durch einen Medikamentenmix, den sie sich selbst zusammenzustellen gedachte. Es war schwer auszuhalten, ihr zuzuhören, wenn sie über Suizidmöglichkeiten nachdachte. Dabei ließ sie keinen Zweifel daran, dass sie sich von nichts und niemandem davon abhalten würde, ihrem Leben ein Ende zu setzen, bevor ihre Krankheit sie in einen Zustand körperlicher und geistiger Hilflosigkeit versetzen würde.

»Es ist doch völlig verrückt«, meinte sie, »dass wir in Deutschland so ein Problem mit Sterbehilfe haben, die Schweiz, die Niederlande und Belgien aber nicht.«

»Ich denke, das liegt unter anderem an unserer Vergangenheit«, erwiderte ich. »Dass wir im Dritten Reich erlebt haben, dass Menschen, die zum Beispiel behindert waren, aussortiert wurden, weil man ihr Leben als nicht lebenswert betrachtet hat.«

»Das ist doch völlig absurd!«, regte sie sich auf. »Das waren Tausende von Menschen, die nicht sterben, sondern leben wollten. Bei denen die Nazis gesagt haben: ›Das ist kein lebenswertes Leben!‹ In meinem Fall ist es aber so, dass ich sage: Wenn ich nicht mehr klar im Kopf bin und ein kompletter Pflegefall, dann finde ich, dass mein Leben nicht mehr lebenswert ist! Dann will ich sterben! Das betrifft nur mich und ist nicht mit einem Massenmord zu vergleichen.«

Ich führte ein weiteres Argument gegen Sterbehilfe an: »Es gibt die Angst, dass alte Menschen, die pflegebedürftig sind, sich unter Druck gesetzt fühlen, Sterbehilfe für sich einzufordern, weil sie merken, dass es ihren Angehörigen zu viel wird, sich um sie zu kümmern.«

Sie dachte nach. »Das kann passieren … Aber es gibt umgekehrt sicherlich auch einige, die in Kliniken oder von ihren Verwandten künstlich am Leben gehalten werden, obwohl sie lieber tot wären.«

Solche Argumente pro und contra Sterbehilfe finden sich auch in Ferdinand von Schirachs Theaterstück »Gott«. Es erschien als Buch genau am Montag nach dem Wochenende, als ich zum letzten Mal bei Beate Sander war. Schon im Vorfeld waren viele Berichte darüber in der Presse erschienen. Unter anderem gab es ein Interview mit Ferdinand von Schirach in der *Neuen Züricher Zeitung*, in dem der erfolgreiche Rechtsanwalt und Bestsellerautor auf die Frage, ob Suizid eine denkbare Möglichkeit für ihn wäre, exakt die Sicht von Beate Sander teilt: »Für mich wäre es furchtbar, wenn ich nicht mehr schreiben, nicht mehr denken und nicht mehr sprechen könnte. Ich würde bei einer solchen Krankheit im Alter, soweit ich das heute beurteilen kann, den Suizid wählen. Und ich wäre glücklich, wenn mir mein Arzt dann helfen würde, sanft zu sterben.«

Es erstaunt daher nicht, dass sich Beate Sander für das Stück brennend interessierte, beschäftigte es sich doch ausführlich genau mit dem Thema, das sie umtrieb. In dem Stück geht es um einen 78 Jahre alten Mann, der zwar kerngesund ist, aber trotzdem sterben möchte. Seit dem Tod seiner Frau, mit der er 48 Jahre verheiratet war, sieht er keinen Sinn mehr in seinem Leben. Am Ende soll das Publikum darüber abstimmen, ob es seiner Meinung nach ethisch vertretbar ist, einem gesunden Menschen wie dem Protagonisten des Theaterstücks das Medikament Pentobarbital zu geben, an das zu gelangen ja auch Beate Sander, wie beschrieben, nicht möglich war.

»Ich weiß nicht, wie ich da entscheiden würde«, meinte Beate Sander. »Ich kann es verstehen, wenn man ihm das Medikament verweigert.« Für sie stand fest: »Wenn ich gesund wäre, hätte ich das nie gemacht, weil das unsozial ist und viele andere Menschen automatisch mit involviert sind.« Sie dachte da vor allem an ihre Kinder, denen sie das, wenn es nicht wie jetzt darum ging, einfach den Sterbeprozess abzukürzen, nie hätte antun wollen. »Aber jetzt muss es doch verständlich sein, dass ich nicht mehr will.«

Und, so fügte sie hinzu, konsequent gedacht habe natürlich auch der alte Mann aus Schirachs Stück, auch wenn er gesund und nur lebensmüde sei, ein Recht auf Sterbehilfe. »Hatte man nicht das Urteil des Bundesverfassungsgerichts so aufgefasst, dass man selbst bestimmen kann, wann Schluss ist?«

Das ist, wenn auch stark vereinfacht, im Kern tatsächlich das, was das Bundesverfassungsgericht in seinem Urteil vom 26. Februar 2020 gesagt hat. Das höchste Gericht gesteht dem Einzelnen neben schwerer Krankheit auch andere, persönliche Motive zu, selbstbestimmt aus dem Leben zu scheiden, und räumt auch diesen Menschen ein Recht auf Sterbehilfe ein. Denn letztlich geht es um die Frage, die auch in Ferdinand Schirachs Theaterstück *Gott* gestellt wird: »Wem gehört unser Leben? […] Gehört es einem Gott? Gehört es dem Staat, der Gesellschaft, der Familie, den Freunden? Oder gehört es nur uns selbst?«

Dem Urteil des Obersten Gerichts liegt die Auffassung zugrunde, dass unser Leben nur uns selbst gehört und wir deshalb auch frei darüber bestimmen dürfen. Nichtsdestotrotz hat das Bundesverfassungsgericht betont, dass es selbstverständlich ein legitimes Anliegen des Gesetzgebers ist, Auswüchse zu verhindern: nämlich dass junge Menschen, die unter Liebeskummer leiden, Sterbehilfe in Anspruch nehmen wollen oder dass unseriöse Geschäftsmodelle entstehen, in denen Scharlatane verzweifelten Menschen zu horrenden Preisen tödliche Medikamente besorgen. Dem Gesetzgeber steht es laut Bundesverfassungsgericht frei – und es ist ihm auch dringend anzuraten –, Regeln für den assistierten Suizid zu formulieren. Solange das nicht passiert, herrscht bei allen, die mit dem Thema Sterbehilfe zu tun haben, eine große Unsicherheit.

Das ging auch den Kindern von Beate Sander so. Elke und Uwe verstanden und respektierten den Wunsch ihrer Mutter. Aber auch sie wussten nicht, wie sie ihr hätten helfen können. Es ist für ein Kind sicherlich schon schwer genug, dabei zu sein und die Hand zu halten, wenn ein Arzt einem todkranken sterbewilligen Elternteil auf dessen eigenen Wunsch ein Medikament zur Verfügung stellt, mit dem der Tod schnell eintritt. Allein mit der Mutter zu sein und mit ansehen zu müssen, wie sie versucht, sich das Leben mit einer Mixtur aus Medikamenten zu nehmen, die vielleicht nicht so schnell wirken, ist unerträglich. Hinzu kam, dass Beate Sander Angst hatte, ihre Kinder könnten, wenn sie sich in ihrer Nähe aufhielten, wegen unterlassener Hilfeleistung angeklagt werden. Das ist, wie zwei Urteile des Bundesgerichtshofs zeigen, zwar eher unwahrscheinlich, aber ihre Angst blieb. »Das will ich nicht als Mutter. Bevor ihnen das widerfährt, mach ich das Spiel allein.«

Ihre größte Angst jedoch bestand darin, dass ihr der Suizid nicht gelingen könnte, dass sie zu früh gefunden würde und dann – wie bei versuchten Suiziden üblich – in eine Psychiatrie eingewiesen würde. »Wieso habe ich in meiner Situation keine Chance, dieses Medikament zu bekommen, mit dem ich Sicherheit hätte, dass es klappt?« Eine Antwort darauf konnte ihr niemand geben.

Als wir uns am späten Nachmittag des 13. Septembers voneinander verabschiedeten, war sie wieder bei ihrem Lieblingsthema angelangt: der Börse. Sie ärgerte sich darüber, dass in dieser Woche einige Anleger so schnell den Kopf verloren und Aktien des Pharmakonzerns AstraZeneca verkauft hätten, weil ein

Proband in der letzten Testphase für den Coronaimpfstoff erkrankt war. »Da werden 30 000 Leute getestet – wer sagt denn, dass die Erkrankung dieses einen Menschen in irgendeinem Zusammenhang zu dem Impfstoff steht?«

Ich beschloss im Sinne eines friedlichen Abschieds zu verschweigen, dass auch ich zu denjenigen gehört hatte, die nach der Meldung verkauft hatten. Beate Sander nutzte die Zeit, um wieder mal eine Wette abzuschließen: »Ich wette, dass ihr über 50 000 Abrufe auf das YouTube-Video mit der Sendung von mir haben werdet. Wenn ich die Wette gewinne, kommst du wieder!«

Ich musste lachen. Dass ich die Wette verlieren würde, war mir klar. Die Zahlen des Videos, das seit Dienstagabend im Netz war, waren rasch nach oben geschnellt. Von daher verabschiedete ich mich von ihr in der festen Überzeugung, dass das nicht unsere letzte Begegnung sein würde. In meinem Auto stapelten sich etliche Bücherpakete. Beate Sander hatte mal wieder ganze Arbeit geleistet und zahlreiche Nachhaltigkeitsbücher an Anrufer verkauft. Ich hatte versprochen, die Pakete morgen zur Post zu fahren.

In der folgenden Woche telefonierten wir mehrfach, das letzte Mal am Montag, den 21. September, und ich versprach ihr – das Video hatte inzwischen mehr als 100 000 Aufrufe auf YouTube – mich am Donnerstag noch mal in den Zug zu setzen und sie in Ulm zu besuchen.

Später erreichte mich dann folgende E-Mail.

Liebe Katja!
Das Organversagen nimmt so rapide zu, dass ich große Mühe habe, noch das Webinar zu halten. Du musst also deine Wette nicht mehr einhalten. Ich glaube, dass bis Ende der Woche endgültig alles vorbei ist.
Beste Grüße Beate

Am Tag drauf meldete sie sich noch mal und bat mich, nur nach Ulm zu kommen, wenn ich noch wichtige Fragen hätte, die am Telefon nicht mehr zu klären wären. Ich antwortete darauf:

Liebe Beate,
es ist kein wichtiges Interview. Du hast mir so viele tolle Dinge aus deinem Leben erzählt, dass das völlig ausreicht. Ich wollte nur mein Ver-

sprechen halten und dich noch mal besuchen und umarmen. Ich rufe dich heute stattdessen an.
Ich melde mich so gegen 11 Uhr.
Fühl dich herzlich umarmt von Deiner Katja

Wir telefonierten dann eine halbe Stunde. Es war das letzte Mal, dass ich mit Beate Sander sprechen sollte. Als ich sie am Donnerstagvormittag noch mal anrufen wollte, ging sie nicht mehr ans Telefon.

Ihr Sohn und ihr Arzt waren morgens fast gleichzeitig bei ihr eingetroffen, eine Stunde, bevor der Pflegedienst gekommen wäre. Beate Sander lag regungslos über dem Schreibtisch, vor sich einen Stapel Bücher, den sie noch signiert hatte. Neben ihr lag ein Abschiedsbrief. Der Arzt stellte fest, dass sie noch Puls hatte und atmete. Dann tat er das, was er glaubte, tun zu müssen, um nicht wegen unterlassener Hilfeleistung angeklagt zu werden: Er rief einen Rettungswagen.

Am 28. September starb Beate Sander friedlich auf der Palliativstation des Marienhospitals in Stuttgart. Ihre größte Angst, sie könnte im Falle eines missglückten Suizids in eine Psychiatrie eingeliefert werden, hat sich nicht bestätigt. Ihre Kinder konnten das verhindern. Beate Sander wurde noch einmal wach und bat den behandelnden Klinikarzt, auf lebenserhaltende Maßnahmen zu verzichten. Die Ärzte respektierten ihren Wunsch. Elke und Uwe saßen viele Stunden am Bett ihrer Mutter. Sie konnten in Ruhe von ihr Abschied nehmen.

Am 29. Januar 2021, vier Monate nach Beate Sanders Tod, hat eine fraktionsübergreifende Abgeordneten-Gruppe aus FDP, SPD und Linken im Bundestag einen Vorschlag für eine Neuregelung des Sterbehilfegesetzes vorgelegt. Es entspricht dem, was sich Beate Sander gewünscht hatte: Jeder – mit Ausnahme Minderjähriger – soll das Recht auf einen selbstbestimmten Tod haben, nachdem er eingehend beraten und der freie Wille des Betroffenen festgestellt wurde. Ärzte sollen das tödliche Medikament verschreiben können. Damit soll künftig niemand mehr dazu gezwungen sein, zum Sterben ins Ausland zu reisen, auf Dienste eines Sterbehilfevereins zurückzugreifen oder einen einsamen verzweifelten Suizidversuch zu unternehmen.

Teil IV

Lernen von der Börsenoma

Wie bereits beschrieben, bekam Beate Sander, nachdem sie öffentlich gemacht hatte, dass sie nicht mehr lange zu leben hätte, unzählige Reaktionen: Anfragen von Journalisten und von YouTubern, noch mal mit ihr zu sprechen, aber auch Anrufe und E-Mails von Menschen, die durch sie dazu gekommen waren, sich mit der Börse zu beschäftigen. Viele schrieben ihr, dass sie von ihr nicht nur wertvolle Tipps zu Geldanlagen und Börse bekommen, sondern darüber hinaus viel Wichtiges und Grundsätzliches für das Leben gelernt hätten. Immer wieder teilten ihr die Menschen mit, sie sei für sie ein »Vorbild an Stärke, Mut und Gelassenheit« oder eine »Inspiration« gewesen. Dass Beate Sanders Leben bis zum Schluss nicht immer einfach war, ist deutlich geworden. Sie hatte viele Dinge nicht, die die meisten von uns vermutlich als Voraussetzungen für Glück betrachten würden: eine glückliche Kindheit, eine liebevolle Paarbeziehung, viele Freunde. Sie hat weder viel von der Welt gesehen noch in einem besonders schönen Haus gelebt. Beate Sander war auch keine einfache Persönlichkeit. Sie war unbequem und dürfte mit ihrer direkten Art, auch unangenehme Wahrheiten auszusprechen, dem ein oder anderen auf die Füße getreten sein. Sie war eine Einzelgängerin und weit davon entfernt, eine »Frohnatur« oder eine »Optimistin« zu sein. Sie hätte nie davon gesprochen, ein »glückliches Leben« geführt zu haben, hatte aber nie auch nur den geringsten Zweifel daran, dass ihr Leben durchaus »geglückt« war, also gelungen. Wer kann schon auf die Frage, ob er etwas im Leben bereue, mit voller Überzeugung sagen: Ich bereue nichts. Ich habe im Rahmen dessen, was ich von meinen Rahmenbedingungen her machen konnte, das Maximum erreicht. Das Gefühl, oder in Beate Sanders Fall das Wissen, ein geglücktes Leben geführt zu haben, war es letztlich, was sie rückblickend mit großer Zufriedenheit erfüllt hat, auch als der Tod an ihre Tür klopfte. Diese innere Sicherheit war der Grund für die große Gelassenheit, mit der sie über ihre schwere Erkrankung und den schnell näher rückenden Tod sprechen konnte. Sie hat ihr die Kraft gegeben, ihr Leben bis zum Schluss so weiterzuleben wie zuvor, zumindest soweit es der Körper zuließ.

Nun ist es individuell sicherlich auch sehr unterschiedlich, was wir persönlich brauchen, um ein »geglücktes« Leben zu führen. Für die meisten von uns dürften neben Familie zum Beispiel gute Freundschaften sehr wichtig sein. Für Beate Sander haben hingegen aufgrund ihrer Persönlichkeitsstruktur Freunde nicht im Mittelpunkt gestanden. Sie wusste um die Begrenztheit ihrer Zeit und hat sie dafür lieber in Dinge investiert, die ihr persönlich wichtiger waren, zum Beispiel ins Bücherschreiben. »Du kannst nicht alles machen. Man muss Prioritäten setzen«, sagte sie. Dennoch gibt es ein paar grundlegende Erkenntnisse und Verhaltensweisen, von denen die Glücksforschung weiß, dass sie für ein gelingendes Leben wichtig sind. Der Schweizer Unternehmer und Bestsellerautor Rolf Dobelli spricht in seinem sehr klugen Buch *Die Kunst des guten Lebens* von 52 »Denkwerkzeugen«, die ein gutes Leben zwar nicht garantieren, es aber wahrscheinlicher machen. Ob bewusst oder unbewusst – Beate Sander hat viele dieser »Denkwerkzeuge« in ihrem Leben angewendet und ist auf viele Denkfehler nicht hereingefallen. Denn glücklich wird man auch dadurch, indem man Dinge, die unglücklich machen, meidet. Hier sind die wichtigsten Dinge, die ich aus meinen Gesprächen mit Beate Sander lernen durfte.

Sieh Geld als das, was es ist: ein Mittel zum Zweck

Diese Erkenntnis ausgerechnet aus dem Leben einer Frau abzuleiten, die sich die letzten 23 Jahre ihres Lebens nahezu ausschließlich und mit großem Erfolg mit dem Vermehren ihres Geldes beschäftigt hat, erscheint auf den ersten Blick vielleicht merkwürdig. Doch Beate Sander war absolut klar, dass die Millionen auf ihrem Aktiendepot zwar »finanzielle Freiheit und Unabhängigkeit« bedeuteten, dazu hätten in ihrem Fall aber auch schon 500 000 Euro gereicht, zumal sie ja ohnehin kein luxuriöses und damit teures Leben führte.

Die Forschung gibt ihr Recht: Die Frage, ob Geld glücklicher macht, wurde intensiv untersucht. Das Ergebnis ist eindeutig: Geld macht vor allem dann glücklich, wenn man vorher nicht ausreichend davon hatte. Sich nicht mehr darum sorgen zu müssen, ob am Ende des Monats das Geld zum Essen reicht, wie man seine Miete bezahlt und ob man sich das Eis beim Stadtbummel leisten kann, bedeutet für die Menschen pure Erleichterung und einen enormen Zugewinn an Glück. Daraus abzuleiten, dass mehr Geld automatisch mehr Glück bedeutet, funktioniert allerdings nicht. Wer in Deutschland nur 15 000 Euro im Jahr verdient, erlebt einen starken Glückszuwachs, wenn sich das Einkommen verdoppelt. Auch wenn man es dann schafft, von 30 000 auf 60 000 Euro zu kommen, nimmt das Glück zu – allerdings schon deutlich weniger stark als beim ersten Sprung. Hat man erst mal ein Jahreseinkommen zwischen 80 000 und 100 000 Euro pro Jahr, bedeutet jeder Euro mehr keinen merklichen Glückszuwachs. Besonders deutlich wird das, wenn man auf Studien blickt, die mit Lottomillionären gemacht wurden: Nach einem ersten Glückskick gewöhnten sie sich rasch an die neuen Lebensumstände. Nach spätestens zwei Jahren waren sie nicht glücklicher als vor dem Lottogewinn.

Beate Sander hat in ihrem Leben beides erlebt: Phasen des Reichtums – zumindest wenn man die Summe auf ihrem Aktiendepot zugrunde legt – und Phasen, in denen das Geld extrem knapp war. Paradoxerweise erlebte sie eine solche Phase ausgerechnet Anfang des neuen Jahrtausends, als sie mit ihrem *Börsenführerschein* einen Bestseller landete und sich plötzlich parallel zu ihrem Lehrergehalt über einen satten Zusatzverdienst freuen konnte. Doch leider tappte sie damit, ohne es zu wissen, in eine Steuerfalle: Sie hatte die Zusatzeinnahmen für den *Börsenführerschein* zwar ordnungsgemäß versteuert. Ihr war aber nicht klar gewesen, dass sie als beamtete Lehrerin – als Professorin hätte sie das übrigens gedurft – nicht so viel Geld durch Bucheinnahmen zusätzlich verdienen durfte. Die Konsequenz: Sie musste ihre *Börsenführerschein*-Einnahmen in vierteljährlichen Raten von jeweils mehreren Tausend Euro zurückzahlen – Geld, das sie aber leider nicht mehr hatte. Sie hatte ihre Zusatzeinkünfte teilweise in Aktien angelegt, die damals gerade in den Keller gerutscht waren, hatte sie teilweise verschenkt und hatte sich selbst auch den ein oder anderen Wunsch erfüllt. Beate Sander hatte damals nur ihr Realschullehrergehalt, um die Raten zurückzuzahlen, und sparte sich das Geld förmlich vom Mund ab: Sie lebte einige Jahre auf Harz-IV-Niveau, ging nie essen, gönnte sich keine neuen Kleider, unterließ jede Anschaffung, die nicht unmittelbar notwendig war. »Das war eine harte Zeit«, erklärte sie, »die ich so nicht noch mal erleben wollte.« Nach dieser Erfahrung war ihr deutlich bewusst: Geld erleichtert den Alltag erheblich, oder wie Marcel Reich-Ranicki es mal ausdrückte: »Geld macht nicht glücklich, aber es ist besser, im Taxi zu weinen als in der Straßenbahn.«

Doch um ihre bescheidenen Lebensansprüche zu decken, reichte Beate Sanders Gehalt und später ihre Rente als Realschullehrerin völlig aus. Von daher hatte für sie das Geld, das sie auf ihrem Aktiendepot anhäufte, keine große Bedeutung. Sie selbst brauchte es nicht. Dass ihr Aktiendepot von 30 000 Euro auf 2,8 Millionen wuchs, diente ihr ausschließlich als Beweis für den Erfolg ihrer Hoch/Tief-Mutstrategie und erfüllte sie deshalb mit großer Zufriedenheit. Zumal es ihr die Möglichkeit eröffnete, ihren Kindern oder Enkelkindern mal etwas »zuzustecken«. Ähnlich und noch viel extremer tickt Investorenlegende Warren Buffett: Sein persönliches Vermögen, das 2019 auf rund 83 Milliarden Dollar angewachsen war, dient ihm ausschließlich als Messlatte für den Erfolg seines Berkshire-Imperiums. Zu sehen, dass sein Geschäftsmodell funktioniert, macht ihn glücklich. Das Geld als solches sieht er als Mittel zum Zweck: Zwischen dem Jahr 2000 und 2016 hat er mehr als 46 Milliarden Dollar gespendet und hat vor, fast sein ganzes Vermögen für gute Zwecke herzugeben.

Vergleiche dich nicht mit anderen

Beate Sander verglich sich grundsätzlich nicht mit anderen. Das mag merkwürdig klingen für eine Frau, die so viel Spaß an Wettkämpfen hatte wie sie und in allem, was sie tat, einen großen Ehrgeiz hatte, die Beste zu sein. Lebt Wettkampf nicht vom Vergleich? Natürlich tut er das. Für Beate Sander war aber nicht der Vergleich beim Wettkampf wichtig, sondern ausschließlich die eigene Leistung. Wie ihr Tennispartner es ausdrückte: »Das Besondere an ihr war, dass sie immer ganz bei sich war – egal, was sie machte.« Sie freute sich, gegen stärkere Gegner zu spielen, weil das für sie eine Herausforderung war. Sie war aber nicht frustriert, wenn sie verlor, weil sie gar nicht erwartet hatte, gegen diesen Gegner gewinnen zu können. Deshalb fiel es ihr so leicht, eine gute Verliererin zu sein. Sollte es dann doch mal passieren, dass sie gewann, wie bei ihrem Tischtennissieg über die dreifache deutsche Meisterin Heide Dauphin, freute sie sich umso mehr. Sie wäre aber nie auf die Idee gekommen, sich mit einem Nachbarn zu vergleichen, der ein schöneres Haus hat, ein tolleres Auto fuhr, deutlich mehr Geld verdiente als sie oder eine große Karriere hingelegt hatte. Ihr war bewusst, dass dieser Nachbar ganz andere Rahmenbedingungen in seinem Leben vorgefunden hatte als sie: Vielleicht hatte er eine große Erbschaft gemacht oder er hatte Eltern gehabt, die ihn zu Hause nach allen Regeln der Kunst gefördert und ihm eine hohe schulische Bildung ermöglicht hatten. Ihr reichte es zu wissen, dass sie innerhalb ihrer Rahmenbedingungen ihr Bestes gegeben und ein Maximum erreicht hatte. Dieses Bewusstsein und der damit verbundene Verzicht auf Vergleich machten sie deutlich zufriedener – denn sie war damit nicht anfällig für Neid.

Neid ist einer der beiden Gründe dafür, dass uns der permanente Vergleich mit anderen nachhaltig unglücklich macht. Der andere ist, dass wir uns klein fühlen, da wir dazu neigen, uns ausgerechnet mit mutmaßlich schöneren, erfolgreicheren, gebildeteren und reicheren Menschen zu vergleichen. Ganz besonders extrem ist das, wenn wir soziale Medien wie Facebook, Instagram, Snapchat und Co nutzen. Ständig sehen wir da Leute, denen es scheinbar besser geht als uns, die glücklicher und wohlhabender sind und sich offenbar ständig an schönen Orten befinden. Dabei verdrängen wir, dass die Menschen fast ausschließlich positive Dinge auf Facebook posten und wir damit nur einen kleinen Ausschnitt ihres Lebens sehen. Wir werden unglücklich, weil wir das Gefühl haben, allen anderen in unserem Umfeld ginge es besser. Eine repräsentative Studie des Happiness Research Institute, des dänischen Forschungsinstituts für das Glück, kam zu dem Ergebnis, dass Menschen, die auf Facebook verzichten, schon nach einer Woche ein signifikant höheres Niveau an Lebenszufriedenheit haben als zuvor.

Leider ist das ständige Vergleichen mit anderen etwas, was in der menschlichen Natur tief verwurzelt ist. Das zeigte auch ein Experiment der Universität Harvard um die Jahrtausendwende: Studenten konnten zwischen zwei Szenarien wählen: Entweder sie bekämen ein Gehalt von 100 000 Dollar im Jahr und alle anderen im Raum das Doppelte oder sie selbst ein Gehalt von 50 000 Dollar und alle anderen im Raum nur 25 000 Dollar. Die Mehrheit entschied sich dafür, lieber der Reichste zu sein, statt doppelt so viel Geld zu verdienen. So traurig das auch ist: Menschen fühlen sich unabhängig von der Höhe ihres Einkommens schlechter, wenn ihre Nachbarn reicher sind, und sie fühlen sich besser, wenn besagte Nachbarn ärmer sind.

Wenn man erkannt hat, dass das Vergleichen in unserer Natur angelegt ist, uns aber unglücklich macht und schadet, gibt es eigentlich nur eine sinnvolle Vorgehensweise: aktiv dagegen anzuarbeiten. Je stärker man zum Vergleichen mit anderen und zum Neid neigt, desto mehr sollte man versuchen, Vergleichssituationen aktiv zu vermeiden. Das kann man im Zweifel tun, indem man soziale Medien meidet oder sich zumindest immer wieder klarmacht, dass das, was uns auf Facebook und Co präsentiert wird, mitnichten ein Abbild der Wirklichkeit ist. Obwohl Beate Sander ohnehin nicht dazu neigte, sich ständig mit anderen zu vergleichen, war sie nie in den sozialen Medien aktiv und ist zum Beispiel auch nie auf Klassentreffen gegangen, weil sie dem »Schaulaufen der Eitelkeiten« nichts abgewinnen konnte und ihr klar war, dass sich jeder dort nur von seiner besten und damit geschönten Seite zeigen würde.

Suche dir Leitbilder statt Vorbilder

Ein Vorbild ist definiert als Person oder Sache, die als mustergültiges Beispiel dient. Natürlich spricht nichts dagegen, wenn wir uns Menschen suchen, zu denen wir aufschauen können. Ein Vorbild kann ein Motor sein und wichtige Impulse geben. Allerdings wird derjenige, der zum Vorbild genommen wird, allzu oft idealisiert. Dann besteht die Gefahr, dass wir uns klein fühlen, wenn wir uns mit diesem Vorbild vergleichen. Schaffen wir es nicht, auch nur annähernd so perfekt zu sein wie unser Vorbild in unserer Vorstellung ist, sind wir frustriert. Dabei ist der Versuch, ein Vorbild zu imitieren, von vornherein zum Scheitern verurteilt. Die Psychologin Ilona Bürgel, die sich damit beschäftigt hat, wie Vorbilder unser Leben beeinflussen, sagte dazu in einem Interview in der *Wirtschaftswoche*: »Man sollte niemals das Leben von jemand anderem eins zu eins kopieren. Es gibt nun mal niemanden doppelt.« Das klingt nach einer Binsenweisheit. Es ist aber erstaunlich, wie viele Menschen genau das versuchen und alles daransetzen, um ihrem Idol möglichst ähnlich zu sein. Ein bekannter Schönheitschirurg erzählte mir mal im Interview, wie viele junge Frauen mit einem Foto von Heidi Klum in seine Praxis kommen und sagen: »Genauso will ich aussehen!« Dabei sind allerdings auch Frauen mit schwarzen Haaren und dunklem Teint oder asiatischen Gesichtszügen. Andere sind klein und mollig – kurzum: Sie sind ein ganz anderer Typ Frau. Dass es völlig unmöglich und auch nicht wünschenswert ist, sie in ihr Idol zu verwandeln, will vielen nicht einleuchten. Wer bei der Auswahl eines Vorbilds unrealistisch ist, warnt Ilona Bürgel, wird unweigerlich unglücklich: »Nicht jeder von uns wird in den Weltraum fliegen. Man muss sich klarmachen, dass es bestimmte Grenzen gibt.« Der Unternehmensberater Roland Berger findet es noch aus einem anderen Grund wenig wünschenswert, Vorbilder zu imitieren: Wenn wir in die Fußstapfen anderer treten, können wir sie nämlich nicht übertreffen. Ilona Bürgel schlägt vor, sich statt eines idealisierten Vorbildes lediglich einzelne Bestandteile eines Lebens oder einer Karriere herauszupicken, um sich daran zu orientieren.

Genau das war es, was Beate Sander gemacht hat: Sie hat ganz klar die eigenen Grenzen gesehen und sich deshalb nach realistischen Vorbildern umgesehen. Zwar hat sie die Ordensschwester Mutter Teresa bewundert. Da ihr aber klar war, dass sie so würde nie leben können, da Mutter Teresa in ihrer Selbstlosigkeit und Opferbereitschaft so weit von Beate Sander selbst entfernt war, als würde sie in einer anderen Galaxie leben, hat sie gar nicht erst versucht, sie sich zum Vorbild zu nehmen. Sie war auch schlau genug, um zu erkennen, dass auch Wissenschaftler oder Musiker, die sie verehrte, nicht perfekt waren. Deshalb hat sie sich im Vergleich zu ihnen auch nicht klein gefühlt. Statt sie als idealisierte Vorbilder zu sehen, hat sie sie lieber als »Leitbilder« genommen und sich durch einige besonders hervorstechende und bewundernswerte Leistungen oder Eigenschaften von ihnen inspirieren lassen: sei es durch den unbeugsamen Forschungsdrang einer Madame Curie oder die Schaffenskraft eines Ludwig van Beethoven, der sich trotz Taubheit nicht von seiner Passion abbringen ließ und einzigartige Werke schuf. Ein solches Leitbild hat im Vergleich zum klassischen Vorbild den Vorteil, eher eine Art »Leitlinie« zu sein: »Sie kann ein Geländer sein, erspart aber nicht das eigene Gehen.«

Suche dir eine selbstbestimmte und herausfordernde Arbeit

»Wenn du mir 100 Millionen Euro geboten hättest und gesagt hättest: ›Beate, ich schenke dir das Geld, du darfst dann aber nicht mehr arbeiten!‹, ich hätte sie nicht genommen«, erklärte Beate Sander entschieden. Für sie war ihre Arbeit ein ganz entscheidender Faktor für ein glückliches Leben. Das galt sowohl für ihre Arbeit als Lehrerin, die sie immer mit großem Engagement betrieben und so gemocht hat, dass sie auch nach ihrer Pensionierung weiter Volkshochschulkurse gab. Ganz besonders galt das aber für ihre zweite Karriere als Anlegerin und Börsenexpertin. Arbeit hatte für sie rein gar nichts mit Stress oder der Notwendigkeit, Geld zu verdienen, zu tun, sondern war pure Freude. Denn durch die Beschäftigung mit der Börse konnte sie spannende Einblicke in Wissenschaften wie die Psychologie gewinnen, sich mit Wirtschaftstheorien auseinandersetzen, neue Entwicklungen in Fachbereichen wie der Biotechnologie kennenlernen und sich mit den Wirtschaftssystemen diverser Länder auseinandersetzen. Außerdem konnte sie in ihren Büchern und ihren Kursen ihr Wissen weitergeben und hat dadurch zusätzlich positive Resonanz erfahren. Durch ihren Unterricht, aber auch durch den Besuch von Aktionärsversammlungen hat sie spannende Menschen kennengelernt. Ihre Arbeit hat sie immer als sinnvoll empfunden, hat sie doch mit dazu beigetragen, dass zum Beispiel viele Frauen sich erstmals intensiver mit ihren Finanzen beschäftigt und den Schritt vom Sparbuch zu einer gewinnbringenderen Finanzanlage gewagt haben – ein wichtiger Schritt im Kampf gegen Altersarmut.

In der Tat gilt die Arbeit neben Gesundheit und Familie als einer der wichtigsten Bausteine für ein geglücktes Leben. Auch wenn die »Work-Live-Balance« immer in aller Munde ist, zeigen drei Studien von US-Forschern, dass zu viel Freizeit den Menschen eher unglücklich macht. Eigentlich könnte man ja denken, dass die Zufriedenheit mit dem eigenen Leben mit mehr Zeit für Freizeitaktivitäten deutlich ansteigt. Das tut sie auch, wenn die Menschen neben der Arbeit bis zu zwei Stunden Freizeit täglich für sich selbst zur Verfügung haben. Danach sinkt der Zufriedenheitslevel; ab 3,42 Stunden Freizeit pro Tag waren die Befragten unglücklicher mit ihrem Leben. Ob das deshalb so ist, weil Arbeit für viele auch immer ein Statussymbol ist, sie sich, wenn sie arbeiten, eher gebraucht fühlen oder – wie eine andere Studie nahelegt – Menschen einfach nicht fürs Nichtstun gemacht sind, sei dahingestellt. Zwei Stunden Freizeit pro Tag war übrigens ungefähr auch die Zeit, die Beate Sander für ihre Freizeitaktivitäten wie Sport oder auch für ihr Hobby Gartenarbeit eingeplant hatte.

Das Roman Herzog Institut hat aus vielen Studien berechnet, wie sich die Arbeit auf die Lebenszufriedenheit von Menschen auswirkt. Während 48 Prozent der Vollzeitbeschäftigten sagen, sie seien hochzufrieden mit ihrem Leben, sagen das nur 21 Prozent der Arbeitslosen. »Kaum ein individuelles Ereignis dürfte sich – mit Ausnahme lebensbedrohlicher Krankheiten oder ernsthafter familiärer Sorgen – derart negativ auf das Wohlbefinden auswirken wie der Verlust des Arbeitsplatzes«, so das Fazit. Ein Verlust des Arbeitsplatzes kann »die Lebenszufriedenheit sogar stärker als eine Scheidung oder Trennung senken«. Die Gründe sind in einem verringerten Selbstwertgefühl, wegfallenden Kontakten im beruflichen Umfeld und fehlender Anerkennung und Wertschätzung zu suchen. Es bleibt also festzuhalten: Jede Arbeit ist – was die Lebenszufriedenheit betrifft – besser als gar keine. Dennoch lässt natürlich nicht jede Arbeit das Glückslevel in gleichem Umfang ansteigen. Welche Art von Arbeit macht uns also am glücklichsten? Allgemein kann man sagen: Menschen empfinden immer dann ein besonders hohes Maß an Zufriedenheit mit der Arbeit, wenn die Tätigkeit möglichst wenig monoton und stattdessen vielfältig und abwechslungsreich ist.

Vor allem die Möglichkeit, möglichst selbstständig und selbstbestimmt zu arbeiten, lässt die Zufriedenheit mit der Arbeit deutlich steigen. Fühlen sich Menschen für die Jobs, die sie ausüben, überqualifiziert, lässt das die Zufriedenheit sinken, während der Anteil der Hochzufriedenen interessanterweise steigt, wenn sie formal für den Job unterqualifiziert sind. Die größeren Herausforderungen, die mit der Tätigkeit verbunden sind, und die mit besseren Jobs auch oft verbundene größere Autonomie werden als positive Anreize empfunden und machen die Menschen zufriedener.

So gesehen hatte sich Beate Sander mit ihren beiden Jobs – Lehrerin und Börsenexpertin – zwei Berufe ausgesucht, die optimale Voraussetzungen für mehr Lebensglück boten: viele Freiheiten, viele Herausforderungen und wenig Langeweile.

Was ich bislang beschrieben habe, bezog sich auf den Zusammenhang zwischen Lebenszufriedenheit und Erwerbsarbeit. Was ist mit ehrenamtlicher Arbeit? Und was ist mit Rentnern, die nicht, wie Beate Sander, 12 bis 14 Stunden pro Tag einem neuen Beruf nachgehen wollen? Sind die automatisch unglücklich? Schließlich haben wir alle schon mal von Leuten gehört, die in ein tiefes Loch gefallen sind, sobald sie in Rente waren.

Was die subjektiv empfundene Zufriedenheit der Rentner betrifft, ist der Ruhestand besser als sein Ruf. Ein großer Teil der Rentner ist laut einer Allensbach-Umfrage aus dem Jahr 2016 mit seinem Leben durchaus zufrieden. Auf einer Zufriedenheitsskala von 0 (überhaupt nicht zufrieden) bis 10 (völlig zufrieden) wählten sie im Durchschnitt 7,2. Aber auch hier ist die Zufriedenheit größer, wenn sie ihr Leben als abwechslungsreich empfinden. »Rentner brauchen ein Projekt, das über ein einfaches Hobby hinausgeht«, erklärte Altersforscher Prof. Dr. Eckart Hammer gegenüber der *Wirtschaftswoche* und identifiziert Langeweile als »die größte Herausforderung« im Alter. Sich ehrenamtlich zu engagieren, ist da eine tolle Möglichkeit, neue Dinge kennenzulernen, sich neuen Herausforderungen zu stellen, anderen zu helfen und Sinn zu erfahren. Nicht nur Erwerbstätige, sondern auch Menschen, die sich ehrenamtlich engagieren, haben eine deutlich höhere Lebenszufriedenheit. Sie sind glücklicher, seltener depressiv und fühlen sich häufig gesünder. Das gilt für alle, macht sich aber bei Rentnern noch deutlich stärker bemerkbar als bei anderen Bevölkerungsgruppen. Und das Schöne ist: Man arbeitet selbstbestimmt! Von daher kann das Glücksrezept »Suche dir eine Arbeit, die dir Spaß macht, die dich herausfordert und die du als sinnvoll empfindest« genauso gut mit einer ehrenamtlichen Tätigkeit verwirklicht werden.

Versuche täglich etwas Neues dazuzulernen

Wie bereits beschrieben, gab es bestimmte Sätze, auf die Beate Sander äußerst allergisch reagiert hat. Das war, als sie noch Lehrerin war, die Frage von Eltern: »Müssen die Kinder das denn wirklich alles lernen?« Genauso konnte sie sich später ärgern, wenn Leute ihres Alters sich nicht mit dem Internet und anderen Technologien beschäftigt haben und lamentierten: »Das muss ich in meinem Alter jetzt wirklich nicht mehr lernen!« Dass Lernen als anstrengend und negativ empfunden wird, konnte sie nicht nachempfinden. Sie war immer neugierig auf neue Inhalte – und diese Neugier wurde durch die Beschäftigung mit Aktien, den dahinterstehenden Produkten und Geschäftsmodellen der Firmen und dem Aufspüren von Zukunftstrends optimal befriedigt. Wenn sie sich in ein neues Thema einarbeitete und es spannend fand, geriet sie in einen regelrechten Flowzustand, konnte nicht mehr aufhören, darüber mehr zu lesen, und vergaß die Zeit. »Glück ist die Zeit, in der man nicht an die Zeit denkt«, schreibt der Mediziner und Kabarettist Eckart von Hirschhausen dazu in seinem Buch *Glück kommt selten allein*.

Dass Lernen glücklich macht, war nicht nur Beate Sander bewusst. Die Hirnforschung weiß das schon seit Langem. Es ist trotzdem wichtig, sich das vor Augen zu halten, denn die Erfahrung, die wir und auch unsere Kinder oder Enkel mit Lernen in der Schule machen, sieht oft ganz anders aus: Wer erinnert sich nicht selbst an quälend langweilige Unterrichtsstunden oder Diskussionen mit völlig unmotivierten Kindern, dass sie sich doch jetzt endlich auf den Hosenboden setzen und den Stoff für die Mathearbeit pauken sollen? Nur ein Drittel der Schüler sagt von sich, sie hätten Freude am Lernen. Diese nimmt umso mehr ab, je älter die Schüler werden. Während jüngere Kinder noch motiviert starten, sagen nur sechs Prozent der 13-Jährigen von sich, sie hätten Spaß am Lernen. Das ist dramatisch, ist doch Freude am Lernen eine der wichtigsten Voraussetzungen für schulischen Erfolg. »Lernen, das auf Dauer keinen Spaß macht, ist zwecklos«, erklärt Michael Fritz, Lernforscher am ZNL TransferZentrum für Neurowissenschaften und Lernen in Ulm. Dass so viele Schüler mit zunehmendem Alter weniger Freude am Lernen empfinden, ist letztlich eine Bankrotterklärung unseres Schulsystems. Denn eigentlich will der Mensch von Natur aus gerne lernen. Schließlich belohnt ihn sein Körper reich dafür, wenn er neue Dinge lernt und Probleme löst, und zwar durch Ausschütten von Dopamin und körpereigenen Opiaten, den gleichen Stoffen, die auch beim Sex freigesetzt werden. Lernen macht also fast so glücklich wie Sex – allerdings offensichtlich nur, wenn es nicht im Klassenzimmer erfolgt. Es funktioniert egal in welchem Alter, denn unser Gehirn ist plastisch: Es passt sich der Umgebung und ihren Anforderungen an. Wenn es merkt, dass manche Verbindungen häufiger aktiviert werden als andere, schafft es neue Verknüpfungen. Das neuronale Netzwerk lässt sich also bis ins hohe Alter hinein verändern. Allerdings bilden sich neuronale Strukturen, die nicht gebraucht werden, auch wieder zurück. Wenn jemand sich keinen neuen Lernherausforderungen stellt, wächst das Risiko von Alzheimer deutlich. Nur wenn man das Gehirn mit neuen Eindrücken füttert, bleibt es bis ins hohe Alter leistungsfähig. Von daher ist es nie zu spät, noch mal etwas Neues zu lernen, sei es, sich mit der Börse zu beschäftigen, Klavier zu lernen oder eine neue Fremdsprache zu beginnen. Es trainiert nicht nur unsere grauen Zellen, sondern macht uns auch glücklicher.

Setze dir hohe, aber erreichbare Ziele

»Ein Seemann, der nicht weiß, welches Ufer er ansteuern soll, für den passt kein Wind!« Das war einer der Lieblingssprüche von Beate Sander. Sie jedenfalls wusste genau, wo das jeweilige Ufer ist, und versuchte stets, den Wind optimal zu nutzen, um dorthin zu gelangen. War der Wind einmal nicht optimal, ließ sie sich auf Umwege ein, verlor das Ziel aber nie aus den Augen. Und wenn der Gegenwind so stark war, dass sich das ursprünglich anvisierte Ufer gar nicht erreichen ließ, steuerte sie ein anderes Ziel an, das möglichst nahe am ursprünglichen lag. Schauen wir mal auf die Ziele, die sich Beate Sander gesetzt hatte: Ursprünglich wollte sie Abitur machen und studieren. Das ist aus Gründen, die sie selbst nicht zu verantworten hatte, an der Realität der Nachkriegszeit gescheitert. Das Ziel, das ihre Eltern ihr vorgegeben hatten – eine Gartenbaulehre –, war nicht das ihre. Es stellte keine Herausforderung für sie dar; ihr war klar, dass sie damit nicht glücklich werden würde. Sie suchte sich also ein neues Ziel: Sie wollte über den Umweg der Handelsschule mit anschließenden Begabtenprüfungen eine Zulassung als Fachlehrerin bekommen. Das kostete sie zwar viel Energie, weil ihr wesentliche Voraussetzungen wie Steno oder Maschinenschreiben fehlten, als sie die Handelsschule besuchte. Das Ziel, diesen Kurs zu bestehen und dann Chancen auf einen attraktiven Beruf zu haben, ließ sie aber die Kraft aufbringen, Tag und Nacht zu üben und das Versäumte nachzuholen. Dass sie dann am Ende als Jahrgangsbeste abschnitt, hatte sie sich nicht vorgenommen. Das wäre angesichts ihrer schlechten Startbedingungen auch unrealistisch gewesen – genauso unrealistisch, wie es gewesen wäre, davon auszugehen, dass sie einen Juniorenrekord im Maschinenschreiben aufstellen und sich so für die Weltmeisterschaft qualifizieren konnte. Umso mehr konnte sich Beate Sander dann darüber freuen, als das Unerwartete eintraf. Sie hatte sich auch, als sie mit 59 Jahren ihre ersten Aktien kaufte, nicht das Ziel gesetzt, Börsenmillionärin zu werden. Das wäre bei einer Startsumme von 30 000 Euro völlig unrealistisch gewesen. Sie hatte sich aber wohl vorgenommen, die Mechanismen der Börse zu durchschauen und für sich eine Strategie zu finden, wie sie mit möglichst geringem Risiko möglichst viel Rendite erzielen kann. Das ist ihr mit ihrer Hoch/Tief-Mutstrategie zweifelsohne gelungen. Dass sie dann tatsächlich aus 30 000 Euro 2,8 Millionen machte, war letztlich eine extrem erfreuliche Begleiterscheinung und der Beweis dafür, dass es ihr gelungen war, für sich eine solche Strategie zu finden. Dass viele ihrer Börsenbücher Bestseller wurden, war wiederum die logische Konsequenz aus der Tatsache, dass sie ihr Wissen gerne weitergab und dass diese Strategie auch für andere Anleger interessant war. Privat hatte sich Beate Sander das Ziel gesetzt, zu heiraten und eine Familie zu haben. Einen geeigneten Partner dazu zu finden, war für sie nicht einfach. Da war Beate Sander klug genug, sich selbst realistisch einzuschätzen. Es war ihr klar, dass sie weder gerne auf Partys ging noch ausgeprägte Fähigkeiten zum Smalltalk besaß und Flirten so gar nicht ihr Ding war. Wie und wo sollte sie also einen Partner kennenlernen? Sie entschloss sich deshalb, einen Partner über eine Kontaktanzeige zu suchen, was heute in Zeiten von Parship und Co durchaus gängig ist, damals aber eher selten war. Beate Sander wählte diesen Weg aktiv, weil sie wusste, wie sie tickte, worauf sie bei einem Partner Wert legte – er sollte sportlich sein und ein Akademiker – und dass diese eher rationale Art der Partnersuche für sie die größte Erfolgschance barg.

Dass Menschen, die sich realisierbare Ziele setzen, in der Regel erfolgreicher und zufriedener sind als solche, die planlos vor sich hin leben, liegt auf der Hand. Umgekehrt macht es uns aber auch unglücklich, wenn wir uns etwas vorgenommen haben und es nicht schaffen. Jeder, der schon mal versucht hat, eine Diät zu machen, und erfolglos war, weiß, wovon ich rede. Bei wichtigeren Lebenszielen gilt das umso mehr.

Stellt sich also die Frage: Wie können wir es möglichst gut schaffen, dass wir unsere Ziele erfolgreich erreichen können? Da kann man sich von Beate Sander tatsächlich einiges abschauen. Zum einen, dass sie sich immer nur Ziele gewählt hat, die mit den eigenen Werten vereinbar waren. Das ist eine der Grundvoraussetzungen für Erfolg: Wer sich Ziele setzt, die zu ihm passen, ist in der Regel auch besser in der Lage, Versuchungen zu widerstehen und Prioritäten zu setzen. Weitere Faktoren, die uns helfen, unsere Ziele zu erreichen, lassen sich an dem

Beispiel ihrer »Tischtenniswette« mit ihrem Mann deutlich machen. Wie bereits beschrieben, verlor sie auf dem Campingplatz in Italien ein Tischtennismatch gegen ihren Mann in drei Sätzen. Da ihr das Spiel Spaß gemacht hatte und sie spürte, dass sie zwar derzeit ihrem Mann hoffnungslos unterlegen war, sich aber grundsätzlich nicht allzu ungeschickt anstellte, schloss sie mit ihrem Mann die Wette ab: In genau einem Jahr werde ich gegen dich in drei Sätzen gewinnen! *Erster Schritt* war also die Festlegung eines *konkreten Ziels*, das herausfordernd war, aber bei entsprechendem Training aus eigener Kraft zu schaffen. Mit dem Wetteinsatz schuf sie noch eine *zusätzliche Motivation*: Wer von beiden gewinnen würde, müsste für den gemeinsamen Haushalt eine Joola-Platte stiften, was damals der Porsche unter den Tischtennisplatten war. Dann überlegte sie sich einen *konkreten Weg*, wie sie dieses Ziel erreichen könnte: Klar war: Sie brauchte Training. Also trat sie in den Tischtennisverein ein und *erzählte* dem Trainer von ihrer Wette. Sie bot ihm an, dass sie die Joola-Platte als Leihgabe dem Verein zur Verfügung stellen würde, sollte sie gegen ihren Mann gewinnen, und schuf damit eine *Motivation bei ihm*, sie bei ihrem Vorhaben zu unterstützen. In den kommenden *Monaten trainierte sie mehrfach wöchentlich hart*, um ihr Ziel zu erreichen. Sie ließ sich durch *Rückschläge nicht entmutigen*. Immer wieder malte sie sich in Gedanken aus, wie sie gemeinsam mit ihrem Mann ihren Sieg feiern würde und wie sie sich danach fühlen würde. Unterstützt wurde sie die ganze Zeit von dem Trainer, der von ihrem Ehrgeiz begeistert war und sich auf die Joola-Platte freute. Zu Recht: Ein Jahr später hatte sie ihr Ziel erreicht und gewann in drei Sätzen gegen ihren Mann. Sie konnte sich nicht nur über das erreichte Ziel freuen, sondern hatte auch auf dem Weg dahin so viel Spaß am Tischtennis gefunden, dass sie weiterspielte und schließlich in der ersten Bundesliga landete.

Um es noch einmal zusammenzufassen: Beate Sander hat, wenn sie ein Ziel erreichen wollte, wie hier am Beispiel der Tischtenniswette beschrieben,

1. sich immer ein konkretes Ziel gesetzt, das hoch, aber erreichbar war (»Ich gewinne gegen meinen Mann«),

2. sich eine zusätzliche »Belohnung« in Aussicht gestellt, sollte sie es erreichen (Tischtennisplatte),

3. sich einen Weg überlegt, wie sie das Ziel am besten erreichen kann, und anschließend ohne große zeitliche Verzögerung gehandelt (Eintritt in den Verein direkt nach Rückkehr aus dem Urlaub),

4. das Ziel nicht für sich behalten, sondern anderen davon erzählt,

5. alles in ihrer Kraft Stehende getan, um das Ziel zu erreichen (hartes Training) und

6. sich von Rückschlägen nicht entmutigen lassen und immer wieder das Ziel visualisiert – sich also den Sieg und wie sie sich danach fühlen würde in schillernden Farben ausgemalt.

Wie man inzwischen weiß, ist nicht nur das Visualisieren eines Ziels eine wichtige Strategie auf dem Weg zum Erfolg. Die Psychologieprofessorin Dr. Gail Matthews hat an der Dominican University of California eine Studie mit 267 Teilnehmern durchgeführt, wie man seine Ziele am besten erreicht. Sie rät: »Teilen Sie Ihre Ziele mit einem Freund«, so wie Beate Sander das mit ihrem Trainer gemacht hat. Dadurch, dass noch jemand mit »eingeweiht« ist, schafft man eine zusätzliche Außenkontrolle und es ist einem unangenehmer, wenn man auf halber Strecke aufgibt. Außerdem kann der Freund einen bei Rückschlägen motivieren durchzuhalten. Noch besser ist es, wenn man seine Ziele auch noch aufschreibt. Die Studienteilnehmer, die ihre Ziele nicht für sich behalten, sondern aufgeschrieben, einem Freund mitgeteilt und diesem dann wöchentliche Updates geschickt haben, waren im Schnitt 33 Prozent erfolgreicher beim Erreichen ihrer Ziele als die anderen.

Erwarte nicht zu viel von anderen und vom Leben

Überzogene Erwartungen gelten als einer der größten Glückskiller. Beate Sander war, was ihre persönlichen Ansprüche und Erwartungen betraf, wie beschrieben, ziemlich bescheiden: Sie brauchte keine luxuriöse Wohnung, hatte nicht den Anspruch, tolle Reisen zu machen, besaß nur wenige Kleidungsstücke und ihr reichte, solange sie noch Auto fuhr, ein kleiner Wagen. Sie hatte auch keine übersteigerten Ansprüche an ihren Ehepartner, erwartete nie, auf Händen getragen zu werden. Ihr genügten Bücher, in die sie sich versenken konnte, ein guter Computer zum Arbeiten, gutes Essen und die Möglichkeit, Sport zu treiben. Was ihre Bücher betraf, hoffte sie natürlich, dass der ein oder andere Bestseller dabei wäre. Allerdings war ihr auch klar, dass bei der Vielzahl der Bücher nicht alle auf der Bestsellerliste landen konnten. Wenn sie gerade ein erfolgreiches Buch publiziert hatte und am nächsten arbeitete, hätte sie nie gesagt: »Ich hoffe, das wird ein Bestseller!« Sie hätte es immer bei der Aussage: »Ich hoffe, das stößt auf Interesse« oder »Ich hoffe, das wird sich verkaufen« belassen. »Alles andere wäre vermessen.« Sollte dann doch das Ergebnis die Erwartung übertreffen, war das für sie umso mehr ein Grund zur Freude.

In der Tat ist das Herunterschrauben von eigenen Erwartungen eine der effektivsten Möglichkeiten, zufriedener zu leben. Die einfache Formel: »Glück = Wirklichkeit – Erwartungen« bringt das zum Ausdruck. Je höher die Erwartungen, desto geringer das subjektiv empfundene Lebensglück. Überzogene Erwartungen, vor allem wenn sie von außen an uns gestellt werden, machen uns nicht nur unglücklicher, weil wir sie nicht erfüllen können, sondern im Zweifel auch weniger erfolgreich. Dies zeigte eine Studie, in der 3500 Kinder aus 42 Schulen in Deutschland über fünf Jahre erfasst wurden. Die Eltern sollten angeben, welche Note sie von ihrem Kind in Mathematik erwarteten, und einschätzen, welche Note das Kind realistisch erzielen würde. Das Ergebnis war eindeutig: Kinder, deren Eltern hohe Erwartungen an sie hatten, schnitten besser ab. Sobald die Ambitionen der Eltern allerdings unrealistisch waren, zeigten die Kinder deutlich schlechtere Leistungen in Mathematik. Eine Studie aus den USA mit 12 000 Schülern bestätigte dieses Ergebnis.

Es trägt also keineswegs zur Zufriedenheit bei, wenn man zu hohe Erwartungen an sich oder an andere stellt. Andererseits ist es natürlich völlig normal, dass jeder Mensch Erwartungen hat. Wie kann man es also vermeiden, sich selbst durch zu hohe Erwartungen unglücklich zu machen? »Indem man einfach Abstriche an die eigenen Erwartungen macht«, hat Beate Sander darauf trocken geantwortet. Ihr fiel das nicht schwer. Vielen von uns aber schon. Deshalb ist es für viele hilfreich, zu schauen, wie das konkret funktionieren kann. Rolf Dobelli hat dazu eine gute Methode gefunden, die er selbst in seinem Leben anwendet. In einem ersten Schritt fragt er sich: Ist das eine Notwendigkeit, eine Erwartung oder ein Wunsch? Er macht sich klar, dass die wenigsten Dinge – außer atmen, essen und trinken – wirklich notwendig sind. Das hilft schon mal, weniger verbissen an Dinge ranzugehen. Wenn es ein Wunsch ist (»Ich möchte gerne zwei Kinder haben«), macht er sich klar, dass nicht alle Wünsche in Erfüllung gehen und dass solche Wünsche nicht nur von ihm abhängen, sondern auch von ganz vielen anderen Faktoren, die er nicht beeinflussen kann. Wenn es eine Erwartung ist (»Ich erwarte, dass mein Onkel mich in seinem Testament berücksichtigt«), beziffert Rolf Dobelli sie mit einem Wert zwischen 1 (»Er berücksichtigt mich nicht«) und 10 (»Er wird mir sein komplettes Vermögen vererben«), zieht dann nochmal zwei Punkte davon ab und stellt sich auf diesen Wert ein. So ist seine Erwartungshaltung immer ein wenig unter dem Wert, der vermutlich realistisch ist, und er wird eher positiv überrascht.

Um es mit Beate Sanders Worten zu sagen: »Alles ist gut so, wie es ist.« Es ist wichtig für das eigene Selbstwertgefühl, sich selbst und auch andere herauszufordern und das Beste aus ihnen herauszukitzeln, doch übersteigerte Erwartungen an die eigene oder fremde Leistung können schnell unglücklich machen. Erwartungen sollten immer auch ein Spiegel der eigenen Kompetenzen sein.

Finde deinen Kompetenzkreis

Apropos Kompetenzen: Der Begriff »Circle of Competence«, auf Deutsch »Kompetenzkreis«, stammt von Warren Buffett. Sein Rat an Anleger war, den jeweils eigenen Kompetenzbereich zu finden – also den Bereich, in dem man sich besser auskennt als die anderen. Wenn man sich dann auf diesen Bereich konzentriert und seine Kraft nicht mit Dingen vergeudet, die außerhalb dieses Kompetenzbereiches liegen, wird man erfolgreich. Beate Sander kannte den Begriff »Kompetenzkreis« durch ihre Beschäftigung mit Warren Buffett und hat ihn selbst gerne gebraucht. Inhaltlich hat sie allerdings schon lange bevor sie sich jemals mit Warren Buffett beschäftigt hatte, nach dem Grundprinzip gelebt: »Suche dir einen Bereich, in dem du besser bist als alle anderen, und dann stecke alle Energie in diesen Bereich!« Bereits in ihrer Zeit als Lehrerin hatte sie alles darangesetzt, die Stärken ihrer Schüler zu fördern, und lieber wenig Zeit investiert, um an den Schwächen zu arbeiten und diese zu verbessern. Sie selbst hatte gemerkt, dass sie ein besonderes Talent hatte, Wissen zu vermitteln und gut zu strukturieren. Deshalb konzentrierte sie sich zunächst darauf, Schulbücher zu schreiben, und war da sehr erfolgreich. »Romane hätte ich nie schreiben können.« Um den eigenen Kompetenzkreis zu finden, muss man also erst mal die eigenen Schwächen und Stärken genau kennen und akzeptieren. Beate Sander machte das am Beispiel ihres Tischtennisspiels klar. »Ich war ausgezeichnet im Angriff, hatte einen erstklassigen Kampfgeist, war aber eine Lusche in der Abwehr. Da hätte ich mir selbst die Note sechs gegeben.« Für sie war deshalb klar: Es wäre Zeitverschwendung, viel Trainingszeit zu investieren, um besser in der Abwehr zu werden. Wesentlich sinnvoller war es hingegen, noch weiter an ihrer Angriffstechnik zu arbeiten, damit sie überhaupt nicht in die Situation geriet, sich verteidigen zu müssen. »Du kannst nicht alles machen und du kannst auch nicht überall richtig gut sein. Das musst du akzeptieren!«

Beate Sander wandte damit letztlich das sogenannte Pareto-Prinzip an, auch 80:20-Regel genannt, benannt nach dem italienischen Soziologen und Ökonom Vilfredo Pareto. Es besagt, dass 80 Prozent der Ergebnisse mit 20 Prozent des Gesamtaufwandes erreicht werden und die verbleibenden 20 Prozent der Ergebnisse 80 Prozent des Gesamtaufwandes erfordern. Das heißt im Klartext: Es lohnt sich nicht, enorme Kraftanstrengung auf die letzten 20 Prozent zu verschwenden; stattdessen macht es Sinn, sich auf das Erfolgversprechende zu konzentrieren. Nur so kann man in kürzerer Zeit deutlich mehr erreichen. Zeit ist eben eine begrenze Ressource und deshalb macht es in vielen Bereichen Sinn, nicht perfektionistisch ranzugehen, zu hohe Erwartungen an sich selbst zu stellen und immer ein 120-prozentiges Ergebnis erzielen zu wollen. Ein 80-prozentiges Ergebnis, das aber rechtzeitig und zuverlässig abgeliefert wird, reicht in vielen Fällen völlig aus.

Wie findet man aber seinen Kompetenzkreis? Zunächst ist es sicherlich sinnvoll, sich die Frage zu stellen: Was macht mir wirklich Spaß? Und was fällt mir wirklich leicht? In welchen Gebieten bemerke ich, dass mir etwas leichter fällt als anderen Menschen? Oft hilft auch die Frage: Was habe ich als Kind gerne gemacht? Kinder machen, ohne groß darüber nachzudenken, automatisch die Dinge, die ihnen Spaß machen und in denen sie meistens dann auch gut sind.

Wenn Sie sich selbst unsicher sind, fragen Sie Ihre Freunde, wie die Sie einschätzen. Oft lohnt es sich auch, darauf zu achten, wann andere Sie um Hilfe bitten, weil offensichtlich Außenstehende sehen, dass Sie ihnen auf einem bestimmten Gebiet etwas voraushaben. Es spielt gar keine Rolle, wie viele Talente Sie haben, sondern ausschließlich, dass Sie das eine finden, das Sie in einem begrenzten Gebiet besser sein lässt als andere. Oft ist es sogar schwerer, Ihren Kompetenzkreis zu finden, wenn Sie viele Talente haben – so wie Beate Sander. »Ganz gut geht bei mir vieles«, sagte sie. »Klavier spielen konnte ich gut. Schach spielen auch gut. Ich habe als Kind ohne Vereinszugehörigkeit mal den Berliner Jugendmeister geschlagen. Ich konnte also vieles gut. Aber nicht richtig genial! Ob Klavierspielen, Hockey oder Tischtennis – niemals hätte mein Talent für eine internationale Karriere gereicht – egal, wie viel ich geübt hätte!« Für ein Hobby reichte es völlig aus, einfach nur »gut« zu sein. Aber Beate Sander war klar, dass ein Versuch, als Pianistin Geld zu verdienen, vermutlich von mäßigem Erfolg gekrönt wäre und sie nicht glücklich gemacht hätte. Stattdessen fand sie als Anlegerin und Börsenexpertin eine Nische, in der sie ihre besonderen Fähigkeiten ideal einsetzen konnte: klar strukturiert und analytisch zu denken, Erkenntnisse in allgemeine Formeln zu übertragen (eigene Börsenstrategie), sich nicht von Gefühlen mitreißen zu lassen und auch schwierige Sachverhalte so erklären zu können, dass andere sie verstehen. Klar war, dass Beate Sander extrem viel Zeit in ihren Kompetenzkreis investierte – sprich: in die Beschäftigung mit Aktien und das Schreiben von Büchern darüber. Sie war davon »besessen«, sich immer mehr Wissen anzueignen und besser zu werden, so wie Bill Gates etwa vom Programmieren besessen war. Auch wenn eine solche Besessenheit auf Außenstehende merkwürdig wirken kann, ist sie doch die Voraussetzung dafür, richtig gut in dem jeweiligen Bereich zu werden. »Obsession ist ein Motor, kein Motorschaden«, stellt Rolf Dobelli fest. Sie machte auch nicht den Fehler, ihren Kompetenzkreis zu stark zu erweitern, weil sie klar erkannte: Nur weil man in einem Bereich richtig gut ist, muss das auf einen damit verwandten Bereich nicht zutreffen. Dirk Nowitzki ist ein Weltklassebasketballer, ist aber, nur weil er gut mit dem Ball umgehen kann, nicht automatisch auch ein Weltklassehandballspieler. Sie selbst beließ es bei den Aktien. »Ich kann eine führende Expertin im deutschsprachigen Raum für Aktien sein, aber nicht gleichzeitig für Währungen oder für Anleihen oder für Zertifikate. Ich konzentriere mich auf Aktien, und da sehe ich zu, dass ich ganz vorne mit dabei bin.«

Hilf deinem Glück auf die Sprünge

Es gibt ein schönes Sprichwort: »Glück lässt sich nicht erzwingen, aber es mag hartnäckige Leute.« Das war ein Sprichwort ganz nach Beate Sanders Geschmack. Ihr war nämlich klar: Wenn man sich etwas wünscht, dann macht es wenig Sinn, sich aufs Sofa zu setzen und zu warten, dass das Glück zu einem kommt. Wenn man einen Partner kennenlernen will, ist die Wahrscheinlichkeit höher, dass dies gelingt, wenn ich zumindest das Haus verlasse oder aktiv eine Kontaktanzeige aufgebe; wenn ich von der Bikinifigur im Sommer träume, hilft es, Sport zu machen oder auf die Ernährung zu achten. »Natürlich gibt es auch Zufallsglück«, meine Beate Sander. »Wenn ich zum Beispiel eine Aktie an einem bestimmten Tag kaufe, einen super guten Einstiegskurs erwische und sie steigt in einer Woche extrem nach oben.« Aber meistens, davon war sie fest überzeugt, muss man schon selbst etwas aktiv tun, um dem Glück auf die Sprünge zu helfen. Denn schöne Zufälle gibt es viele im Leben – man muss sie aber erkennen und etwas daraus machen. »Viele ergreifen es nicht und lassen einfach Chancen ungenutzt an sich vorbeiziehen.« Beispiel: Jemand hat eine Erbschaft gemacht – das ist Zufallsglück. »Aber wenn er dann im Coronacrash das Geld nicht nimmt und in Aktien investiert und sich dann später darüber ärgert, es nicht gemacht zu haben, dann ist das kein Pech, das ist einfach Dummheit!« Dem Glück auf die Sprünge zu helfen, kann mühsam sein: Als Beate Sander das Angebot von ihrem Rektor bekam, mit ihm an eine neue Schule zu wechseln und dort viele neue Fächer zu unterrichten, wusste sie: Das wird jede Menge Arbeit bedeuten. Auf der anderen Seite bot es ihr neue Chancen und machte den Lehreralltag spannender. »Wenn ich ein gutes Angebot bekomme, greife ich zu.«

Dem Glück auf die Sprünge zu helfen, kann auch manchmal bedeuten, über den eigenen Schatten zu springen. Beate Sander ist zum Beispiel, nachdem sie selbst nicht mehr Auto fuhr, durchaus gerne ab und zu per Anhalter gefahren. Dabei schaute sie sich erst den Fahrer an und klopfte dann an die Windschutzscheibe von parkenden Autos. »Da waren zum Beispiel zwei junge Frauen, die waren voller Tattoos und Piercings und hatten ein knallbuntes Auto. Da dachte ich: Die sehen so unkonventionell aus. Die nehmen mich bestimmt mit!« Das haben die beiden auch getan und sie zur Messe in Ulm gefahren. »Ich habe ihnen dann im Gegenzug ein paar Aktientipps gegeben.« Sie fand solche Erlebnisse spannend. Ob sie das Überwindung gekostet hat, einfach wildfremde Menschen anzusprechen und um etwas zu bitten? »Nein. Ich habe mich dann immer gefragt: Was ist das Schlimmste, was passieren kann? Dass sie dich nicht mitnehmen! Und das wäre nicht schlimm.« Eine Frage, die wir uns vielleicht auch in anderen Lebenssituationen öfter mal stellen sollten und die uns mutiger macht, auch mal etwas Neues auszuprobieren.

Entscheide dich

Wir alle treffen täglich nahezu 20 000 Entscheidungen. Das geht bereits direkt nach dem Aufstehen morgens los: Welchen Pulli aus der riesigen Auswahl in meinem Schrank ziehe ich an? Mit welcher Hose kombiniere ich ihn? Nehme ich beim Bäcker lieber ein Vollkorn-, ein Dreispitz- oder doch ein Rosinenbrötchen? Oder entscheide ich mich lieber für eine der zehn Sorten Brot, die im Regal liegen? Und welche Marmelade mache ich mir dann aufs Brot? Oder soll ich lieber Käse nehmen? Sind denn die Fruchtstücke tatsächlich so wichtig? Und so geht es den ganzen Tag weiter. Leider macht uns die Vielzahl von Wahlmöglichkeiten und die damit verbundene Freiheit nicht glücklicher, ganz im Gegenteil. Deshalb sind religiöse Fundamentalisten, deren Religion ihnen eine Vielzahl von Vorschriften macht und ihnen wenig persönliche Wahlmöglichkeiten lässt, laut Studien insgesamt optimistischer und hoffnungsvoller und neigen weniger zu Grübeleien und Depressionen als Menschen, die einen eher liberaleren Glauben haben und viele persönliche Entscheidungen treffen müssen. Interessanterweise fühlen sich Fundamentalisten trotzdem nicht unfrei, sondern sind der Ansicht, viel Kontrolle über ihr Leben zu haben. Nun ist das sicher kein generelles und schon gar nicht wünschenswertes Glücksrezept, Fundamentalist zu werden, aber fest steht: Die Wahl zu haben, macht nicht unbedingt glücklich, zumal das immer auch Verantwortung für die getroffene Entscheidung bedeutet: Wenn ich eine arrangierte Ehe eingehe, kann ich die Verantwortung für das Scheitern anderen in die Schuhe schieben; habe ich mir den Partner selbst ausgesucht, nur mir selbst. Außerdem ist Entscheiden für unser Hirn anstrengend. Je mehr Optionen wir abwägen, desto mehr Informationen müssen wir speichern und verarbeiten. Das passiert im Arbeitsgedächtnis und das hat nun mal nur begrenzte Speichermöglichkeiten. Je schwieriger die Auswahl, desto fehleranfälliger und langsamer läuft der Entscheidungsprozess.

Die Angst vor falschen Entscheidungen lähmt einige Menschen komplett und macht sie entscheidungsunfähig. Vor allem Perfektionisten, die alles möglichst gut machen wollen, leiden unter zu vielen Wahlmöglichkeiten, denn je größer die Auswahl, desto wahrscheinlicher ist es, dass wir uns für das scheinbar Falsche entscheiden und damit für das, was Menschen, die sich keine Fehler verzeihen, tunlichst vermeiden wollen. Mit jeder Entscheidung, die man für etwas trifft, entscheidet man sich nun mal auch automatisch gegen etwas anderes. Denn wer weiß: Vielleicht wäre es doch besser gewesen, den Fisch statt das Fleisch im Restaurant zu bestellen? Vielleicht wäre das Wetter im Urlaub besser gewesen, wenn ich auf die Kanaren und nicht nach Griechenland geflogen wäre? Vielleicht wäre es doch besser gewesen, noch nicht das erstbeste Stellenangebot anzunehmen, sondern zu warten, ob sich noch etwas Besseres auftut?

Beate Sander war eine Meisterin darin, Entscheidungen zu treffen. Dass ihr das so leichtfiel, hat verschiedene Gründe: Da sie in Alltagsdingen nach dem Grundsatz »Keep it simple« lebte, entlastete sie ihr Hirn schon mal von der üblichen Entscheidungsflut. Das fing mit der Kleiderauswahl an. Für Medien- und Fernsehauftritte trug sie fast immer einen signalfarbenen roten Pulli, bei Aktionärsversammlungen einen dunklen Hosenanzug und zu Hause eine bequeme Jogginghose sowie ein T-Shirt. Ihr Kleiderschrank war mager bestückt. Das hat sie mit anderen Erfolgsmenschen gemeinsam: Steve Jobs trug nahezu ausschließlich schwarze Rollkragenpullover, Jeans und Turnschuhe, Albert Einstein besaß denselben grauen Pulli mehrere Male, Alfred Hitchcock gab's nur im dunkelblauen Anzug und Mark Zuckerberg trägt ausschließlich Jeans, graue T-Shirts und dunkelblaue Kapuzenpullis. »Ich streiche Unwichtiges aus meinem Leben, damit ich mich auf alle nötigen Entscheidungen konzentrieren kann«, erklärt der Facebook-Gründer sein immer gleiches Outfit.

Wenn Beate Sander in den Supermarkt einkaufen ging, verlor sie sich nicht stundenlang in der riesigen Auswahl der Angebote, sondern entschied nach klaren Kriterien: Gekauft wurde, was gesund ist, was gerade in der Jahreszeit wächst und was möglichst wenig in Plastik verpackt ist. Beim Aktienkauf dagegen musste sie sich natürlich ständig mit neuen Firmen und Geschäftstrends auseinandersetzen und Entscheidungen treffen. Hier versuchte sie ihre Entscheidung möglichst übersichtlich zu gestalten. Wie bereits beschrieben, wäre sie – wenn sie sich für ein Unternehmen interessierte – nie auf die Idee gekommen, die Geschäftsberichte der letzten fünf Jahre zu studieren oder das Kurs-Gewinn-Verhältnis der letzten Jahre mit dem Kurs-Gewinn-Verhältnis anderer Unternehmen der Branche zu vergleichen. Sich in »Nebenschauplätze zu verirren«, sah sie als eine der größten Gefahren beim Aktienkauf, denn ihr war absolut bewusst, dass mehr Informationen nicht unbedingt zu besseren Entscheidungen führen. Sie beschränkte die Informationen also bewusst, achtete vor allem auf die aktuellen Geschäftsdaten des Unternehmens und auf Alleinstellungsmerkmale. Die Zukunftsträchtigkeit der Geschäftsidee musste sie überzeugen – das war ihr am wichtigsten. Da sie ohnehin eine Risikostreuung betrieb – also viele verschiedene Aktien aus verschiedenen Branchen besaß und erst mal nicht mehr als für 1500 Euro Aktien eines bestimmten Unternehmens kaufte –, war ihre Angst, einen Fehler zu machen, auch nicht allzu hoch. Und wenn ja, war das kein Beinbruch: »Ich habe mir immer Fehler verziehen, wenn ich auch versucht habe, denselben Fehler nicht gleich zweimal zu machen.« Ihr war durchaus bewusst, dass kein Mensch selbst nach noch so eingehender Prüfung jede Entwicklung einer Aktie bis ins letzte Detail vorhersagen könnte.

Und wie sah es mit dem sogenannten Bauchgefühl aus? Hat das für sie bei der Entscheidung, eine Aktie zu kaufen, auch eine Rolle gespielt? Letztlich ja, denn es ist nahezu unmöglich, Gefühle bei Entscheidungen völlig auszuschalten.

»Wenn es irgendetwas gab, was mir Bauchschmerzen bereitete, habe ich die Aktie nicht gekauft. Ich habe dann aber nicht nichts gemacht, sondern eine andere gekauft, die ähnlich attraktiv war und bei der ich keine Bauchschmerzen hatte.« Beate Sander vertraute also durchaus ihrem Bauchgefühl – allerdings erst nach rationaler Überprüfung der Fakten. Andere emotionale Faktoren, von denen sie wusste, dass sie zu Fehlentscheidungen führen können, versuchte sie ganz gezielt auszuschalten. Auf der Hut war sie zum Beispiel, wenn es um bekannte Unternehmen ging. Ihr war bewusst, dass unser Hirn Dopamin ausschüttet, sobald wir etwas wiedererkennen, und dass viele Menschen deshalb dazu neigen, Aktien eines bekannten Unternehmens zu kaufen, das häufig in den Medien genannt wird, unabhängig vom tatsächlichen Wert des Unternehmens.

Vor allem vermied sie die »gefährlichen Vier – Euphorie, Panik, Angst und Gier«, die oft genug zur Triebfeder starker Kursausschläge werden. Sobald sich immer mehr Anleger wie Geier auf bestimmte Aktien stürzten oder sie in Panik verkauften, machte sie sich bewusst, dass das auf keinen rationalen Gründen basierte, hielt sich den tatsächlichen Wert der Unternehmen vor Augen und verhielt sich abwartend oder sogar antizyklisch. Sie hütete sich davor, dem Herdentrieb zu folgen und zum Mitläufer zu werden, und machte sich klar: Nur weil alle diese Aktie kaufen wollen oder gerade verkaufen, muss ich es noch lange nicht tun. Sie wusste: Keiner ist davor gefeit, Opfer des Herdentriebs zu werden. Man muss schon aktiv dagegen anarbeiten, denn das Bestreben, Teil einer bestimmten Gruppe sein zu wollen, ist tief im Menschen verwurzelt.

Dieses Bestreben ist auch einer der Gründe, warum wir gerne Fakten ausblenden, die gegen unsere eigene Meinung sprechen. Dies gilt für die Daten von Unternehmen, von denen wir überzeugt sind, ebenso wie für alle möglichen anderen Lebensbereiche. Auch intelligente Menschen sind davor nicht gefeit. Wie Professor Dan Kahan von der Universität Yale herausfand, lassen sich gerade intelligente Menschen manchmal von der Gruppenmeinung noch stärker beeinflussen als andere. Beate Sander hat deshalb gerne bewusst Bücher gelesen, deren Autoren eine andere wirtschaftliche oder politische Haltung vertraten als sie. Es lohnt sich, sich auch ganz klar die Argumente der Gegenseite vor Augen zu führen, bevor man zum Beispiel eine politische Entscheidung trifft.

Einen Fehler hat Beate Sander, wenn sie eine Entscheidung traf, nie gemacht: Hatte sie sich erst mal nach bestem Wissen und Gewissen für etwas entschieden, grübelte sie nie, ob die Entscheidung richtig gewesen war oder nicht. Ihr war klar, dass jede Entscheidung für etwas gleichzeitig eine Entscheidung gegen etwas anderes ist, und deshalb hat sie die Entscheidung auch nicht mehr hinterfragt. Gerade Menschen, die das nicht können und ständig grübeln, ob die einmal getroffene Entscheidung die richtige war, sind laut Studien am unzufriedensten, weil sie oft keine emotionale Verbundenheit zu der gewählten Entscheidung aufbauen, wie es normalerweise durch den »Spreading apart«-Effekt passiert. Wenn ich beispielsweise ein Auto kaufe und die Entscheidung als unwiderruflich akzeptiere, lenkt meine Psyche meinen Blick automatisch auf die Vorzüge meines Autos: das schöne Polster, das Motorgeräusch, den eingebauten Getränkehalter etc. Menschen, die ständig mit ihrer Entscheidung hadern, nehmen das nicht wahr und sind deshalb deutlich unglücklicher.

Am extremsten war das mit Sicherheit bei Beate Sanders Entscheidung, nach ihrer Darmkrebsoperation auf eine Chemotherapie zu verzichten, auch wenn diese ihr Leben vielleicht um eine gewisse Zeitspanne verlängert hätte. Ihr war es wichtiger, die Dinge definitiv machen zu können, die ihr ganz aktuell wichtig waren und die sie mit einer kräftezehrenden Chemotherapie erst mal vermutlich so nicht hätte machen können: sei es Bücher schreiben oder ihre geliebten Medienauftritte. Bis zu ihrem Tod hat sie die Entscheidung nie infrage gestellt. Ihr war klar, dass alles im Leben seinen Preis hat, und sie war bereit, den Preis dafür zu zahlen.

Beate Sanders Tipps in Bezug auf Entscheidungsfindung wären also die folgenden:

1. Reduziere vor allem in unwichtigen Alltagsfragen die Wahlmöglichkeiten, sonst kostet dich das zu viel Energie (Beispiel: Kleidung).

2. Triff deine Entscheidungen nach klaren Kriterien, das macht es einfacher (Beispiel: Kriterien des Supermarkteinkaufs wie regional, jahreszeitlich, gesund).

3. Wenn du eine wichtige Entscheidung treffen musst (Beispiel: Aktienkauf), sammle Fakten, mach aber nicht zu viele Nebenschauplätze auf. Mehr Fakten führen nicht unbedingt zu besseren Entscheidungen.

4. Höre trotzdem auch nochmal in dich rein, ob dein Bauchgefühl gegen diese Entscheidung spricht oder im Einklang mit den rationalen Argumenten ist.

5. Achte bewusst darauf, dass du dich auch mit Argumenten konfrontierst, die gegen deine Entscheidung sprechen. Das hilft zu verhindern, dass du eine Entscheidung triffst, nur weil andere Menschen in deinem Umfeld sich genauso entschieden haben (Herdentrieb), und dass du dich durch Emotionen wie Euphorie, Panik, Angst und Gier zu vorschnellen Entscheidungen hinreißen lässt.

6. Wenn du dich entschieden hast, steh zu deiner Entscheidung und ihren Konsequenzen und hör auf zu grübeln, ob du mit einer anderen Entscheidung bessere Ergebnisse erzielt hättest oder glücklicher geworden wärst.

Damit man sich nicht von Euphorie, Angst, Panik und Gier vorschnell zu einer falschen Entscheidung hinreißen lässt, hilft es, ganz einfach noch mal eine Nacht drüber zu schlafen. Und wenn man zwei Wahlmöglichkeiten hat und sich nicht entscheiden kann, raten Entscheidungscoaches wie Elmar Willnauer zu einem einfachen Trick: Werfen Sie eine Münze oder losen Sie. So kriegen Sie Zugang zu Ihrem »Bauchgefühl«. Sie werden unmittelbar merken, wie zufrieden Sie mit dem Ergebnis sind. Wenn sich das Ergebnis gut anfühlt, setzen Sie es um, wenn nicht, dann entscheiden Sie genau andersherum. Und wenn Sie wissen, dass Sie zu denjenigen gehören, die sich schwertun, Entscheidungen zu treffen, greifen Sie zur 10-10-10-Methode: Fragen Sie sich, welche Auswirkungen die Entscheidung in zehn Minuten, in zehn Monaten und in zehn Jahren auf Ihr Leben hat, und machen Sie sich damit klar, dass nicht jede Entscheidung einen Einsatz von viel Lebenszeit und Gedanken verdient.

Sei dankbar statt zu jammern

Kennen Sie auch Leute, die ständig jammern? Die immer denken, so schlecht wie ihnen geht, geht es keinem anderen Menschen in ihrer Umgebung? Alle anderen haben einen besseren Job, einen netteren Arbeitgeber, eine glücklichere Ehe, sehen besser aus und sind gesünder? Haben diese Menschen viele Freunde? Vermutlich nicht! Was ihnen dann wieder einen erneuten Grund gibt zu jammern … »Selbstmitleid ist das mit Abstand schädlichste, nicht pharmazeutische Betäubungsmittel. Es macht süchtig, beschert kurzzeitig eine Art Wohlgefühl und isoliert sein Opfer von der Wirklichkeit.« Der amerikanische Politiker John W. Gardner, von dem diese Worte stammen, hat es schon früh erkannt: Selbstmitleid macht zutiefst unglücklich. Wobei man Selbstmitleid nicht verwechseln darf mit Selbstfürsorge oder Selbstmitgefühl: Letztere beschreiben die Fähigkeit, eigene Gefühle und Bedürfnisse wahrzunehmen und genauso freundlich und verständnisvoll mit sich selbst umzugehen, wie man das mit einem Freund auch täte – und das ist äußerst wichtig. Wer sich selbst keine Rückschläge und Fehler verzeihen kann, macht sich das Leben unnötig schwer.

Mit Selbstmitleid verhält es sich dagegen anders. Es ist das Gefühl, dass man mehr Pech hat als andere, dass sich alle gegen einen verschworen haben, dass man selbst unschuldiges Opfer von äußeren Umständen sei, ohne realistischen

Blick auf die Umgebung und darauf, wie es anderen Menschen geht. Selbstmitleid ist »ein Strudel, der einen, je länger man darin schwimmt, nur noch weiter hinunterzieht«.

Menschen, die sich in Selbstmitleid suhlen und immer jammern, werden einsam. Wir ertragen auf Dauer die Gegenwart solcher Menschen nicht und das hat einen einfachen Grund, der in unserer Empathie begründet liegt. Wir reagieren auf den Schmerz anderer – auch auf den geschilderten Schmerz – mit Empathieschmerzen, die auf Dauer nicht erträglich sind. Wir schützen uns deshalb, indem wir uns von ihnen abwenden.

Beeindruckt sind wir immer dann, wenn Leuten etwas Ernsthaftes zustößt und sie nicht in einem Selbstmitleidsstrudel versinken. Für großes Aufsehen hat zum Beispiel die Reaktion von Thomas Gottschalk geführt, nachdem sein Haus in Malibu abgebrannt war. Gottschalk hatte damals erklärt, Jammern und Selbstmitleid würden nicht zu seinem Repertoire gehören. Sein eigenes Schicksal sei im Vergleich mit anderen Tragödien überschaubar. »Ich bin Unterhalter und habe Freude am Leben.«

Nichts hat die Menschen an dem Interview mit Beate Sander, das ich für den SWR geführt hatte, mehr beeindruckt als ihr Umgang mit ihrer Krebsdiagnose und der Tatsache, dass sie nur noch kurz zu leben hat. Dafür, dass jemand mit so einer Diagnose in Selbstmitleid versinkt, hätte wohl jeder Verständnis gehabt, zumal Beate Sander unter schlimmen Schmerzen litt. Umso unglaublicher war ihre Reaktion: Sie klagte nicht über die wenige Zeit, die ihr noch verbleiben würde, verdrängte diese Tatsache auch nicht, sondern beschloss einfach, in dieser verbleibenden Zeit die Dinge zu machen, die ihr Spaß machten: Interviews zu geben, Mails zu beantworten und sich mit der Börse zu beschäftigen. »Ich hab' mir das Ziel gesetzt: Bis zum letzten Atemzug wirst du das machen. Am Leben teilnehmen, auch den Menschen vielleicht ein paar Hilfen geben. Selbst wenn man so eine aussichtslose Krebserkrankung hat, bin ich immer noch zuversichtlich und sage: Ich will aus jedem Tag noch etwas machen.« Gleichzeitig hatte sie aber volles Verständnis für all diejenigen, die nicht so gelassen aus dem Leben scheiden können wie sie. »Wenn ich mir vorstelle, ich hätte jetzt eine Familie mit Kindern. Ich wäre nicht 82, sondern 40. Wenn ich jetzt also Menschen um mich herum hätte, die mich direkt brauchen, dann kann ich sehr wohl verstehen, dass man da nicht so locker damit umgehen kann wie ich.«

Natürlich habe sie sich die Frage, warum es ausgerechnet sie ausgerechnet jetzt treffe, auch kurzzeitig gestellt. Aber sie habe sich dann klargemacht, dass jeder Mensch sterben müsse und dass es ein Geschenk sei, überhaupt 82 zu werden. Statt in Selbstmitleid zu verfallen, erstellte sie eine »Bilanzliste« der letzten Jahre und notierte, was sie an schönen Erlebnissen hatte und was es an negativen Faktoren gab. Nachdem sie gesehen hatte, dass die positiven Faktoren deutlich überwogen, beschloss sie, einfach nur noch dankbar zu sein für das, was sie hatte erleben dürfen.

Eine solche Liste hin und wieder zu erstellen, wenn man vom Schicksal gebeutelt ist, damit man nicht in einen Selbstmitleidsstrudel gerissen wird, kann man nur jedem empfehlen. Es ist erstaunlich, wie viele Dinge es gibt, für die die meisten von uns dankbar sein können. Durch dieses Dankbarkeitsgefühl gab Beate Sander ihren verbleibenden Tagen mehr Lebensqualität, denn während Selbstmitleid lähmt, machte sie die Dankbarkeit handlungsfähig. Und so konnte sie positive Dinge tun, die ihr Freude machten. Nun mag der ein oder andere einwenden: Aber ist das nicht auch ein Stück Verdrängung, einfach so weiterleben zu wollen wie zuvor und sich in Interviews zu flüchten? Und wenn schon! »Auch wenn wir es nicht gerne hören: Verdrängung ist nichts Schlechtes, sondern die sehr gesunde Reaktion unseres psychischen Immunsystems, sich mit Dingen, die nicht zu ändern sind, nicht ständig zu beschäftigen«, erklärt dazu der Arzt und Kabarettist Dr. Eckart von Hirschhausen. Und fügt hinzu: »Dass davon im Unterbewusstsein große In-sich-reinfress-Schäden entstehen, ist völlig unbewiesen und wird durch mehrfaches Wiederholen nicht wahrer.«

Sei diszipliniert

Als ich Beate Sander in dem Interview für die SWR1-*Leute*-Sendung fragte, was sie jungen Menschen mit auf den Weg geben wollte, war das Erste, was sie sagte: »Ihr müsst Disziplin in eurem Leben halten!« Wie diszipliniert ihr eigener Tagesablauf war, wurde bereits beschrieben: angefangen mit dem frühen Aufstehen um 4 Uhr früh über konsequenten Frühsport, ein leckeres Frühstück und die vielen Stunden tägliche Arbeit an ihren Büchern, Vorträgen und in der Vorbereitung ihres Börsenunterrichts. Obwohl sie selbst wahnsinnig gerne und gut aß, machte sie nach ihrem Schlaganfall konsequent Intervallfasten und nahm die letzte Mahlzeit um 15 Uhr zu sich, um ihr Idealgewicht zu erreichen, weil ihr die Ärzte das geraten hatten. Vielleicht klingt die Aufforderung »Seid diszipliniert!« für manche Menschen altmodisch. Aber faktisch gibt Beate Sander da einen ganz wichtigen Tipp für ein gelingendes Leben weiter.

Selbstdisziplin ist die Eigenschaft, auf gewisse Dinge zu verzichten, weil wir wissen, dass das langfristig besser für uns ist. Selbstdisziplin heißt, dass man Versuchungen widerstehen kann und Anstrengungen in Kauf nimmt, um später dafür belohnt zu werden – sei es, dass man für eine Prüfung lernt, um ein gutes Ergebnis zu erzielen, oder Sport macht, um fit zu werden. Selbstdisziplin heißt auch, dass man Dinge, die unangenehm sind, nicht auf die lange Bank schiebt, sondern gleich erledigt. Wie wichtig Selbstdisziplin ist, hat der inzwischen weltberühmte und lustig anzuschauende Marshmallow-Test des Psychologen Walter Mischel gezeigt: Zwischen Ende der 1960er- und Anfang der 1970er-Jahre nahmen über 500 Kinder aus dem Kindergarten der kalifornischen Elitehochschule Stanford daran teil. Ihnen wurde gesagt, sie könnten entweder sofort ein Marshmallow essen oder – wenn sie in der Lage wären, sich einige Minuten zu gedulden und die Leckerei nicht gleich zu verspeisen – noch ein zweites bekommen. Die Kinder wurden bis ins Erwachsenenalter weiter beobachtet. Das Ergebnis: Die Kinder, die das Marshmallow nicht gegessen hatten, also in der Lage waren, Selbstbeherrschung zu üben, waren als Erwachsene im Schnitt schlanker, hatten stabilere Beziehungen, nahmen weniger Drogen, verdienten mehr und hatten häufiger einen Uniabschluss. Der sicherlich stark vereinfachte Rückschluss lautete: Je mehr Impulskontrolle wir als kleines Kind haben, desto mehr Erfolg haben wir als Erwachsener. Zwar kamen später berechtigte Zweifel an diesem Rückschluss auf, weil soziale Faktoren wie der familiäre Hintergrund der Kinder nicht berücksichtigt worden waren, ebenso wenig, ob den Kindern vorher Strategien mit auf den Weg gegeben worden waren, was sie tun könnten, um die Lust auf das Marshmallow kurzfristig zu vergessen. Aber auch andere Studien haben deutlich gemacht, dass Disziplin für den Erfolg zum Beispiel wichtiger ist als der Intelligenzquotient. So wurde etwa bei 300 Jugendlichen untersucht, wie gut sie in der Lage waren, Regeln zu verfolgen, ihr Verhalten anzupassen und impulsive Reaktionen zu unterdrücken. Wer dabei besonders gut abschnitt, erreichte ein halbes Jahr später nachweislich bessere Noten und hatte geringere Fehlzeiten als seine Mitschüler. Der IQ hatte hingegen einen höchstens halb so großen Einfluss auf die Leistung. Auch bei Tests mit Studenten zeigte sich: Wer bereit war, auf kurzfristigen Spaß wie Partys zu verzichten und sich auf den Hosenboden zu setzen, bestand seine Examina in jedem Semester – die intelligenteren, aber weniger disziplinierten Kommilitonen dagegen bestanden nicht unbedingt. Disziplin hat auch viel mit Geduld zu tun, mit Wartenkönnen – eine Eigenschaft, die Beate Sander zur Genüge hatte und für ihre langfristige Börsenstrategie auch brauchte.

Wie man den eigenen inneren Schweinehund überwindet und mehr Disziplin ins eigene Leben bekommt, dazu gibt es zahlreiche Ratschläge im Internet oder in entsprechenden Ratgebern. Sie sind letztlich ähnlich wie beim Zieleerreichen. Es hilft zu schauen, wann unsere Willenskraft am stärksten ist – morgens, mittags oder abends –, und dann gezielt zu dieser Tageszeit die Dinge anzugehen, die uns am meisten Kraft kosten. Wenn wir unsere Vorsätze aufschreiben und an eine gut sichtbare Stelle unserer Wohnung hängen, werden wir immer daran erinnert – und wenn wir sie Freunden erzählen, die uns darauf ansprechen, erst recht. Außerdem ist es ratsam, Versuchungen auszuschalten: Wenn ich nichts Süßes zu Hause habe, kann ich auch nichts naschen. Mit der Selbstdisziplin verhält es sich wie mit einem Muskel: Man kann ihn trainieren. Es dauert etwas länger als zwei Monate, bis ein neues Verhalten so eingeübt ist, dass es uns zur Gewohnheit geworden ist und es uns nicht länger Überwindung kostet, daran festzuhalten. Das Hochgefühl, wenn es geklappt hat, ist großartig!

Treibe Sport und bewege dich

Wenn wir schon beim Thema Disziplin sind: Beate Sander hat ihr ganzes Leben lang viel Sport gemacht – sei es Hockey als Kind oder später Tischtennis, Tennis, Training im Fitnessstudio oder auf dem Hometrainer zu Hause. Es war etwas, was ihr ein Grundbedürfnis war und was sie mit großer Begeisterung tat – wobei sie das Training im Fitnessstudio erst nach ihrem Schlaganfall begonnen hatte und es in erster Linie machte, um körperlich fit zu werden und zu bleiben. Fakt ist: Regelmäßige Bewegung ist nicht nur für unser körperliches Wohlbefinden gut, sondern sorgt auch für Glücksgefühle. Das liegt in erster Linie an dem Hormoncocktail aus Dopamin, Serotonin und Endorphin, den unser Körper beim Sport ausschüttet. Nach wenigen Minuten intensiven Trainings bewirkt ein Dopaminanstieg, dass wir uns konzentrierter und wacher fühlen. Sobald der Dopaminspiegel nach dem Training wieder sinkt, steigt dafür das Serotonin – also das Hormon, das für die Appetitkontrolle verantwortlich ist, die Schmerzsensibilität senkt und für ein generelles Wohlgefühl sorgt. Wenn wir regelmäßig Sport machen, sinkt zudem der Cortisolspiegel und wir sind widerstandsfähiger gegen Stress. Das alles macht Sport zu einem ungeheuer wirksamen Medikament, wie eine umfangreiche Studie aus Norwegen zeigt: Elf Jahre lang haben Wissenschaftler die Aktivitäten von rund 34 000 Norwegern untersucht und festgestellt: Schon eine Stunde Sport pro Woche hilft gegen Depressionen. So hatten Studienteilnehmer, die keinen Sport betrieben, eine 44 Prozent höhere Wahrscheinlichkeit, an einer Depression zu erkranken, als Menschen, die moderat ein bis zwei Stunden pro Woche Sport machten. Und wenn wir es schaffen, zwischen 12- und 22-mal pro Monat Sport zu machen – wobei auch Einheiten von 30 Minuten schon ausreichen –, ist der Glückseffekt am größten. Am positivsten fürs Gemüt sind übrigens Sportarten wie Yoga oder Tai Chi, gefolgt von Mannschaftssportarten und Radfahren.

Lebe nachhaltig

Wie bereits beschrieben war Beate Sander ein nachhaltiges Leben wichtiger, je älter sie wurde und je mehr sie den Klimawandel als größtes Problem unserer Zeit identifiziert hatte. Für sie hieß nachhaltig leben, sich zu überlegen, welche kurz- und langfristigen Auswirkungen auf die Umwelt die Dinge haben, die man tut. Sie rief sich immer wieder ins Bewusstsein, wie viel Wasser ein Produkt in der Herstellung benötigt oder wie viel Kohlendioxid freigesetzt wird, wenn wir Fleisch essen oder fliegen. Als Aktionärin kaufte sie im fortgeschrittenen Lebensalter immer gezielter Aktien von Firmen, die ein nachhaltiges Geschäftsmodell haben, die sich bemühen, möglichst ressourcenschonend zu arbeiten, und die Innovationen zu bieten haben, die der Umwelt helfen. In ihrem eigenen Leben hatte sie Nachhaltigkeit als Prinzip fest etabliert: Sie nutzte öffentliche Verkehrsmittel, wenn sie zu Vorträgen fuhr, wusch die Wäsche nur, wenn die Waschmaschine voll war, verschwendete keine Lebensmittel, achtete beim Einkauf gezielt auf Bioqualität und Regionalität, vermied Plastik, kochte selbst, statt auf Fertigprodukte zurückzugreifen, und kaufte ohnehin nur Kleider, die sie wirklich brauchte. Sie aß weniger Fleisch, wäre aber nie auf die Idee gekommen, vegan zu leben, weil sie dafür einfach viel zu gerne Fleisch oder Fisch aß. Wichtig war ihr immer, dass ein nachhaltiger Lebensstil nicht freudlos sein darf. Auch wenn ihr selbst Reisen nicht viel bedeuteten, wäre sie nie auf die Idee gekommen, anderen das Reisen mit dem Flugzeug zum Beispiel zu »verbieten«. Wohl aber hätte sie darauf hingewiesen, dass man innerhalb Deutschlands mit dem Zug im Zweifel schneller unterwegs ist und dass es sich für weitere Reisen, bei denen sich der Flieger nicht vermeiden lässt, lohnt, über eine Kompensation des ausgestoßenen CO_2 nachzudenken, etwa durch eine Spende an eine Umweltorganisation, die dann Bäume pflanzt. Sie setzte auf Vernunft statt auf Verbot. Ihre große Abneigung gegen jegliche Ideologie und Indoktrination umfasste durchaus auch eine entsprechende Strömung, die ihrer Befürchtung nach in eine »Ökodiktatur« münden könnte. Nachhaltiger leben hieß für Beate Sander, das große Ziel – die Temperaturerwärmung in den Griff zu kriegen – im Auge zu behalten und viele kleine Schritte zu tun, um es zu erreichen. Doch immer war für sie klar: Nachhaltig leben muss mit einem positiven Lebensgefühl einhergehen. Wer zum Beispiel darauf achtet, dass er keine Lebensmittel wegwirft, hat keinerlei Einbußen der Lebensqualität, tut aber viel für die Umwelt. Ich habe in den Tagen bei Beate Sander miterlebt, wie sehr sie darauf geachtet hat, dass erst alle Reste verbraucht werden, bevor neue Lebensmittel eingekauft werden. Sie kannte die einschlägigen Zahlen: Jeder Deutsche wirft im Jahr etwa 75 Kilogramm Lebensmittel weg und damit im Schnitt rund 230 Euro in den Müll.

Doch es geht nicht nur um Geldverschwendung, auch die Auswirkungen auf die Umwelt sind enorm: Wenn man es schaffen würde, keine Lebensmittel wegzuwerfen, würde man weltweit 30 Prozent weniger Anbauflächen brauchen. Auch die Auswirkungen aufs Klima sind nicht unerheblich. So verursacht der vermeidbare Lebensmittelmüll der EU in der Herstellung zum Beispiel so viel CO_2, wie die Niederlande insgesamt freisetzen. Ich bin fest davon überzeugt, dass Beate Sander durch ihren nachhaltigen Lebensstil insgesamt eine größere Lebenszufriedenheit hatte. Wie der »Glücksatlas«, der in jedem Jahr die Lebenszufriedenheit der Deutschen erfasst, für das Jahr 2020 gezeigt hat, ist Beate Sander damit nicht allein. Die Deutschen, die angaben, »konsequent nachhaltig« zu leben, waren zu 48 Prozent sehr zufrieden mit ihrem Leben. Bei den »moderat Nachhaltigen« waren es noch 41 Prozent, wohingegen nur 29 Prozent der »Sorglosen« angaben, sehr zufrieden mit ihrem Leben zu sein. Es lebt sich einfach besser, wenn das Gewissen nicht »zwickt«.

Akzeptiere Krisen als Teil des Lebens

Das chinesische Schriftzeichen für »Krise« besteht aus zwei Teilen: Der eine Teil symbolisiert »Gefahr«, der andere steht für »Chance«. So unangenehm Krisen sein mögen, setzen sie doch oft bei uns neue Gedanken und auch Abwehrkräfte frei und sind häufig Motoren für Veränderungen und Innovationen. Nicht zuletzt die Coronakrise hat vielen wieder neu klargemacht, was wirklich wichtig ist im Leben. Darüber hinaus hat sie einen großen Schub in Richtung Digitalisierung bewirkt. Wer in der Krise einen kühlen Kopf behält und handelt statt zu verzweifeln, geht oft gestärkt daraus hervor. Dass Beate Sanders Aktiendepot so stark angewachsen ist, verdankt sie nicht zuletzt ihrem umsichtigen Krisenmanagement in den verschiedenen Börsenkrisen. Dazu gehört erst mal eine radikale Akzeptanz der Situation, ohne sich mit Grübeleien aufzuhalten, wie zum Beispiel: »Hätte ich doch den Absturz eher erkannt und die Aktie XY eher verkauft.« »Mit diesem Hadern verliert man nur eine Menge Energie, die man eigentlich braucht, um mit der Situation umzugehen«, erklärt Marc Wallert, der als »Fachmann für Resilienz« Unternehmen und Privatleute in Krisensituationen coacht. Er weiß, wovon er spricht: Er selbst wurde im Jahr 2000 von Terroristen aus seinem Urlaubshotel in Malaysia auf eine philippinische Insel verschleppt und 140 Tage im Dschungel gefangen gehalten.

Wichtig ist es auch, wie Beate Sander es trotz realistischen Blicks auf ihr deutlich in der Krise zusammengeschrumpftes Depot geschafft hat, nicht in Angst und Panik zu verfallen. »Panik und Angst sind schon deshalb nicht hilfreich, weil sie das Immunsystem schwächen«, so Wallert. Aber wie schafft man es, in Krisensituationen nicht in Panik zu verfallen und handlungsfähig zu bleiben? Wallert empfiehlt, sich möglichst konkrete positive Bilder von der Zukunft auszumalen, die nach der Krise kommen wird. Als die islamistischen Entführer ihm mit Enthauptung drohten, sollte das Lösegeld für ihn nicht bezahlt werden, stellte er sich zum Beispiel vor, wie er seinen älteren Bruder umarmen würde, wenn er wieder in Deutschland wäre. Er konnte ihn in Gedanken riechen und schmeckte das kühle Bier, das er mit ihm zusammen trinken würde. »Ich konnte in dieses Bild mit allen Sinnen reingehen. Und das hat mir Zuversicht gegeben.« Ohne eine solche positive Vision von der Zukunft sei es sehr schwer, durch Krisen zu kommen. Und was ist, wenn es keine positive Version von einer Zukunft mehr gibt, wie nach Beate Sanders Krebsdiagnose? Marc Wallert empfiehlt als eine der wichtigsten Strategien, um psychisch gesund eine Krise zu meistern, sich vor Augen zu führen, für was man dankbar sein kann – genau also das zu tun, was Beate Sander mit ihrer »Bilanzliste« getan hat. Er selbst hat sich im Dschungel mit anderen Entführungsopfern jeden Abend zusammengesetzt und sie haben – falls sie gerade Papier und Stifte hatten – drei Dinge aufgeschrieben, für die sie dankbar waren. »Danke, dass wir heute nicht angegriffen wurden vom Militär. Danke, dass wir heute Zugang zu Wasser haben und genug zu essen hatten. […] Man findet immer etwas Positives, um sich darauf zu konzentrieren. Das bleibt im Hirn hängen.« Und falls es einem mal richtig mies ging, dann könnte man die Frage auch so formulieren: »Was ist denn gerade nicht ganz so schlecht?«

Lerne Risiken richtig einzuschätzen

»Das größte Risiko ist heute, überhaupt kein Risiko einzugehen!«, war einer der Lieblingssprüche von Beate Sander, wenn sie sich über unsere Unfähigkeit ausließ, Risiken richtig einzuschätzen. Dass Menschen die Wahrscheinlichkeit höher einschätzten, Geld zu verlieren, wenn sie in Aktien investieren, und stattdessen ihr Geld auf dem Sparbuch oder Tagesgeldkonto »parken«, war für sie völlig unverständlich. Denn klar war: So würden sie wegen der Inflation auf jeden Fall verlieren. Beate Sander neigte insgesamt dazu, sich in Bezug auf die Einschätzung von Risiken nicht auf ein ominöses »Bauchgefühl« zu verlassen, sondern ganz einfach die nackten Zahlen zurate zu ziehen und dann zu handeln. So hielt sie zum Beispiel daran fest, zu Hause in ihrer Wohnung Börsenunterricht zu geben – auch für Leute, die sie vorher noch nie gesehen hatte und die einfach telefonisch einen Termin mit ihr absprachen. Ihre Kinder hatten zwischendurch Bedenken angemeldet. Sie hatten Angst, diese Leute könnten ihrer Mutter Gewalt antun oder sie ausrauben, zumal die Höhe ihres Aktiendepots durch die Presse ja bekannt war. Beate Sander ließ sich nicht beirren: Sie kannte die Zahlen, wie wahrscheinlich es ist, in der eigenen Wohnung Opfer einer Gewalttat zu werden. »Das Risiko, dass ich einen Haushaltsunfall habe, ist deutlich höher!« Deshalb war ihr klar: »Das Risiko gehe ich ein!« Das bescherte ihr nicht nur Einnahmen, sondern auch viele schöne Erlebnisse und Begegnungen. Man kann also nur jedem empfehlen, es Beate Sander gleichzutun und im Zweifel Statistiken zu wälzen, wenn es um die Abwägung von Chancen und Risiken geht. Unser Hirn ist nämlich einfach nicht dafür gemacht, Risiken vernünftig abzuschätzen: Wir halten Dinge für wahrscheinlicher, von denen wir öfter hören oder lesen, oder verallgemeinern eigene Erfahrungen. Beispiel: Wenn man selbst Zeuge eines tödlichen Autounfalls wird, wird man die Wahrscheinlichkeit, bei einem Autounfall zu Tode zu kommen, deutlich höher einschätzen, als sie tatsächlich ist. Und wenn in der Presse groß darüber berichtet wird, dass es einen Terroranschlag in Paris gegeben hat, hält man die Gefahr, bei einem Terroranschlag ums Leben zu kommen, im Zweifel für höher, als dass man einen Herzinfarkt erleidet – was, wenn man sich die tatsächlichen Wahrscheinlichkeiten anschaut, völlig abstrus ist. Die Professoren für Risikomanagement Horst Müller-Peters und Nadine Gatzert haben in einer Studie 33 Lebensrisiken abgefragt – vom Tod durch Blitzschlag bis zum Hundebiss. Das Ergebnis: Besonders dramatische und damit medienwirksame Ereignisse werden durchgängig massiv überschätzt. Die Wahrscheinlichkeit, durch einen Terroranschlag ums Leben zu kommen, schätzen die meisten um 30-mal höher ein, als sie tatsächlich ist; die, einen tödlichen Motorradunfall zu erleiden, um 14-mal höher. Dahingegen werden andere Sachverhalte, wie das Risiko, zu Hause einen Wohnungsbrand zu haben oder unter Straftatverdacht zu geraten, um den Faktor 350 oder sogar 1000 unterschätzt. Auch Gesundheitsrisiken wurden durchgängig unterschätzt. Wer Lust hat, die eigene Unfähigkeit, Risiken richtig einzuschätzen, mal schwarz auf weiß vor Augen geführt zu bekommen, dem sei der Test von Horst Müller-Peters und Nadine Gatzert wärmstens empfohlen. Er ist im Netz für jeden zugänglich.

Es lohnt sich also, sich gerade, was das Einschätzen von Risiken betrifft, nicht auf ein ominöses Bauchgefühl zu verlassen, sondern wie Beate Sander Statistiken zurate zu ziehen.

Gehe weg vom Sparbuch, hin zu Aktien

Diesen Ratschlag habe ich am Ende auf besonderen Wunsch von Beate Sander noch mal angefügt. Warum es sich lohnt, ihn zu berücksichtigen, wissen Sie ja inzwischen. Auch wenn es ein wenig Aufwand erfordert, es macht sich bezahlt: Beschäftigen Sie sich mit der Börse und kümmern Sie sich um Ihr Geld!

Teil V

Letzte Fragen

Beate Sander hat Generationen vereint: Auch sehr junge Leute wie die eingangs erwähnte Kassiererin im Supermarkt sind durch diverse YouTube-Videos, in denen Beate Sander zu sehen war, auf die »Börsenoma« aufmerksam geworden. Deshalb habe ich meine Kinder im Teenageralter gebeten, in ihren Schulklassen einige Fragen an die »Börsenoma« zu sammeln. Das sind die Antworten von Beate Sander auf die Fragen.

Wie wird man reich?

Indem man spart. Indem man richtig spart und lernt, auch mal zu verzichten. Sparen bedeutet immer auch Konsumverzicht, dass man nicht alles kauft, nur weil andere Kinder das auch haben und man meint, man muss mithalten. Die Hälfte der Klamotten, die man kauft, wird nie getragen. Da kann man doch schon mal anfangen zu überlegen: Was brauche ich wirklich? Bei vielen älteren Jugendlichen, die schon eine Ausbildung machen, ist am Monatsanfang das Geld da, Mitte des Monats ist es aber schon weg. Wenn es mir schwerfällt, mein Geld einzuteilen, mache ich Sparpläne gleich am Monatsanfang. Damit bin ich dann gezwungen, diese einzuhalten.

Was können Sie jungen Leuten aus Ihrer Lebenserfahrung für Ratschläge mit auf den Weg geben?

Ihr müsst Disziplin in eurem Leben halten, ihr solltet Wort halten, ihr solltet Versprechen halten, ihr solltet euch Ziele setzten, die erreichbar sind, und diese Ziele sollten der Umwelt mehr nützen, als dass sie schaden.

Was finden Sie an Gleichaltrigen nervig?

Ich finde an Leuten, die so alt sind wie ich, oft nervig, dass sie so selten Anstalten machen, etwas zu verändern, was sie stört. Beispiel: Übergewicht. Statt Sport zu treiben oder ihre Ernährung umzustellen, jammern sie nur. Viele tratschen viel – auch über andere Leute – und ich habe keine Lust, mir immer die gleichen Sachen anzuhören. Außerdem lernen sie viel zu wenig für die Zukunft, beschäftigen sich zu wenig mit Internet und neuen Technologien. Was mich auch nervt: Hier sollte zum Beispiel in der Nähe ein Spielplatz mit Tischtennisplatten entstehen. Dann gab es Einwände von älteren Leuten – da engagieren sie sich plötzlich –, dass sie das nicht wollen wegen vermeintlicher Ruhestörung. So ein Blödsinn: Die Kinder spielen ja nicht abends, wenn die Leute schlafen wollen. Eigentlich sollte das ein größerer Spielplatz werden, aber wegen der ganzen Vorbehalte wurde das jetzt nur noch ein Platz, auf dem Tischtennisplatten stehen …

Was können Frauen von Männern lernen?

Frauen können von Männern lernen, dass sie sich durchsetzen und sich behaupten, nicht immer klein beigeben. Natürlich kann man auch mal »Ja« sagen, aber man muss auch klar und konsequent »Nein« sagen, wenn man etwas nicht möchte.

Und was können Männer von Frauen lernen?

Dass man nicht immer nur seine Ellenbogen gebraucht und es nicht nur um Streben nach Macht und Einfluss geht. Auch Kooperation ist wichtig. Frauen sind kooperativer und solidarischer – sie haben auch, was Kommunikation betrifft, einiges mehr zu bieten als die meisten Männer. Außerdem könnten männliche von weiblichen Führungskräften lernen, beim Einstellen von Leuten des anderen Geschlechts weniger auf Aussehen zu schauen – weniger darauf, ob die Sekretärin etwa jung und hübsch ist, sondern allein darauf, was sie leisten kann.

Wenn man jung ist und sein erstes Geld verdient – spart man da besser auf eine Wohnung oder legt man das Geld besser in Aktien an?

Das hängt davon ab, wie man von seinen Eltern finanziell unterstützt wird. Wenn die Eltern kein Geld haben oder einen nicht unterstützen, dann ist der Kauf einer guten Immobilie aus eigener Kraft, wenn man nicht so viel verdient, bei der momentanen Marktlage sehr schwierig bis unmöglich. Dann würde ich eher Aktien empfehlen. Wenn man dagegen Eltern hat, die einem beim Kauf einer Wohnung oder eines Hauses einen Zuschuss geben und unterstützen können, dann würde ich erst mal das Sparen auf eine Wohnung als vorrangiges Ziel sehen. Das sehe ich an meinen Kindern. Meine Kinder haben von mir für den Hausbau jeweils 40 000 Euro bekommen; mein Mann hat sie ebenfalls unterstützt. Sie haben natürlich trotzdem Schulden gehabt, konnten aber mit dem, was sie von uns bekommen und selbst angespart hatten, Häuser bauen und sie abzahlen. Aktien haben sie bis heute quasi keine gekauft – oder nur in sehr geringem Umfang.

Ist das Leben langweiliger, wenn man alt ist?

Meistens ja, bei mir aber nicht! Ich mache so viel, dass Langeweile für mich kein Thema ist – übrigens noch nie ein Thema war. Ich bin nicht auf Feste gegangen oder auf Partys, aber ich hatte immer irgendetwas zu schreiben. Ich habe mein erstes Buch sogar schon mit 19 geschrieben, weil ich gemerkt habe: Es gibt kein vernünftiges, wissenschaftlich fundiertes Buch, wie man Steno am besten lernt. Nach dem Staatsexamen habe ich das dann veröffentlicht.

Haben Sie Tipps, wie man durchhalten kann, wenn es mühsam ist, seine Ziele zu erreichen?

Wenn man hart kämpfen muss, um ein Ziel zu erreichen, hilft es, sich selbst zwischendurch zu belohnen. Zum Beispiel habe ich, wenn ich als Kind langweilige Czerny-Etüden üben musste, mich damit belohnt, dass ich danach schöne Stücke gespielt habe, die ich bei einem Wettbewerb vortragen wollte. Wichtig ist außerdem, dass man nicht zulässt, dass sich in seinem Kopf Gedanken festsetzen wie: »Das kann ich unmöglich schaffen!« Wenn ich beim Tischtennis bei einem Punktspiel oder Turnier hinten lag, habe ich mich immer selbst angespornt: »Das kannst du noch aufholen – kämpfe bis zum Schluss – greife noch mutiger an!«

Wichtig ist, dass einem nicht alle Mittel recht sind, um ein Ziel zu erreichen. Als ich die Chance hatte, meine eigenen Prüfungstexte einzusehen, habe ich sie ungelesen verbrannt, um nicht in Versuchung geführt zu werden. Über ein »sehr gut« hätte ich mich nicht freuen können, sondern mich stattdessen dafür geschämt, wenn ich es auf unehrliche Weise erlangt hätte.

Was stört Sie an unserer Gesellschaft aktuell am meisten?

Dass wir viel zu oft an alten Vorstellungen kleben, wie Dinge zu laufen haben; dass wir, statt Neuerungen engagiert anzugehen, in alten Mustern weitermachen, auch wenn wir wissen, dass es eigentlich falsch ist. Ich meine das beispielsweise in Bezug auf Themen wie Nachhaltigkeit und die immer größer werdende Umweltproblematik. Wir reden viel über die Umweltprobleme und wir haben viele gute Vorsätze, aber wie viel davon setzen wir tatsächlich um? Dabei können wir uns alle engagieren: Wenn ich Unternehmer bin, kann ich gezielt darauf schauen, dass mein Geschäftsmodell nachhaltig ist, und wenn es das nicht ist, etwas dafür tun, dass es nachhaltiger wird. Wenn ich Aktionär bin, dann kann ich gezielt Aktien in nachhaltige Unternehmen stecken und deren Geschäftsmodell unterstützen. Und jeder von uns kann sich in seinem Alltag fragen: Was kann ich verändern und besser machen? Wir dürfen uns nicht länger in Ausreden flüchten, sondern müssen dafür offen sein, dass nichts so bleibt, wie es ist, dass sich die Zeiten und ihre Anforderungen ändern. Wir müssen mutig darauf reagieren.

Ist Kapitalismus heute noch eine sinnvolle Wirtschaftsform?

Ja, wenn er sozial verträglich und ökologisch orientiert ist. Es ist Blödsinn zu sagen, Kapitalismus an sich ist etwas Schlechtes. Es geht ja nicht darum, ein »Kapitalistenschwein« zu sein, dem es nur um Gewinnmaximierung ohne Gewissen geht. Sinnvoll ist es, mit seinem Geld Aktiengesellschaften zu unterstützten, die nachhaltige Unternehmensziele verwirklichen. Wenn wir das nicht tun, kommen wir als Gesellschaft nicht weiter und uns droht der ökologische Zusammenbruch. Unsere Enkel haben dann keine Zukunft mehr. Ohne einen sozialverträglichen Kapitalismus haben wir aber auch keinen wirtschaftlichen Erfolg mehr. Wir brauchen Aktiengesellschaften und wir brauchen vernünftige, nachhaltige Unternehmen, die gute und sinnvolle Produkte entwickeln – und diese Unternehmen brauchen Geld, um das tun zu können.

Denken Sie, dass die heutige Generation fauler und weniger leistungsfähig ist als früher?

Weniger leistungsfähig nicht unbedingt, fauler aber schon, weil die meisten jungen Leute heute einfach verwöhnter sind. Viele können sich nicht vorstellen, dass man früher zum Teil 48 Stunden in der Woche gearbeitet hat. Ich kenne das noch: 48 Stunden Arbeit, Samstagsarbeit war normal und Überstunden wurden nicht bezahlt. Und auch damals ist man nicht gestorben, bloß weil man mehr arbeiten musste und weniger Zeit für andere Dinge hatte. Man hatte eben geringere Ansprüche und war bescheidener. Also, ich möchte das keinem zumuten, wieder so in einem engen Zeitkorsett zu arbeiten, wie das früher in meiner Zeit üblich war. Aber irgendwie haben wir damals auch gelebt. Heute haben wir uns daran gewöhnt, weniger zu arbeiten. Wenn man dann mal richtig ranklotzen muss, dann meint man gleich, das wäre jetzt furchtbar schlimm und unzumutbar. Auf der anderen Seite gibt es natürlich auch viele ganz engagierte junge Menschen, die egal, ob sie es müssten oder nicht, in ihrem Beruf möglichst viel leisten und dabei überhaupt nicht auf die Vorgaben des Arbeitsrechts schauen. Die haben eben ihre Vision. Es gibt innovative Pioniere, denkt zum Beispiel an die Gründer von Microsoft, Apple oder Amazon. Die verfolgen ihre Ideen, die haben den Traum, etwas zu entwickeln – die schauen nicht auf die Arbeitszeit. Ich selbst hatte die Vision, mit einem »Börsenführerschein« Börsenwissen für alle zu vermitteln, und daran habe ich immer gearbeitet. Es war mir vollkommen egal, wie viele Stunden ich in diese Vision investiere.

Denken Sie, dass früher alles besser war?

Auf gar keinen Fall. Früher war vielleicht besser, dass die Umweltprobleme noch nicht so groß waren wie heute. Das ist dann aber auch alles. Wenn ich an die Arbeitsbedingungen denke! Stellt euch mal vor, ihr hättet keine Waschmaschine, keine Spülmaschine, ihr müsstet alles von Hand machen. Zentralheizung gab es auch nicht in meiner Kindheit. Man konnte nicht einfach so in den Supermarkt gehen und sich ein Huhn kaufen, wenn man eines essen wollte. Wir mussten die Hühner selbst rupfen und ausnehmen. Das war wirklich eklig. Wenn man mit der Hand Wäsche waschen musste, dann dauerte es ewig. Deshalb hat man oft die Wäsche einfach länger getragen: die Unterhose wurde nur einmal pro Woche gewechselt – fertig! Also, ich wollte nicht mehr in dieser Zeit leben. Und das betrifft nicht nur die weiter entfernte Vergangenheit. Ich wollte auch nicht mehr in einer Zeit ohne Internet leben. Wenn ich an den Aktienhandel denke, wie mühselig der war! Ich musste zur nächsten Bankfiliale, und selbst wenn es mehr Filialen gab, war die nächste nicht unbedingt um die Ecke. Dann musste man ein Beratungsgespräch machen, auch wenn man selbst mehr Ahnung hatte als der Bankberater. Dann hat man gesagt, welche Aktien man kaufen will, und bekam die dann irgendwann innerhalb einer Woche – konnte sich allerdings nicht darauf verlassen, dass die Bank die Aktien zum günstigsten Kurs eingekauft hatte. Und wenn man dann gesagt hat: »Ich will für 1000 DM Aktien haben«, dann ist man ausgelacht worden. Es wurde einfach erwartet, dass man einen riesigen Betrag in einzelne Aktien steckt, obwohl das strategisch völliger Quatsch ist. Wenn man dann so ein faules Ei wie Wirecard drin hat, hat man bei höheren Summen auf so eine Aktie gleich Riesenverluste. Eine Order war außerdem richtig teuer. Der Telefonhandel war dann schon besser, aber da hat mich der ewige Bürokratismus genervt. Ständig musste man sich am Telefon ein blödes Geschwätz anhören von wegen Datenschutz, hing in Warteschleifen, bis man überhaupt dran war. Da konnte rasch mal eine halbe Stunde darüber vergehen. Der Onlinehandel war dann eine echte Erleichterung.

Was bereuen Sie, in Ihrem Leben nie getan zu haben?

Ich bereue gar nichts. Ich habe getan, was ich bei meinen Voraussetzungen tun konnte. Andere Dinge haben mich nicht gereizt.

Epilog

Es ist der 30. Oktober 2020. Ich betrete eine kleine, weißgestrichene Kapelle mit hellblauem Dach. Im Hintergrund peitschen die Wellen an den Strand, sie sind höher als in den letzten Tagen. Ich spüre den Wind und rieche das Salz in der Luft. Als ich die Kapelle betrete, sehe ich erst mal kaum etwas. Zu groß ist der Unterschied zwischen dem gleißenden Tageslicht draußen und dem Dunkel hier drinnen. Ich zünde eine Kerze an, stelle sie in das Wasserbecken zu den anderen Kerzen, setze mich auf den harten Holzstuhl, der davor steht, und denke an Beate Sander. Das Kerzenlicht flackert, immer wieder tropft Wachs in das Wasser, wird dort fest und schwimmt an der Oberfläche. Eigentlich hätte ich jetzt um diese Zeit in Ulm sein und auf Beate Sanders Trauerfeier eine Rede halten sollen. Eigentlich hätte ich jetzt Rachmaninows Prelude Nr. 2 gelauscht, vorgetragen von einem ausgezeichneten Pianisten, und nicht den monotonen Männerstimmen griechisch-orthodoxer Choräle, die verzerrt durch einen alten Lautsprecher dringen. Ich hätte mit fremden Menschen in einem Restaurant gesessen, gegessen und wir hätten unsere Erinnerungen an Beate Sander ausgetauscht. Doch Corona hat es unmöglich gemacht: Mehr als zehn Menschen aus zwei Haushalten dürfen nicht mehr zusammenkommen. Drei Tage später werden die Restaurants ganz zugemacht und wird Deutschland wieder in einen »Lockdown light« geschickt. Hier auf Kreta ist die Situation entspannter, noch sind die Infektionszahlen niedrig. Meine Familie hat mich überredet, hier zwei Wochen allein zu verbringen, um – losgelöst von allen Verpflichtungen des Alltags in Deutschland – das Buch fertig zu schreiben. Die Trauerrede für Beate Sander habe ich ihrer Tochter Elke zugemailt. Die Familie will eine Broschüre mit den gesammelten Trauerreden machen, die eigentlich hätten auf der Trauerfeier gehalten werden sollen. Meine Trauerrede fängt an mit dem Satz: »Henry Miller hat geschrieben: ›Leben ist das, was uns zustößt, wenn wir uns gerade etwas ganz anderes vorgenommen haben.‹« Mein Blick fällt auf die farbenfrohe griechische Ikone, die auf die Wand der Kapelle gemalt ist: Der Heilige Georg, in Grün-Rot gekleidet, auf einem Schimmel reitend, wie er mit der Lanze einen zunächst übermächtig erscheinenden Feuer speienden Drachen tötet. Er ist der Heilige, der für Mut und Tapferkeit steht. Ich trete näher an das Bild heran. Der Heilige Georg hat darauf nichts Männliches an sich, sondern zarte, weibliche Gesichtszüge, und sieht eindeutig aus wie eine Frau. Das hätte ihr gefallen, denke ich …

Danke

Wie so vieles im Leben ist auch ein solches Buch ein Gemeinschaftsprojekt, das ohne die guten Gedanken, die ermunternden Worte und das offene Ohr vieler Menschen in dieser Form nicht zustande gekommen wäre. In diesem Sinne gibt es viele Menschen, denen ich explizit Danke sagen möchte. Das gilt zunächst einmal für Beate Sander selbst: Liebe Beate, auch wenn Du wusstest, dass Du dieses Buch selbst nicht mehr wirst in den Händen halten können, hast Du mir einen Teil deiner wertvollen restlichen Lebenszeit geschenkt. Du warst sehr offen in unseren Gesprächen und hast darauf vertraut, dass ich diese Offenheit nicht missbrauche. Ich hoffe, Du bist mit »unserem« Buch zufrieden – wo auch immer Du jetzt bist. Ich habe durch die Gespräche mit Dir viel über die Börse und für mein eigenes Leben gelernt. Mein Dank gilt auch weiteren Familienmitgliedern. Elke Sander-Hoess hat mir Fotos ihrer Mutter zur Verfügung gestellt, und Uwe Sander war immer wieder ein wertvoller Ansprechpartner bei Fragen, die sich während des Schreibens auftaten. Ich bin mir sicher, er wird ein würdiger Nachfolger seiner Mutter, was die Fortführung ihrer Bücher betrifft. Ich danke auch den Geschwistern Beate Sanders, die namentlich nicht genannt werden möchten, mir aber geholfen haben, einige Jahreszahlen, an die sich Beate Sander während unseres Gesprächs nicht mehr genau erinnern konnte, zu rekonstruieren. Danke auch Franz Pfaller für seine Ausführungen über Beate Sander als Lehrerin, ihrem Tennispartner Felix Hugen und ihrem Schüler in der Volkshochschule Elmar Denz, die das Bild Beate Sanders aus ihrer Perspektive ergänzt haben. Auch Daniela Smaitch, die kurzentschlossen eingesprungen ist, als Beate Sander in ihren letzten Tagen Hilfe brauchte, hat mir eine zusätzliche Perspektive auf Beate Sander ermöglicht.

Der FinanzBuch Verlag mit Verlagsleiter Georg Hodolitsch hat mich mit offenen Armen aufgenommen. Ohne die akribischen Korrekturen, Anregungen und Nachfragen von Isabella Steidl und Silke Panten wäre das Buch nicht zu dem geworden, was es ist. Ich danke Dr. Manfred Lütz, dessen Bücher ich sehr schätze und der als Fachmann das Kapitel über Gesichtsblindheit gegengelesen hat. Es ist immer schön, Fachkompetenz im Freundeskreis zu haben – und so konnte ich auf Dr. med. Jasmin Dei-Anang zurückgreifen, als es darum ging, die medizinischen Ausführungen über Beate Sanders Erkrankung allgemeinverständlich und dennoch korrekt zu formulieren, und auf Prof. Dr. Kerstin Bennemann, die als Juristin einen kritischen Blick auf die Ausführungen zu Beate Sanders Kampf für selbstbestimmtes Sterben geworfen hat. Dafür ein herzliches Dankeschön.

Anders als für Beate Sander sind für mich neben meiner Familie Freunde der wichtigste Glücksfaktor in meinem Leben: Das Buchprojekt wäre vermutlich nie zustande gekommen, wenn nicht Steffi Ziday mir an jenem Tennissaisonabschlussabend im September intensiv zugehört und die Frage nach einem Buch über Beate Sander gestellt hätte, und wenn nicht Inge Schüssler mich so hartnäckig ermuntert hätte, das Buchprojekt anzugehen. Danke den vielen Freunden, die es nicht leid wurden, von mir mit immer neuen Titelvorschlägen behelligt zu werden und immer wieder kreative Alternativvorschläge gemacht haben. Hier zu nennen wären vor allem Anke Müller, Niels Berkefeld, Karlheinz und Amely van Lier, Johannes Schnurr, Antje Tumat und Daniela Sommer – Ihr seid großartig! Die gemeinsamen Spaziergänge und Gespräche mit Claudia Uhlig waren wie immer ein Quell der Inspiration – danke, dass Du Dich, liebe Claudia, genauso wie Tina Siekmann bereit erklärt hast, noch während des Schreibprozesses einen kritischen Blick auf meine Ausführungen zu werfen.

Mein Dank gilt außerdem »meinem« Sender, dem SWR und seinen Verantwortlichen, die mir seit vielen Jahren das Vertrauen entgegenbringen, in der Sendung SWR1-»Leute« spannende Interviews führen zu dürfen. Ohne das erste Interview mit Beate Sander wäre es nicht zu diesem Buch gekommen.

Am allermeisten danke ich aber meiner Familie: Meinen Eltern, die immer für mich da waren, wenn ich ihre Unterstützung brauchte. Meinem Mann Marcus, der mich ermuntert hat, in Griechenland zu bleiben, um konzentriert an dem Buch zu arbeiten, und mir in dieser Zeit zu Hause den Rücken freigehalten hat. Und meinen Kindern Helena und Hendrik, die nicht nur fleißig Fragen von

Klassenkameraden für dieses Buch gesammelt haben, sondern in der Schreibphase oft auf mich verzichten mussten. Ihr seid die Größten!

Anhang

Teil I

Über das Leben

Die erste Begegnung

Zu Warren Buffett: Gisela Baur: *Warren Buffett – der Jahrhundertkapitalist. Vom Zeitungsjungen zum Milliardär – sein Weg zum Erfolg.* FBV, 2018, S.119 ff.

Beate Sander: *Gutes Gewissen und dennoch erfolgreich. Börsenerfolgsformel Nachhaltigkeit – Anlage in Aktien, ETs und Fonds.* FBV, 2020.

Erst später erfuhr ich, dass Beate Sander, nachdem sie einen Schlaganfall hatte, mit 75 eine Autobiografie geschrieben hatte. Da sie aber selbst mit dem Ergebnis nicht zufrieden war und das Ganze auch zu einem Zerwürfnis mit ihren Geschwistern geführt hatte, verbrannte sie die restlichen Exemplare und löschte ihr eigenes Skript. Beate Sander: *Warum ich das Singen und Tanzen verlernte. Ein biografischer Roman gespannt über eine Brücke von 75 Jahren.* AtheneMedia, 2020.

Lehrertochter mit grünem Daumen

Die folgenden Erzählungen über ihre Kindheit bis zu ihrem Aktienerfolg setzen sich im Wesentlichen aus dem zusammen, was Beate Sander mir in der SWR1-*Leute*-Sendung und in unseren viertägigen Gesprächen erzählt hat. Wenn ich andere Quellen hinzugezogen habe – etwa Gespräche mit ihrem Sohn oder ergänzende Literatur –, wird hier im Anhang extra darauf verwiesen.

Zum Fernunterricht in Deutschland: Heinrich Dieckmann, Holger Zinn: *Geschichte des Fernunterrichts.* W. Bertelsmann Verlag, 2017.

Spannender Artikel zu Pflanzenwachstum: https://www.spiegel.de/wissenschaft/natur/

raetsel-geloest-warum-verletzte-pflanzen-schneller-wachsen-a-777637.html, zuletzt aufgerufen am 15.10.2020.

Das »andere« Kind

Zu Johanna Haarer und ihrem Erziehungsratgeber: »Die deutsche Mutter und ihr erstes Kind«: https://de.wikipedia.org/wiki/Johanna_Haarer, zuletzt aufgerufen am 17.10.2020; außerdem Sabine Bode: *Die vergessene Generation. Die Kriegskinder brechen ihr Schweigen.* Klett-Cotta, 2004. S. 151 ff.

Die Namen der Geschwister wurden aus Rücksicht auf die Betroffenen geändert.

Das gespaltene Haus

Zum Spiel »Juden raus«: https://www.saechsische.de/plus/damit-du-sammelst-der-judenviel-5011652.html, zuletzt aufgerufen am 17.12.2020.

Zur Zerstörung Rostocks im 2. Weltkrieg: https://www.nnn.de/lokales/rostock/als-rostock-im-feuersturm-versank-id4248341.html; zuletzt aufgerufen am 19.10.2020; https://de.wikipedia.org/wiki/Luftangriffe_auf_Rostock; https://www.ndr.de/geschichte/chronologie/April-1942-Bombenhagel-auf-Rostock,bombenaufrostock101.html; zuletzt aufgerufen am 19.10.2020.

Die Nachkriegszeit

Zahlen, Daten, Fakten zur Geschichte der Vergewaltigungen von Frauen durch die russischen Besatzer: https://www.welt.de/geschichte/zweiter-weltkrieg/article138008854/Fuer-die-Russen-waren-wir-Freiwild.html; zuletzt aufgerufen am 20.10.2020.

https://de.wikipedia.org/wiki/Sexuelle_Gewalt_im_Zweiten_Weltkrieg; zuletzt aufgerufen am 20.10.2020.

Flucht aus der DDR

Zum Erziehungsziel in den Schulen der sowjetischen Besatzungszone und der DDR: https://www.fr.de/politik/schule-sowjetischen-besatzungszone-11727890.html; zuletzt aufgerufen am 22.10.2020.

https://www.bpb.de/gesellschaft/bildung/zukunft-bildung/230382/wie-der-sozialistische-staat-die-bildungseinrichtungen-praegte; zuletzt aufgerufen am 22.10.2020.

Zur Indoktrination durch Propaganda in Schulbüchern: »Die sozialistische Schule der DDR. Sonderausstellung im Lohrer Schulmuseum« https://www.ernst-huber.de/ddr/; zuletzt aufgerufen am 22.10.2020.

Zur Abwanderung und Republikflucht vor dem Mauerbau: https://www.faz.net/aktuell/fuilleton/politik/vor-dem-mauerbau-1439186.html; zuletzt aufgerufen am 24.10.2020.

Damian van Melis, Henrik Bispinck (Hrsg.): *Republikflucht. Flucht und Abwanderung aus der SBZ/DDR 1945–1961*. R. Oldenbourg Verlag, 2006; hier zitiert S. 38; zur Richtlinie des Innenministeriums, wie mit zurückgebliebenen Angehörigen von Republikflüchtlingen zu verfahren ist s. ebd. S. 41.

Stärken stärken

Das ADRB1-Gen wurde von Wissenschaftlern der University of California entdeckt und in der Zeitschrift *Neuron* vom 28. August 2019 veröffentlicht. Siehe auch https://noizz.de/wissen/schlaf-studie-warum-manche-menschen-mehr-schlafen-als-andere/9pqzggv; zuletzt aufgerufen am 17.12.2020.

Von wegen Gleichberechtigung

Zum Recht auf ehelichen Beischlaf: BGH, Urteil vom 2. November 1966-IV ZR 239/65; https://openjur.de/u/270402.html; zuletzt aufgerufen am 17.12.2020.

Faszination Börse

Zur Telekom Aktie und Ron Sommer: https://www.tagesspiegel.de/wirtschaft/20-jahre-telekom-boersengang-eine-aktie-fuers-volk/14852362.html; zuletzt aufgerufen am 27.10.2020.

Die große Bühne

Ekaterina Kel und Thomas Öchsner: »Die Deutschen sind ein Volk von Angsthasen«, in: *Süddeutsche Zeitung* vom 30.11.2018, S. 23.

Gesichtsblindheit

Informationen zur Gesichtsblindheit finden sich unter: https://www.beobachter.ch/gesundheit/krankheit/prosopagnosie-gesichtsblindheit; http://www.psychosoziale-gesundheit.net/seele/Gesichtsblindheit.html; https://www.deutschlandfunknova.de/beitrag/prosopagnosie-wenn-gesichter-nicht-im-gedaechtnis-bleiben; https://healthcare-in-europe.com/de/news/prosopagnosie-warum-manche-menschen-keine-gesichter-wiedererkennen.html; alle zuletzt aufgerufen am 18.10.2020.

Zu berühmten Autisten: https://www.rollingstone.de/autismus-asperger-syndom-musiker-persoenlichkeitsen-liste-1748263/; zuletzt aufgerufen am 17.12.2020.

Zu besonderen Fähigkeiten von Asperger-Autisten: https://www.washingtonpost.com/

news/innovations/wp/2015/04/03/why-shades-of-aspergers-syndrome-are-the-secret-to-building-a-great-tech-company/; zuletzt aufgerufen am 18.10.2020

Zum Asperger-Syndrom von Greta Thunberg: https://www.bluewin.ch/de/leben/fit-gesund/interview-greta-thunberg-und-das-asperger-symdrom-211655.html; zuletzt aufgerufen am 17.12.2020.

Zur Gefühlswelt von Autisten: https://www.sn-online.de/Nachrichten/Wissen/Uebersicht/Autisten-fuehlen-viel-mehr-als-wir-Hirnforscher-Henry-Markram-im-Interview; zuletzt aufgerufen am 17.12.2020.

Teil II

Die Börse und mehr

Einfach mal die Million knacken

Beate Sanders Tipps für ETFs finden sich ausführlicher in ihrem Buch: *Wie finde ich die besten ETFs und Investmentfonds?*. FBV, 2019.

Vermeide die gefährlichen Vier: Euphorie, Panik, Angst und Gier

Studie, wie viel Anleger durch irrationales Verhalten an der Börse verlieren: Thorsten Hens, Kremena K. Bachmann, Enrico G. De Giorgi: *Behavioral Finance for Private Banking: From the Art of Advice to the Science of Advice*. Wiley & Sons, 2018; s. auch: https://www.handelszeitung.ch/geld/das-sind-die-gefahrlichsten-psychofallen-der-borse; zuletzt aufgerufen am 17.12.2020.

Ein Crash ist gut für Leute mit Mut

Wie Beate Sander in der Börsenkrise 2008 umgeschichtet hat und damit den Grundstein für ihre erste Million legte: Beate Sander: *Der Aktien- und Börsenführerschein. Aktien statt Sparbuch – die Lizenz zum Geldanlegen*. FBV, 2020, S. 140 ff.

Börsentrend Nachhaltigkeit

Zu Voraussetzungen eines Unternehmens, um als nachhaltig gelten zu können: Beate Sander: *Gutes Gewissen und dennoch erfolgreich. Börsenerfolgsformel Nachhaltigkeit – Anlage in Aktien, ETFs und Fonds*. FBV, 2020, S. 14.

Zur Wertentwicklung nachhaltiger Anlagen: Beate Sander: *Gutes Gewissen und dennoch erfolgreich*, S. 35.

Zur erhöhten Nachfrage von Biolebensmitteln in Deutschland: https://www.foodwatch.org/de/informieren/bio-landwirtschaft/zahlen-daten-fakten; zuletzt aufgerufen am 17.12.2020.

Zitat Thomas Druyen aus: *Der Spiegel* Nr. 50, 5.12.2020, S. 18.

Zur Kennzeichnung grüner ETFs durch Blackrock: Anke Rezmer, Frank Wiebe: »Blackrock versieht iShares-ETF mit grünem Ausweis« *Handelsblatt* vom 7.3.2019; https://hbapp.handelsblatt.com/cmsid/24071424.html; zuletzt aufgerufen am 17.12.2020.

Zu Nachhaltigkeit als Imagefaktor: https://www.focus.de/magazin/archiv/studie-nachhaltigkeit-mit-gutem-gewissen_id_12268114.html; zuletzt aufgerufen am 17.12.2020.

Zu Nachhaltigkeitsbestrebungen in der Autobranche: Roman Tyborski, Markus Fasse, Franz Hubik: »Autobranche im Umbruch: ›Wir bringen die E-Autos jetzt auf die Straße.‹« *Handelsblatt* vom 6.12.2020; https://www.handelsblatt.com/unternehmen/industrie/handelsblatt-auto-gipfel-2020-autobranche-im-umbruch-wir-bringen-die-e-autos-jetzt-auf-die-strasse/26598070.html; zuletzt aufgerufen am 17.12.2020.

Beates Sanders Zitat ist entnommen aus: Beate Sander: *Gutes Gewissen und dennoch erfolgreich. Börsenerfolgsformel Nachhaltigkeit – Anlage in Aktien, ETFs und Fonds*. FBV. 2020, S. 31.

Die Zukunft ist weiblich

Zusammenfassung der Studienergebnisse der Organisation für wirtschaftliche Zusammenarbeit und Entwicklung: https://www.oecd.org/berlin/presse/alterssicherung-fuer-selbststaendige-in-deutschland-lueckenhaft-27112019.htm; zuletzt aufgerufen am 17.12.2020.

J.P.Morgan Asset Management: »Der ›kleine Unterschied‹ bei der Geldanlage«: https://am.jpmorgan.com/de/de/asset-management/per/about-us/press/1-oktober-2019/; zuletzt aufgerufen am 17.12.2020.

Zitat der FAZ stammt aus: https://www.faz.net/aktuell/finanzen/frauen-sparen-anders-und-gehoeren-zu-den-verlierern-15452811.html; zuletzt aufgerufen am 17.12.2020.

Corona und die Folgen

Zur Explosion der Staatsschulden durch Corona: Martin Greive, Jan Hildebrand: »Die Schulden-Pandemie: Wie Corona die Staatsfinanzen ruiniert.« *Handelsblatt* vom 6.11.2020; https://hbapp.handelsblatt.com/cmsid/26593456.html; zuletzt aufgerufen am 17.12.2020.

Zur Beschleunigung der Veränderungen auf dem Arbeitsmarkt durch Corona: Prof. Jutta Rump, SWR1-*Leute* vom 1.5.2020. https://www.youtube.com/watch?v=sDJhfSE_KCU; zuletzt aufgerufen am 17.12.2020.

Zum Wegfall von Arbeitsplätzen durch die Digitalisierung: https://www.wiwo.de/erfolg/beruf/studie-digitalisierung-und-arbeitsplaetze-welche-jobs-betroffen-sind/12724850-2.html; zuletzt aufgerufen am 17.12.2020.

Zur Neuentstehung von Arbeitsplätzen durch die Digitalisierung: https://www.zeit.de/arbeit/2018-09/weltwirtschaftsforum-arbeitsplaetze-digitalisierung-vorraussetzung; zuletzt aufgerufen am 17.12.2020.

Zur Studie des Weltwirtschaftsforums und der Boston Consulting Group: http://www3.weforum.org/docs/WEF_FOW_Reskilling_Revolution.pdf; zuletzt aufgerufen am 17.12.2020.

Teil III

Letzte Dinge

Name der Lehrerin aus Gründen des Persönlichkeitsrechts in Irene Landvogt geändert.

Der Kampf für selbstbestimmtes Sterben

Zur Veränderung der Perspektive auf den Suizid im Laufe der Zeit: Hartmut Kreß: »Suizid und Suizidbeihilfe in existenzieller, religiöser und kultureller Hinsicht«. In: Ferdinand von Schirach: *Gott. Ein Theaterstück*. Luchterhand, 2020, S. 123 ff.

Über den »schwarzen Freitag«, die Haltung von Juristen zur Abstimmung über die Suizidbeihilfe im Bundestag am 6.11.2015 und das Problem der »Geschäftsmäßigkeit« der Sterbehilfe: Henning Rosenau: »Der Suizid im Recht«. In: Ferdinand von Schirach: *Gott. Ein Theaterstück*. Luchterhand, 2020, S. 147 f.

Zum Urteil des Bundesverfassungsgerichts vom 26. 2.2.20: Bundesverfassungsgericht, BVerfG, Urteil des Zweiten Senats vom 26. Februar 2020, 2 BvR 2347/15, Rn. 1-343, http://www.bverfg.de/e/rs20200226_2bvr234715.html; zuletzt aufgerufen am 17.12.2020.

Zitat von Klaus Reinhard entnommen aus: Cornelia Schmergal: »Letzte Hilfe«. *Spiegel* vom 26.9.2020.

Zum Umgang von Jens Spahn und dem Bundesinstitut für Arzneimittel und Medizinprodukte zur Zugangsgewährung von Natrium-Pentobarbital: https://www.bundestag.de/resource/blob/706148/0b81480f8b72ef011e73d02d928d5366/WD-9-020-20-pdf-data.pdf; zuletzt aufgerufen am 28.12.2020; s. auch Mariam Lau, Marc Widmann: »Das Gift, die

Freiheit, der Tod«. *Die Zeit* vom 6.8.2020.

Zitat Ferdinand von Schirachs zur Sterbehilfe entnommen aus: Das Leben ist nur sinnvoll, weil es begrenzt ist«. *Neue Züricher Zeitung* vom 13.9.2020

Ferdinand von Schirach: *Gott. Ein Theaterstück*. Luchterhand, 2020.

Folgende Urteil des Bundesgerichtshofs zeigen, dass es unwahrscheinlich ist, als Angehöriger bei der Beihilfe zum Suizid wegen unterlassener Hilfsleistung verurteilt zu werden: BGH, Urteile vom 3. Juli 2019, AZ 5 StR 132/18 und 5 StR 393/18. In beiden Fällen waren Ärzte betroffen, die sterbewillige Patienten in der durch Einnahme von Medikamenten verursachten Sterbephase begleiteten und keine Rettungsbemühungen nach Eintritt der Bewusstlosigkeit unternahmen. Umso weniger, wird argumentiert, kann das von Angehörigen verlangt werden. S. dazu auch: https://www.sterbehilfe-debatte.de/neues/aktuell-2019/bgh-urteil-03-07-19-freisprueche-in-2-faellen-aerztlich-assistierter-selbsttoetungen-bestaetigt/; zuletzt aufgerufen am 17.12.2020.

Teil IV

Lernen von der Börsenoma

Freundschaften gelten neben anderen sozialen Beziehungen zu Partner und Familie als wichtigster Glücksfaktor überhaupt. Dies ist das Ergebnis einer Harvard Studie, die 75 Jahre lang lief. Es handelt sich dabei um eine weltweit einzigartige Langzeitstudie, die seit den 1930er-Jahren das psychische Wohlbefinden und die Gesundheit von 724 Männern aus Boston untersucht. Demnach hängt Glück in erster Linie von innigen Beziehungen ab. S. dazu auch: https://www.adultdevelopmentstudy.org/; zuletzt aufgerufen am 17.12.2020.

Rolf Dobelli: *Die Kunst des guten Lebens. 52 überraschende Wege zum Glück*. Piper, 2019.

Sieh Geld als das, was es ist: ein Mittel zum Zweck

Zum Thema: Macht Geld glücklich? s. Nico Rose: »Geld macht glücklich, aber …« *Die Zeit* vom 20.8.2016; https://www.zeit.de/karriere/beruf/2016-08/gehalt-geld-glueck-zufriedenheit-einkommen; zuletzt aufgerufen am 17.12.2020.

Zur Studie zum Glück von Lottogewinnern: Philip Brickman, Dan Coates, Ronnie Janoff-Bulman: »Lottery Winners and Accident Victims. Is Happiness Relative?« In: *Journal of Personality und Social Psychology*, August 1978, Bd. 36, Nr. 8, S. 917–927. Die Studie zeigt übrigens auch, dass der Gewöhnungseffekt beruhigenderweise auch in umgekehrter Richtung gilt: Menschen, die durch einen Unfall z.B. schwerbehindert waren, waren ebenfalls nach zwei Jahren nicht unglücklicher als vor dem Unfall.

Zu Warren Buffetts Sicht auf Geld als Mittel zum Zweck: Gisela Baur: *Warren Buffett. Der Jahrhundertkapitalist.* FBV, 2018, S. 273

Vergleich dich nicht mit anderen

Dass Vergleichen unglücklich macht, ist sehr gut beschrieben in: Rolf Dobelli: *Die Kunst des guten Lebens. 52 überraschende Wege zum Glück.* Piper, 2019, S. 201 ff.

Zur Studie des Happiness Research Instituts, wie uns die Nutzung sozialer Medien unglücklich macht: »The Facebook Experiment. Does Social Media effect the quality of our lives?« The Happiness Research Institute, 2015. https://www.happinessresearchinstitute.com/publications; zuletzt aufgerufen am 17.12.2020.

Zur Harvard-Studie und weiteren Untersuchungen, dass wir lieber weniger besitzen, solange wir mehr haben als unsere Umgebung, s. auch: https://www.finanzen100.de/finanznachrichten/wirtschaft/dieses-simple-spiel-zeigt-warum-wir-alle-neiderfuellte-idioten-sind_H1944344483_414066/; zuletzt aufgerufen am 17.12.2020.

Menschen fühlen sich besser, wenn Nachbarn ärmer sind: https://users.nber.org/~luttmer/relative.pdf; zuletzt aufgerufen am 17.12.2020.

Suche dir Leitbilder statt Vorbilder

Zitat Ilona Bürgel entnommen aus: »Wie Vorbilder unser Leben beeinflussen«. *Wirtschaftswoche* vom 24.8.2014.

Zitat Leitbild entnommen aus: https://www.aerzteblatt.de/archiv/49960/Leitbilder-und-Vorbilder-Wunsch-nach-Orientierung; zuletzt aufgerufen am 17.12.2020.

Suche Dir eine selbstbestimmte und herausfordernde Arbeit

Wie viel Freizeit wir brauchen, um glücklich zu sein: Jole Wille: »So viel Freizeit pro Tag macht uns offenbar am glücklichsten«. *Welt* vom 5.3.2019; https://www.welt.de/kmpkt/article189636185/Dreiteilige-Studie-So-viel-Freizeit-pro-Tag-macht-uns-offenbar-am-gluecklichsten.html; zuletzt aufgerufen am 17.12.2020.

Menschen sind nicht fürs Nichtstun gemacht: Christopher K. Hsee, Adelle X. Yang, Liangyan Wang: »Idleness Aversion and the Need for Justifiable Business«. In: *Psychological Science*, Vol. 21, Issue 7, 2010.

Wie sich Arbeit und Arbeitslosigkeit auf die Lebenszufriedenheit auswirkt: Michael Neumann, Jörg Schmidt: »Glücksfaktor Arbeit. Was bestimmt unsere Lebenszufriedenheit?« Roman Herzog Institut, 2014; https://www.romanherzoginstitut.de/publikationen/detail/gluecksfaktor-arbeit.html; zuletzt aufgerufen am 17.12.2020.

Zitat Altersforscher Prof. Dr. Eckart Hammer entnommen aus: Kristin Rau: »Rentner sind glücklicher«. *WirtschaftsWoche* vom 28.9.2015; s. auch: https://www.wiwo.de/erfolg/trends/studie-zur-altersforschung-rentner-sind-gluecklicher/12361392.html; zuletzt aufgerufen am 17.12.2020.

Studie, dass ehrenamtliche Arbeit glücklich macht: https://read.oecd-ilibrary.org/economics/how-s-life-2015/the-value-of-giving_how_life-2015-9-en#page23; zuletzt aufgerufen am 17.12.2020.

Versuche täglich, etwas Neues dazuzulernen

Zur Abnahme der Lernfreude bei Schülern mit zunehmendem Alter: https://de.slideshare.net/scoyo/booklet-lernenmitspass; zuletzt aufgerufen am 17.12.2020.

Zitat Lernforscher Michael Fritz entnommen aus: https://www-de.scoyo.com/eltern/schule/spass-am-lernen-experten-fordern-mehr-freude-am-lernen; zuletzt aufgerufen am 17.12.2020.

Wie unser Körper auf Lernerfahrungen reagiert: https://www.neues-deutschland.de/artikel/81230.gluecklich-durch-lernen.html; zuletzt aufgerufen am 17.12.2020.

Setze dir hohe, aber erreichbare Ziele

Ziele müssen zu den eigenen Werten passen, wenn man sie erreichen will: =. Stavrova, O., T. Pronk & M. D. Kokkoris (2018): »Choosing goals that express the true self: A novel mechanism of the effect of self-control on goal attainment«. *European Journal of Social Psychology*. Advance online publication; zuletzt aufgerufen am 25.12.2020.

Studie von Dr. Gail Matthews, wie man seine Ziele am besten erreicht: https://www.dominican.edu/sites/default/files/2020-02/gailmatthews-harvard-goals-researchsummary.pdf; zuletzt aufgerufen am 17.12.2020.

Erwarte nicht zu viel von anderen und dem Leben

Zur Studie, wie eine hohe Erwartungshaltung sich auf die Leistung von Schülern auswirkt: https://www.psychologie.uzh.ch/de/bereiche/dev/lifespan/erleben/berichte/erwartung.html; zuletzt aufgerufen am 17.12.2020.

Eine ausführliche Beschreibung von Dobellis Methode gegen überzogene Erwartungen findet sich in: Rolf Dobelli: »Erwartungsmanagement«. In: *Die Kunst des guten Lebens. 52 überraschende Wege zum Glück*. Piper, 2019, S. 303–307.

Finde deinen Kompetenzkreis

»Obsession ist ein Motor, kein Motorschaden«. Zitat entnommen aus: Rolf Dobelli: *Die Kunst des guten Lebens. 52 überraschende Wege zum Glück.* Piper, 2019, S. 96.

Entscheide dich

Menschen, deren Glauben ihnen viele Vorschriften macht, fühlen sich glücklicher als solche, die einen liberaleren Glauben haben und deshalb mehr Lebensentscheidungen selbst treffen müssen. Die Wirtschaftspsychologin und Entscheidungstheoretikerin Sheena Iyengar hat für ihre Studie 600 Menschen unterschiedlichster Glaubensrichtungen befragt. https://www0.gsb.columbia.edu/mygsb/faculty/research/pubfiles/886/886.pdf; zuletzt aufgerufen am 17.12.2020.

Zitat Mark Zuckerberg entnommen aus: https://www.businessinsider.de/karriere/arbeitsleben/darum-tragen-erfolgreiche-menschen-immer-das-gleiche-2018-1/; zuletzt aufgerufen am 17.12.2020.

Zum Herdentrieb und zu den Ergebnissen der Studie Prof. Dan Kahans: https://www.tagesspiegel.de/wissen/verhaltensforschung-die-verfuehrerische-macht-der-masse/20212998.html; zuletzt aufgerufen am 17.12.2020.

Warum Grübeln und Perfektionismus unglücklich macht: Erin A. Sparks, Joyce Ehrlinger, Richard P. Eibach (2012): »Failing to commit: Maximizers avoid commitment in a way that contributes to reduced satisfaction«. *Personality and Individual Differences.* Band 52, Ausgabe 1, S. 72–77.

Sei dankbar, statt zu jammern

Zitat »Selbstmitleid als Strudel« entnommen aus: Rolf Dobelli: *Die Kunst des guten Lebens. 52 überraschende Wege zum Glück.* Piper, 2019, S. 154.

Warum wir Menschen, die sich ständig selbst bemitleiden, auf Dauer nicht ertragen: Tanja Singer: »Empathy for Pain Involves the Affective but not Sensory Components of Pain«. In: *Science,* Ausgabe 303, S. 1157–1162, Ausgabe vom 20.2.2004.

Zitat Thomas Gottschalk entnommen aus: https://www.rheinische-anzeigenblaetter.de/boulevard/gottschalk-haelt-nichts-von-jammern-und-selbstmitleid-31643604; zuletzt aufgerufen am 17.12.2020.

Zitat Eckart von Hirschhausens über Verdrängung entnommen aus: Eckart von Hirschhausen: *Glück kommt selten allein.* Rowohlt, 2011, S. 237.

Sei diszipliniert

Zum Marshmallow-Experiment: Christiane Gelitz: »Wurde das berühmte psychologische Experiment falsch interpretiert?« In: https://www.spektrum.de/news/wurde-das-beruehmte-psychologische-experiment-falsch-interpretiert/1568452; zuletzt aufgerufen am 17.12.2020.

Dass Disziplin für Erfolg wichtiger ist als der IQ, zeigt folgende Studie: Angela Duckworth, Martin Seligmann: »Self-Discipline Outdoes IQ in Predicting Academic Performance of Adoloscents.« In: *Psychological Science*, 16, Jan. 2006, S. 939–44.

Treibe Sport und bewege dich

Studie über positiven Effekt von Sport: https://www.eurekalert.org/pub_releases/2017-10/uons-oho092717.php; zuletzt aufgerufen am 17.12.2020.

Sport hat größeren Effekt auf psychisches Wohlbefinden als ein Hochschulabschluss: https://www.thelancet.com/journals/lanpsy/article/PIIS2215-0366(18)30227-X/fulltext; zuletzt aufgerufen am 17.12.2020.

Lebe nachhaltig

Wie sich das Wegewerfen von Lebensmitteln auf Geldbeutel und Umwelt auswirkt: https://www.verbraucherzentrale.de/wissen/lebensmittel/auswaehlen-zubereiten-aufbewahren/lebensmittel-zwischen-wertschaetzung-und-verschwendung-6462; zuletzt aufgerufen am 17.12.2020.

Zum Glücksatlas 2020: https://www.dpdhl.com/de/presse/specials/gluecksatlas.html; zuletzt aufgerufen am 17.12.2020.

Akzeptiere Krisen als Teil des Lebens

Die Zitate von Marc Wallert stammen aus einem Interview, das ich für die SWR1-*Leute*-Sendung zu Beginn der Coronakrise am 22. März 2020 mit ihm geführt habe. https://www.swr.de/swr1/rp/leute/marc-wallert-100.html. Empfehlenswert ist auch das Buch von Marc Wallert: *Stark durch Krisen. Von der Kunst, nicht den Kopf zu verlieren*. Econ, 2020.

Lerne, Risiken richtig einzuschätzen

Zum Test von Nadine Gatzert und Horst Müller-Petres: http://www.kenn-dein-risiko.de/; zuletzt aufgerufen am 17.12.2020.

Über die Autorin

Katja Heijnen, geb. 1971, hat in Heidelberg Chemie und Germanistik studiert und parallel dazu eine Journalistenausbildung bei der Katholischen Journalistenschule ifp in München absolviert. Danach hat sie vier Jahre als aktuelle Reporterin beim Hessischen Rundfunk in Frankfurt gearbeitet und über alles berichtet, was Menschen interessiert: von Kriminalfällen über medizinische Innovationen bis hin zu gesellschaftlichen Diskussionen wie etwa über die Doppelte Staatsbürgerschaft. Für die Radioprogramme des Hessischen Rundfunks und das hr-Fernsehen hat sie nach dem Bosnienkrieg aus Bosnien und später aus den Flüchtlingslagern in Albanien berichtet. Im Jahr 2000 wechselte sie zum Südwestrundfunk nach Mainz und verantwortet seitdem als Redakteurin und Moderatorin die SWR1-Sendung »Leute«. Sie hat zahlreiche Prominente interviewt: angefangen von Politikern wie Ex-Bundeskanzler Helmut Kohl oder Ursula von der Leyen, Unternehmern wie Claus Hipp und Götz Werner bis hin zu Größen des Showbusiness wie Veronica Ferres, Maria Furtwängler oder Peter Maffay. Für ihre »Interviews auf Augenhöhe« wurde sie 2003 mit dem Kurt-Magnus-Preis der ARD ausgezeichnet.

Wie viele andere Kleinanleger hat sie in der Corona-Krise im Frühjahr 2020 erstmals Aktien gekauft und sich mit Börse beschäftigt. Von Beate Sander hat sie viel gelernt – nicht nur, was die Börse betrifft, sondern auch fürs Leben. Besonders beeindruckt hat sie Beate Sanders Satz: »Das größte Risiko ist es, kein Risiko einzugehen.«

Abbildungsnachweise

Sofern nicht anders vermerkt, stammen die Fotos im Bildteil aus dem Nachlass von Beate Sander und wurden uns freundlicherweise von ihren Kindern zur Verfügung gestellt.

S. 5, unten: © Wolfgang Gröner
S. 13, unten: © Georg Anastasiadis
S. 14, oben: © Uwe Sander
S. 14, unten: © Katja Heijnen
S. 15, oben: © Produktion Werner Kimmig
S. 15, unten: © Uwe Ernst
S. 16, oben: © Katja Heijnen
S. 16, unten: © Uwe Sander

Die richtige Geldanlage in Krisen und im Crash

Beate Sander

In Krisenzeiten und im Crash ist die richtige Strategie für Erhalt und Aufbau des eigenen Vermögens entscheidend. Egal, ob 5000 oder 50 000 Euro verfügbar sind: Dieses Buch bietet Anlagemodelle sowohl für vorsichtige als auch für erfolgsorientierte und risikofreudige Anleger, immer auch abhängig von Lebensalter, Börsenwissen, Geldbeutel, Zeit und Lust. Ebenso unterstützen Musterdepots – gebildet aus Indizes, Branchen und Nationen – für Einzelaktien, ETFs und aktiv gemanagte Aktienfonds die eigene Auswahl.

Das Buch bringt zahlreiche Beispiele, wie sich gerade im Crash und in unruhigen Börsenzeiten die Hoch-/Tief-Mutstrategie von Beate Sander bei substanz- und wachstumsstarken Aktien, bei Sieger- und Verlierer-Branchen gekonnt und zielgerichtet anwenden lässt.

224 Seiten | Hardcover | 24,99 € (D) | 25,70 € (A) | ISBN 978-3-95972-378-7

Gutes Gewissen und dennoch erfolgreich

Beate Sander

Seit Greta Thunberg und der Friday-for-Future-Bewegung steht der Klimawandel im Fokus der Öffentlichkeit. Damit wird das Thema Nachhaltigkeit auch für die Geldanlage immer wichtiger. Doch welche Investments sind wirklich nachhaltig? Und wie finden Sie als Anleger die richtigen Produkte?
Beate Sander zeigt anhand von Musterdepots und Übersichten in- und ausländischer Nachhaltigkeitsaktien, wie sich eine Geldanlage mit Aktien, ETFs und Aktienfonds mit gutem Gewissen umsetzen lässt. Es geht um das wichtige Ziel, den Klimawandel und damit die drohende Erderwärmung aufzuhalten. Jede gekaufte Aktie bedeutet Eigenkapital. Es kann dazu dienen, Geschäftsmodelle mit erneuerbarer Energie und umweltfreundlichen Produkten voranzutreiben, wozu Tier-, Pflanzen- und Menschenwohl gehören.

288 Seiten | Hardcover | 29,99 € (D) | 30,90 € (A) | ISBN 978-3-95972-335-0

Die besten Aktien findet man nicht im DAX

Beate Sander; Uwe Sander

Viel zu oft konzentrieren sich Anleger nur auf die Unternehmen im deutschen Leitindex. Nicht erst seit dem Wirecard-Skandal bestätigt sich: Das kann ein fataler Fehler sein. Denn die Nebenwerte-Börsenbarometer schlagen den DAX bei der Werte-Entwicklung um Längen.
Beate und Uwe Sander zeigen in diesem Buch, dass es auch anders geht und über welch enormes Potenzial Nebenwertetitel verfügen. Dabei geht es nicht nur um die deutschen Nebenwerte-Indizes, sondern ebenso um europäische, asiatische und amerikanische Nebenwerte-Aktien, -Fonds und -ETFs.

336 Seiten | Hardcover | 34,99 € (D) | 36,00 € (A) | ISBN 978-3-95972-426-5